성공하는 리더들의 철학 공부

성공하는 리더들의 철학 공부

앨리슨 레이놀즈·도미닉 홀더·줄스 고더드·데이비드 루이스 지음 | 김미란 옮김

WHAT
PHILOSOPHY
CAN TEACH
YOU ABOUT
BEING
A BETTER LEADER

ORNADO
토 네 이 도

일러두기

---

1   책에 등장하는 인명, 지명, 기관명 등은 국립국어원 외래어표기법을 따르되 일부는 관례에 따라 소
     리 나는 대로 표기했다.

2   단행본은 《 》로 표기했으며 논문, 언론매체, 영화와 텔레비전 프로그램, 노래 등은 〈 〉로 표기했다.
     국내에 정식으로 소개되지 않은 작품에 한해서 원제를 병기했다.

3   괄호 안의 내용 중 옮긴이의 설명은 옮긴이로 표기했다.

4   본문 중 5장의 일부 내용은 〈런던비즈니스스쿨 리뷰〉에 실렸다.[1]

우리의 스승 로저 스크러턴 경께
감사와 존경의 마음으로 이 책을 바칩니다.

이 책은 시간이 갈수록 빛을 발하는 통찰과 상식을 비즈니스 사고에 다시 불어넣어 준다. 오늘날 경제학은 이러한 사고를 잃어버렸다.

  : 로리 서덜랜드(영국 오길비 부회장) :

_____

비즈니스를 이끄는 리더들은 구성원이 명령을 따르게 해야 하고 그들을 통해 뛰어난 성과를 거둬야 한다고 생각한다. 불행히도 비즈니스와 관련된 훈련이나 교육도 하나같이 성과, 핵심성과지표, 비용, 수치와 같이 눈에 보이는 것들에만 집중한다. 그러다 보니 시간이 지나면서 우리에게 정말 중요한 것이 무엇인지 헷갈리게 되었다. 사람이 최종 목표가 아니라 결과를 도출하는 수단으로 전락해 버렸고, 직장은 점점 더 비인간적으로 변해왔다. 이 책은 그런 함정에 빠진 리더들에게 변화를 제시한다. 일터를 다시 인간적인 곳으로 만들고 싶다면, 리더뿐 아니라 구성원 모두가 고객과 조직 그리고 자신에게 열과 성을 다할 수 있는 직장을 만들기 위해 첫발을 내디디고 싶다면, 이 책을 꼭 읽기를 바란다.

  : 관밍성(전 알리바바 사장, COO) :

_____

기업, 정부, 시민사회 할 것 없이 모든 조직에서 리더십에 대한 신뢰가 약해진 상황에서 이 책은 리더의 존재 의미와 목적에 대해 시기적절하고도 강력한 질문을 던진다. 그 질문에 대한 가장 심오한 답은 가치와 철학에 있지만, 리더십 교육에서는 지금까지도 그런 것들이 무시되고 있다. 저자는 바로 그 가치와 철학을 리더십의 중심에 둔다.

  : 줄리 멜러(데모스앤드영 재단 회장, 전 기회균등위원회 회장, 전 의회 및 보건 서비스 옴부즈맨 회장) :

조직에서 성공을 이루고 다른 동료와 조직 자체도 잘되게 하려면 어떻게 해야 할까? 현대 사회가 안고 있는 이 거대한 문제를 풀려면 각자 나름의 답이 필요하다. 이 책은 바로 그 답을 고민하게 한다. 저자는 고대와 현대의 철학자들을 불러 모아 그들의 통찰력을 좌표 삼아 슬기롭고 인간적인 리더십으로 이끌어준다.

: 존 Y. 캠벨(하버드 대학교 경제학과 교수) :

이 책은 그동안 몸에 배어 무뎌진 온갖 습관과 관습, 리더십에 대한 기존 생각에 도전장을 내민다. 지금까지는 문제가 생길 때마다 프로세스와 구조, 시스템을 바꾸려 했고 그에 따라 결과가 엇갈렸다. 하지만 이제 거울을 들여다보고 리더가 된다는 것, 특히 모두가 함께 잘 살기를 바라는 리더가 된다는 것이 무엇인지 스스로 진지하게 질문할 때다.

: 난두 난드키쇼어(전 스위스 네슬레 SA 이사, 인도 경영대학원 교수) :

훌륭한 관리자는 언제나 호기심이 강하고 스스로에게 질문하는 능력이 탁월하다. 그런 기술을 탐구하고 연마하는 데 철학만큼 좋은 분야는 없다.

: 프랭크 모건(빈치 인사부장) :

리더십에 변화를 주고 싶은 리더들을 위한 책이다. 책을 편 순간 철학자들이 인생에 끼어들어 리더란 무엇인지, 리더가 왜 존재해야 하는지에 대해 질문을 던지기 시작한다. 리더십을 평생에 걸친 여정이라고 본다면, 여행의 동반자로 따지기 좋아하는 마르크스와 장난치기 좋아하는 이사야 벌린만 한 사람이 있을까? 소크라테스, 포퍼, 붓다 등 수많은 사상가들의 생각을 현대의 불안하고 불확실한 세상에 맞게 멋지게 재해석했다. 리더십에 대한 지혜와 철학적 교훈을 동시에 얻을 수 있는 책이다. 읽기 쉽고 재미있을 뿐 아니라 배울 점도 아주 많다.

: 샥스 고쉬(클로어 소셜리더십 재단 대표) :

변화 관리에 관한 광범위한 실전 경험을 갖춘 저자들과 유명 철학자들의 통찰이 만나 독특하고 설득력 강한 책이 탄생했다. 이 책을 읽은 리더라면 누구든 권한위임이란 무엇인지, 조직은 어떻게 기능해야 하는지, 경제의 지속적인 성장을 위해 공정함과 신뢰라는 인간적 가치가 왜 중요한지를 다시금 생각하게 될 것이다.

： 마틴 도넬리(전 영국 국제무역부 사무차관, 현 보잉 유럽 사장) ：

지금 기업과 조직은 지식과 실천에 사로잡혀서 '존재'를 생각하는 데는 시간과 공간을 할애하지 않는다. 이 책은 우리에게 더 많은 의미를 찾고 모두의 안녕을 도모할 새로운 대화를 시작하라고 촉구한다.

： 아닐 사치데브(인도 구르가온 인스파이어드리더십스쿨 설립자 겸 CEO) ：

성공한 리더로서 현대적이고 지속 가능하며 목표에 따라 움직이고 공동체를 책임지는 조직을 만들고 이끌려면 기술과 능력만으로는 부족하다. 즉, 진정성이 더 필요하다. 진정성은 리더십에 대한 깊은 철학에서 비롯되며, 리더가 구성원과의 상호작용을 통해 책임감을 갖고 그들을 올바른 길로 이끌게 만든다. 사람들은 직장에서 권한을 위임받고 성취감을 느끼고 인간적으로 존중받길 바란다. 또한 자기가 속한 조직의 가치가 자신의 가치와 잘 맞는지, 그리고 함께 일하는 리더가 일관되게 그 가치를 체화하고 몸소 보여주고 있는지를 따진다. 이 책은 리더십이라는 특권을 부여받은 사람들에게 새로운 사고와 실용적 지식을 제시한다. 이를 통해 리더의 진정한 의미와 목적에 부합할 필요성을 깨닫고, 그 역할을 충실히 수행하도록 이끈다.

： 이안 파월(케피타 plc 회장) ：

AI, 알고리즘, 봇, 빅데이터가 지배하는 세상에서 훌륭한 리더십이란 곧 구성원에게 좋은 사람이 되는 것이다. 철학은 바로 그 좋은 사람이 어떤 사람인지를 알려준다.

： 크리스 스타일스(호주 UNSW 경영대학원 원장, 교수) ：

직장생활을 잘한다는 것에 대해 매력적이고 설득력 있으면서도 아주 새로운 방식으로 접근했다. 마음을 사로잡는 철학적 시선으로 독자를 이끌어 리더십에 대한 기존의 생각에 결정적 의문을 제기한다. 뿐만 아니라 직장에서 사람의 역할을 제대로 이해하는 인간 중심의 새로운 모델을 제시한다.

： 피오나 엘리스(로햄턴 대학교 철학과 교수, 박사) ：

아주 적절한 때에 아주 색다른 책이 나왔다. 세계적인 경영대학원의 네 교수가 오랜 경험에서 터득한 기발한 생각으로 리더십에 대한 기존 개념과 교육에 새바람을 불어넣었다. 심리학이 아닌 철학에 기반한 매혹적인 시각으로 생각의 틀을 과감히 깨부순다. 붓다와 아리스토텔레스, 홉스, 칸트, 니체 등 과거의 여러 철학자부터 칼 포퍼 같은 근현대 사상가까지 두루 다루어 현기증이 날 법도 하지만, 철학의 교훈이란 언제나 유의미하고 대단히 실용적이라는 사실을 강조한다. 유의미하고 유익한, 그야말로 역작이라 할 만하다.

： 로버트 로저스(전 영국 하원 사무총장) ：

사전 조사가 철저하고 글이 명료하다. 사람이 비즈니스의 중심임을 상기시키는 책이다. 비즈니스는 데이터와 효율, 결과가 다가 아니다. 인간이 소외 문제를 극복하고 잘 사는 일도 반드시 생각해야 한다. 첨단기술이 지배하는 세상에서 이 책은 아주 중요한 메시지를 던진다.

： 로버트 롤런드 스미스(철학자, 《소크라테스와 아침을》 저자) ：

머 리 말

우리는 일을 하면서 전 세계의 리더들을 만난다. 그리고 그 사람들이 느끼는 스트레스와 소외감을 목격하면서 이 책을 써야겠다고 다짐했다. 리더들은 성과가 높을 뿐 아니라 아이디어가 넘치고 사람이 잘되는 조직을 만들고 싶어 한다. 그리고 자신도 그런 조직의 일부가 되길 원한다.

함께 일하는 공동체는 구성원의 정체성을 형성하고 역할을 규정하며 소속감을 안겨준다. 따라서 리더는 자신뿐 아니라 다른 사람의 열정과 희망을 위해서라도 직장을 인간다운 곳으로 만들기 위해 노력해야 한다. 제품이나 서비스, 정책과 지원 등 어떤 방식으로든 세상을 더 나은 곳으로 바꾸려면 아이디어가 자라고 모든 사람의 역할이 인정되고 존중되는 환경이 뒷받침되어야 한다. 이는 다시 말해 리더십의 문제다.

역사를 돌아보면 리더십을 이해하는 관점에는 두 가지가 있다. 효율성을 강조하는 경제학적 관점과 동기를 강조하는 심리학적 관점이다. 그런데 이 책에서는 철학을 제3의 관점으로 제시한다. 그리고 다음과 같이 질문한다. '무엇이 좋은 것인가?', '무엇이 옳은 일인가?'.

피터 드러커가 한 유명한 말이 있다. "경영은 일을 올바르게 하는 것이고, 리더십은 올바른 일을 하는 것이다."[2] 무엇이 옳은가를 결정하는 일은 철학의 문제다. 따라서 오늘날 리더십이 직면한 문제를 철학의 관점으로 본다면 무엇이 옳은지를 탐구할 수 있다.

인간은 본래 의미를 좇는 존재다. 무엇을 위해 살아야 하는가, 언제 가장 인간다운가, 어떤 삶이 옳은 삶인가. 항상 묻고 답을 찾는다. 인간이 원하는 삶의 모습을 가장 많이 고민한 사람이 바로 철학자다. 좋은 삶이란 쾌락적 감각을 좇는 것이 아니라 자기가 가장 중요하게 여기는 것을 추구하며 사는 삶이다. 철학은 인간이 잘 사는 문제를 다룬다. 그래서 이 책에서는 직장에서 '잘 사는 삶'이란 어떤 삶인지에 대한 답을 철학에서 찾는다. 이 책을 읽고 리더의 역할을 평소와 다르게 생각해 보고 리더십에 대한 기존 생각을 의심해 보기 바란다. 또한 새로운 질문을 찾고 리더십의 우선순위를 조절하고 리더십의 관행을 완전히 바꿔보았으면 한다.

위대한 철학자들의 조언을 이해한다면 잘 사는 것의 의미를 무엇보다 중요하게 여기고 사람을 중심에 두는 리더십을 펼칠 수 있다. 그 결과 아이디어가 넘치고 성과가 높을 뿐만 아니라 사람이 행복한 조직을 만들 수 있다.

감사의 글

    그동안 많은 조직의 리더들이 런던 경영대학원과 헐트애슈리지 경영대학원에서 다양한 리더십 개발 프로그램에 참여했다. 이 책에 소개된 생각과 의견은 우리가 그들과 여러 해 동안 대화하면서 깨달은 내용을 정리한 것이다.

    운 좋게도 대학원에서 많은 조직의 리더를 만났고 그들이 조직을 이끌면서 느끼는 즐거움뿐 아니라 직장에서 겪는 온갖 어려움에 대해서도 허심탄회한 이야기를 들을 수 있었다.

    우리는 30년 넘게 리더십 개발 프로그램을 설계하고 관리하고 운영했다. 그리고 그 과정에서 전문 서비스 기업을 포함해 200개 넘는 기업의 중역들과 대학원생 2만 5,000여 명을 만났다.

    예를 들면 롤스로이스, ICL, 오렌지, 스미스시스템엔지니어링, 오길비, 그리고 영국 국방부의 중역을 대상으로 전략 워크숍을 개최했다. 푸르덴셜, 다논, 입센, 리바노바, 엔지, KPMG의 중역을 상대로 발견훈련도 진행했다. 오라클, 에미레이트 항공, GEA, DP월드, BUPA, 마스, 프레시필드, 프라이스워터하우스쿠퍼스, SAP, 네슬레, 클라리언트, 제네랄리, 스탠다드차타드, 엘비트시스템스, 멘지스, 캐피타, 언스트앤영, BCR, 잉거솔랜드, 사치앤사치에서는 맞춤 프로그램을 진행하고 관리했다. 다양한 세대의 MBA 과정 수강생들과 슬론 펠로Sloan Fellows 학생들과도 작업을 함께했다.

프로그램에 참여한 분들이 리더로서 또는 구성원으로서의 경험을 공유해 준 덕분에 조직을 위한 새로운 개념들을 개발할 수 있었다. 너그럽고 솔직하게 의견을 나눠주신 모든 분께 감사의 뜻을 전한다.

특히 다음의 학계 동료와 많은 전문가들이 비즈니스를 철학적 관점으로 볼 수 있도록 도와주셨다. 줄리 브레넌, 존 캠벨, 마이클 채스칼슨, 스티븐 코츠, 마틴 도널리, 이브 도즈, 프랑수아 뒤피, 피오나 엘리스, 태미 에릭슨, 자일스 포드, 샥스 고쉬, 수만트라 고샬, 린다 그래튼, 찰스 핸디, 게이 해스킨스, 피터 힌센, 새뮤얼 휴스, 리처드 졸리, 주디 레넌, 뮤리얼 라바론, 랜스 리, 앤드루 리키어먼, 코스타스 마키데스, 메리 마쉬, 린지 메이슨, 젠스 마이어, 난두 난드키쇼어, 나이절 니콜슨, 캐슬린 오코너, 프랑수아 오르탈로 마네, 릭 프라이스, 크리스 롤린슨, 마이클 레이, 메건 라이츠, 클레어마리 로빌리아드, 밥 새들러, 로버트 롤런드 스미스, 마틴 소럴, 도널드 설, 로리 서덜랜드, 더그 트리멜런, 데비 웨이스, 빌 바이첼, 랄프 위어에게 감사의 마음을 전한다.

차례

인간이 사라진 직장

WHAT PHILOSOPHY CAN TEACH YOU

ABOUT BEING A BETTER LEADER

왜 철학이 중요한가

직장에서 자신이 단순한 도구나 기계 부품처럼 느껴진 적이 있는가? 그렇다면 다른 직원들도 그렇게 느끼고 있지 않을까?

만약 그런 생각이 든다면 이 책을 읽어보기를 권한다. 이 책은 그동안 만나온 수많은 리더와 직원들의 도움으로 탄생했다. 그들은 남극대륙을 제외한 모든 대륙, 거대 글로벌 기업과 지역의 작은 벤처 기업, 사기업과 공기업 등 지역과 조직의 규모, 분야를 망라한다. 리더들을 만나며 반복해서 깨달은 사실은 그들이 직장에서 만족스러운 삶, 인간다운 삶을 살고 싶어 하고, 나아가 다른 사람도 그렇게 살 수 있도록 도와주고 싶어 한다는 점이었다.

우리는 모두 경영대학원 교수이기에 직장을 더 좋은 곳으로 바꿔야 한다는 웅대한 목표가 있다. 여기서 '좋다'는 말은 무슨 뜻일까? 경영대학원에서는 몇십 년 동안 금융과 경제학을 중요시하고, 인간을 포함한 자원을 효율적으로 이용해 모두가 잘 살게 만드는 곳이 좋은 직장이라고 강조했다. 최근에는 경영심리학에 주목하고 있다. 심리학자들은 경제학을 넘어 효율과 부를 강조하는 데만 그치지 않고, 좋은 직장이란 사람들이 일에 잘 적응하고 열정적이고 긍정적으로 일할 수 있는 곳이라고 주장한다.

물론 경영대학원에서 부의 창출이나 사람들의 업무 몰입을 무시한다면 어리석은 짓일 것이다. 우리가 경제학과 심리학을 전공하는 동료 교수들에게 배우는 바는 분명 많다. 그런데 그들의 주장에 한 가지 목소리를 더해야 한다. 경제학자들은 재화를 어떻게 쓸 것인지를 알려주고, 심리학자들은 기분 좋게 일하는 법을 알려준다. 하지만 우리는 철학자들의 말에도 귀를 기울여야 한다. 물질적 재화나 기분 말고 사람들에게 정말로 좋은 것이 무엇인지를 알아야 하고, 그 문제에 대한 답을 추구하는 학문이 도덕철학이기 때문이다. 사람들에게 좋은 것이란 사람들이 발전하고 인간답게 잘 사는 것이다.

이 책에서는 위대한 철학자들의 목소리를 빌려 인간이 잘 사는 문제에 대해 이야기한다. 여러분이 리더든 일반 직원이든, 철학자들의 생각을 직장에 적용할 수 있다면 더 이상 기계의 부품이나 도구로 전락하지 않을 것이다.

여기서는 온전한 인간이 된다는 말이 무슨 뜻인지를 탐구한 철학자들을 소개하려 한다. 철학자들에 따르면 온전한 인간과 반대되는 것은 좋은 삶에 대해 전혀 고민하지 않는 동물, 또는 자신이나 세상을 조금도 마음대로 할 수 없는 노예의 상태이다. 직장에서는 많은 압박들이 우리를 동물이나 노예처럼 행동하게 하고, 또는 다른 사람을 그렇게 대하게 만든다. 직장생활을 하는 이상 누구든 이런 상황을 피할 수 없다. 그러나 직장에서 인간답게 행동할 기회를 더 많이 찾아내거나 그런 기회를 새로 만들어낼 수는 있다. 그것이 바로 이 책이 추구하는 바다.

먼저 카를 마르크스 Karl Marx의 통찰력에 대한 이야기로 시작해 보자. 경영대학원 교수들이 마르크스를 언급하는 것이 이상해 보일지도 모르겠다. 지금까지 우리 가운데 누구도 대학원 강의계획서에서 마르크스의 이름을 본 기억이 없다. 대학원에서 그는 미치광이나 괴짜로 매도되기 일쑤였다. 그런데 그가 간파한 직장의 비인간적 환경이 우리가 고민하는 주제와 일치한다. 1844년, 마르크스는 능력이 뛰어나고 열정이 넘치는 기자였다. 그런데 공장 노동자들이 겪는 고통을 목격하고는 비탄에 빠졌다. 그는 노동자들의 상황을 이렇게 고발했다.

"일을 하며 성취감을 느끼기는커녕 자신을 부정하고, 행복이 아니라 절망에 빠졌으며, 육체적·정신적 에너지를 자유롭게 발산하지 못해 몸이 지치고 정신은 고갈되었다. 노동자들이 편안함을 느낄 때는 휴식 시간뿐이고, 일할 때는 늘 불안감에 휩싸였다." [1]

일터에서 인간성은 어떻게 말살되었는가

마르크스는 인간소외에 대한 글을 썼다. 그가 글을 쓰는 동안 유럽 전체가 경제 효율을 외쳤고, 소외는 그 효율로 얻은 엄청난 부의 대가였다. 마르크스가 목격한 대로 효율과 거대한 부를 강조한 결과 집에서 독립적으로 일하던 수공업자들이 눈앞에 우후죽순 생겨나는 거대한 공장으로 모여들었다. 마르크스의 낭만적 시각에서 보면 과거 수

공업자는 자율성을 누렸고 작은 부품만 만드는 것이 아니라 하나의 완제품을 만든다는 자부심이 있었다. 자신의 작업 환경을 관리하는 권한이 있었고 다른 사람을 자유롭게 만날 수도 있었다. 마르크스는 이상적인 세계에서는 "우리가 만든 물건이 거울처럼 우리의 본성을 그대로 비출 것이다"라고 말했다.

조상들은 효율을 높이기 위해 각자의 업무를 조정해 주는 관리자에게 지배당해야 했다. 값비싼 산업 장비를 최대한 잘 이용하기 위해 직장에서는 규율이 필요했고, 그에 따라 노동자들은 일하는 동안 마음대로 약속을 잡거나 하고 싶은 대로 할 수 없었다. 공장에 들어가면 호루라기가 울리며 하루 일과가 시작되었고, 완제품을 만드는 기존의 생산 과정은 사라지고 정교하게 설계된 일련의 생산 단계에서 노동자들은 바쁘게 손을 움직여 단순한 작업을 반복했다. 가내수공업을 할 때보다 수입은 늘었지만 그 대가로 비인간적인 환경에서 인간성을 포기해야 했다. 마르크스가 보기에 이것은 파우스트의 거래였다. 젊음을 얻으려고 악마에게 영혼을 팔아버린 전설적인 인물의 선택과 같아 보였다.

마르크스가 이와 같은 산업 현장의 모습을 목격한 것은 오랜 친구이자 후원자인 랭커셔의 부유한 공장주의 아들 프리드리히 엥겔스 Friedrich Engels를 통해서였다. 마르크스가 집에서 일하던 수공업자들의 자부심과 자율성을 과장한 것은 사실이다. 그들의 일터도 대형 공장에 비하면 비좁고 위험하고 위생 상태도 좋지 않았을 것이다. 중간 상인들은 원자재를 대주고 완제품을 수거하는 대가로 그들에게 가혹한 조건을 내걸었을 것이고, 집안의 어린아이까지 부모 곁에서 일손을 거들 수밖에 없었을 것이다. 하지만 마르크스에게는 직장에서의 소외가 그런 문제보다 훨씬 더 심각했다. 사람들이 자신을 부정하고 그저 인간 자원으로 전락해 온전히 제구실하지 못하는 인간으로 만들었기 때문이다.

마르크스가 직장 소외 문제를 지적한 지 70년이 지나 초기 경영전문가 프레더릭 윈즐로 테일러Frederick Winslow Taylor 교수는 말했다. "과거에는 사람이 먼저였지만, 미래에는 시스템이 먼저일 것이다."

마르크스 이론은 오랫동안 구시대 유물로 취급받았다. 1930년대와 1940년대에는 마르크스 경제학자들이 학계에서 인정받지 못했고, 마르크스주의자들의 강압적인 정권이 초래한 경제적 빈곤과 사회적·정치적 혼란이 겉으로 드러났다. 1989년에는 소련 연방과 동유럽 정권들이 붕괴했고 과거 사회주의 운동도 자신의 유산을 거부하기에 이르렀다. 아이러니하게도 오늘날 세계에서 유일하게 카를 마르크스를 정치 슬로건으로 내건 나라가 중국이다. 그곳에서는 단언컨대 세계에서 가장 성공적인 자본주의 프로젝트, 중국 엘리트들이 좋아하는 표현으로 이른바 '중국식 사회주의'가 진행되고 있다. 한편 유럽에서는 20세기 들어 여러 차례 세계대전을 치른 뒤 정부의 관리 아래 공동체주의communitarianism와 각종 노동조합이 등장했다. 따라서 직장의 가혹함이 덜해지고 안정적인 일자리가 늘어나고 온정주의를 바탕으로 노동자들의 임금이 높아지면서 직장에서 겪는 소외감이 무뎌졌다.

그런데 마르크스가 태어나고 200년이 지난 지금 그의 주장이 다시 주목받고 있다. 가장 눈에 띄는 현상으로 유럽 전역에서 좌익 성향의 정치·사회 운동이 부활했다. 거기서 마르크스가 다시 한번 이론적 중추가 되었다. 예를 하나 들자면, 토마 피케티 Thomas Picketty 가 쓴 신마르크스주의 경제서 《21세기 자본》이 2014년 출간된 뒤 경제서로서 엄청난 판매량을 기록했다. 왜일까? 글로벌 기업이 늘어나고 첨단 기술이 비약적으로 발전하면서 독점기업의 힘이 강해지고 직장에서 인간성이 사라지고 불평등이 심해졌기 때문이다.

미국에서는 구글과 페이스북이 온라인 광고의 3분의 2를 점유하고, 아마존이 온라인 쇼핑의 40%를 점유한다. 한편 구글은 전 세계 인터넷 검색 시장의 90% 이상을 차지한다. 이처럼 기업 몇 개가 세계 시장을 지배하는 것이다. 이들 거대 기업을 제외한 수많은 기업은 나머지 틈새시장을 놓고 더 치열하게 경쟁할 수밖에 없다. 그리고 사람들 대부분은 비좁은 시장에서 사투를 벌이는 기업에서 일한다.

이런 상황에서는 효율을 더 강조할 수밖에 없기 때문에 효율성에 기대어 이윤을 높이려는 요구가 끊임없이 이어지고, 그로 인해 소진되는 것은 바로 사람이다. 임금은 물가상승률에 미치지 못하고 리더든 직원이든 일자리가 불안하다. 말 그대로 직장인이든, 최근 늘고 있는 안정성을 전혀 보장받지 못하는 제로아워 계약자(정해진 노동시간 없이 임시직으로 계약한 뒤 일한 만큼 시급을 받는 노동계약-옮긴이)든, 근무 환경이 어느 때보다 열악해졌다. 역사적으로 보면 이 책을 읽는 독자들은 대개 과거보다 물질적으로는 더 풍요로워졌다. 그런데 효율을 강조해 많은 부를 얻었던 파우스트식 거래는 이제 소수를 제외하고는 효용이 바닥났다. 그 거래는 부의 축적으로 노동자의 소외감을 잠시 잊게 만들었다. 하지만 소외 문제는 전력을 갖추고 다시 돌아왔다. 오래전 마르크스의 목소리가 되살아나 직장에 대해 엄중히 경고한다. 지금까지는 정치와 경제에 대한 마르크스식 처방을 미친 소리로 매도했지만, 이제 인간성이 말살되고 소외를 야기하는 직장에 대한 그의 지적을 직시해야 할 때다.

노동자의 소외를 비난한 마르크스의 목소리는 오늘날에도 다양한 목소리로 메아리 되어 울린다.

소외는 리더와 직원 모두의 골칫거리

콜롬비아의 수도 보고타를 중심으로 활동하는 프랑스의 한 글로벌 엔지니어링 회사. 그곳의 인사 책임자 돌로레스가 말했다. "전에는 아주 자유롭게 일했어요. 전 상사였던 맨프레드 씨는 콜롬비아 사업체를 마치 자기 기업인 것처럼 운영했어요. 아니, 다시 말할게요. 맨프레드 씨는 직원 모두에게 회사를 자기 것으로 생각하며 일하라고 했어요. 우리는 그 말대로 했어요. 몸과 마음을 바쳐 저녁 늦게까지 일하는 날이 많았고 주말에도 출근했어요. 일도 재미있었고 다른 사람과 함께라서 좋았죠. 그리고 콜롬비아 사람으로서 열심히 일해서 국가 발전에 이바지한다는 자부심도 있었고요."

우리는 그렇게 좋았는데 왜 모든 것이 바뀌었는지 돌로레스에게 물었다. 그는 이렇게 대답했다. "말하자면 당시 효율이 그렇게 높지는 않았습니다. 그래서 리옹 본사에서 점차 비용 절감을 요구하기 시작했어요. 우리는 고객 서비스 비용과 충성도 비용, 그리고 우리가 부과할 수 있는 프리미엄 비용을 조절하면 그 문제를 해결하고도 남겠다고 생각했어요. 하지만 본사 조치는 우리 예상과 달랐어요. 다들 매우 놀랐죠."

돌로레스가 말한 회사 조치란 대규모 글로벌 구조조정이었다. "각 국 사업장이 한 곳으로 정리됐습니다. 국가별 담당자가 모두 없어졌어요. 맨프레드 씨는 콜롬비아 담당자에서 라틴아메리카 총괄팀장이 되었죠. 요즘은 저도 그의 얼굴을 전혀 볼 수 없어요. 콜롬비아에 있는 공장 가운데 두 곳이 문을 닫았고요. 구조조정을 앞둔 저는 마지막 업무로 바로 옆에 있는 콜롬비아 공장을 두고 굳이 멀리 아르헨티나에서 원료를 가져와야 하는 이유를 직원들에게 설명해야 했어요. 솔직히 말해 공장 직원들을 납득시킬 그럴듯한 이유를 찾지 못했어요. 제가 할 수 있는 말은 그룹 정책이 그렇다는 말뿐이었습니다."

돌로레스는 구조조정 뒤 시내에 있던 보고타 사무실이 문을 닫아 주로 재택근무를 하면서 직원 복지를 관리한다고 했다. "새로운 상사는 리옹에서 보고 1년 동안 한 번도 본 적이 없어요. 물론 스카이프로는 끊임없이 회의해요. 그러다가 그가 보고서를 수십 편 메일로 보내주면 컴퓨터 전원을 잠시 끄고 관련 보고서를 작성하기 시작하죠. 보고할 게 어찌나 많은지! 전에 같이 일하던 사람들은 저보고 본사 스파이 아니냐고 하더군요."

기업이 구조조정을 할 경우 중간 관리자들이 엄청난 스트레스와 고충을 겪는다는 사실은 이미 잘 알려져 있다. 저자들이 몸담고 있는 런던 경영대학원의 MBA 과정을 수강하는 학생들의 경우는 어떨까? 세계 최고 경영대학원의 교수로 있다 보면 해마다 밝고 활기찬 젊은 이들이 배움을 발판 삼아 화려한 경력을 시작하기를 고대하는 모습을 자주 본다. 그들은 저마다 자기 이력을 이용해 원하는 분야에서 최고가 될 것이라고 확신한다. 패배자가 될 것이라고는 누구도 생각하지 않는다. 몇십 년 동안 대학원 졸업생들은 베인, 맥킨지, 보스턴컨설팅그룹 같은 전략컨설팅 기업에서 일하기를 선호했다. 일반적으로 그런 일자리는 최고의 연봉을 보장하고 이따금 엄청난 상여금도 따라온다. 하지만 학생들이 단지 돈 때문에 그런 회사를 선호하는 것은 아니다. 그런 곳에서는 서른 즈음의 뛰어난 능력을 갖춘 젊은이들이 모여서 세계 정상급 조직의 리더들이 직면하는 다양하고 어려운 문제를 해결하는 데 기여할 수 있기 때문이다.

하지만 현실이 꼭 그런 것만은 아니다. 여느 졸업생과 같이 미래가 보장된 꽃길 인생을 설계한 졸업생이 있었다. 그런데 막상 취업을 하고 맡은 업무는 세계적 수준의 거창한 프로젝트가 아니었다. 그는 사우디아라비아 국민연금제도의 관리시스템을 개선하기 위해 도입된 프로세스 최적화 계획의 극히 일부를 분석하는 일에 1년 넘게 매달리고 있다고 하소연했다.

일류 서비스 전문 기업, 이를테면 전략컨설팅이나 법률, 의료나 건축 관련 회사에서 일하는 사람들은 자율성을 상당 수준 보장받을 수 있다. 또한 전문가로서의 자부심과 중요한 고객에게 신뢰받는 조언자로서의 정체성을 갖고 일할 수 있다. 하지만 바버라처럼 세계 최고 글로벌 기업들을 상대로 일하는 베테랑마저 한숨을 내쉰다. 성공을 위해서는 고객인 기업 CEO들과 신뢰 관계를 쌓고 창의적인 아이디어를 고안하기보다는, 아무리 전문가라도 개인은 절대 소유할 수 없는 거대한 글로벌 프로세스를 팔아야 한다고 하소연한다.

"제가 기계의 부품이 된 것만 같아요." 바버라가 말하자 우리는 그가 조직에서 아주 중요한 존재이고, 단순히 조직의 일부가 아니라 조직이라는 기계를 작동시키는 사람이라고 말했다. 그는 이 말을 듣고 오히려 놀랍다는 표정을 지었다.

명확한 사실은 바버라는 상당한 보수를 받고 권한이 있는 지위에 올랐음에도 돌로레스와 경영대학원의 학생들처럼 자신이 상품화되고 있다고 느낀다는 점이다. 아주 높은 보수에도 조직에 기여하는 중요한 존재가 아니라 그저 조직에 필요한 자원으로 취급받는다는 말이다. 바버라는 직장에 인공지능과 로봇이 도입될 경우 어떤 영향이 있을지에 대해서도 고민하며 이런 질문을 던졌다. 기초 직무가 모두

기계화되면 신입 직원들을 어떻게 교육해야 할까? 조직에 전문가들이 계속 필요하긴 할까?

우리는 전문가가 스스로 전문성을 포기하거나, 대학 강사가 새로운 연구를 시도하지 못한 채 기존 과목만 강의하거나, 중간 관리자가 업무에 몰입하지 못하는 경우를 많이 보았다. 그들은 직장에서 제품에도 동료에게도 집중하지 못하며 인간으로서의 정체성에서 멀어졌다. 여러분은 어떤가? 여러분 중에는 정식으로 회사에 고용된 직장인이 있을 것이다. 혹은 상황에 따라 임시직을 고용하는 긱 경제 속에서 늘어나고 있는 계약직 직원이나 프리랜서도 있을 것이다. 고용 방식이 어떻든 일을 하면서 이처럼 자신이 비인격적 대상으로 취급되거나, 다른 사람을 그렇게 대한 적이 있는가? 그런 경험이 금방 떠오르지 않는다면 요즘 일하면서 시간을 어떻게 쓰고 있는지를 생각해 봐도 좋다.

동료 중 한 명은 현대인이 겪는 '조급증hurry sickness'을 지적했다. 그것이 효율을 앞세운 나머지 소외 문제로 이어지고, 자신과 타인의 인간성을 고려할 시간이 없는 현실을 말해주는 명백한 단서라고 설명했다. 동료는 현대인의 조급증에 관해 이렇게 묻는다. 30초 동안 전자레인지를 돌리면서 뭔가 할 일을 찾는가? 비행기나 기차를 타면서 통화를 하는가? 운전대를 잡고도 다른 일을 하는가? 책상에 앉아서 식사를 하는가? (그러면서 이메일도 확인하고) 이를 닦으면서 다른 일을 하는가? 대기하는 줄이 길거나 차가 많아 길이 막히면 짜증이 나는가?

스마트폰이 너무 느려서 답답한가? 컴퓨터 부팅 시간이 오래 걸려서 화가 나는가? 다른 사람이 말하는데 자꾸 끼어들고 싶은가? 전화로 업무를 처리하면서 동시에 다른 일을 하는가? 그리고 사람들이 아주 자주 하는 일로, 승강기를 타면 닫힘 버튼을 계속 누르는가? 사무실을 나설 때 과연 어떻게 하는지 확인해 보자. 이 모든 것이 소외, 우리가 정신을 놓아버렸음을 말하는 표시다.

지금까지 한 이야기가 마음에 와닿는다면 이 책을 권한다. 우리는 카를 마르크스가 고민한 문제를 다시 들춰내는 일을 과제로 삼았다. 남을 상품화된 자원으로 취급하거나 스스로 그런 자원으로 전락하지 않고 직장에서 인간으로 존중받기 위해서는 무엇이 필요한지 살펴볼 것이다. 이 책은 리더와 직원 모두를 독자로 삼는다. 여기에서 리더란 직장인이든 프리랜서든 어떤 지위든 상관없다. 단지 직장이 어떻게 기능하는가에 좋은 영향력 또는 나쁜 영향력을 미치는 사람을 말한다. 한편 우리가 말하는 직원이란 리더를 따라가지만 거기에 그치지 않고 직장에서 자신이 상품화되는지 인간으로 존중받는지에 대해 리더와 마찬가지로 관심을 가지고 책임을 지는 사람들이다. 그리고 여러분이 꼭 기억해야 할 점이 있다. 소외가 파우스트의 계약에서 비롯되었다는 점이다. 사람들은 효율을 추구하고 역사적으로 유래 없는 물질적 부를 누린 대가로 직장에서 인간성을 잃었다. 사람들은 그 거래 조건을 다시 바꿀 수 있을까? 첨단기술이 비약적으로 발전해 AI와 각종 로봇이 직장을 지배하고 있다. 효율이 더 높아졌고 이익도 과거보다 더 거대해졌다. 이런 상황에서 직장에서 인간성을 회복할 수 있을까? 저자들의 답은 '그렇다'이다. 단, 그것을 실현하려면 직원들은 리더가 자신을 구제해 주기만을 기다리지 말고 책임을 적극적으로 나누고, 리더는 권한과 영향력을 행사해서 직장에 존재하는 소외의 굴레를 벗기기 위해 애써야 한다.

이 책을 제대로 읽는 법

이 책을 쓰면서 대학원생들과 많은 고객에게 큰 빚을 졌다. 우리는 그들이 던진 질문에 답하는 동시에 직장이 점점 더 비인간적으로 변하고 직장에서 소외 문제가 커지는 이유에 대해 그들만큼이나 치열하게 고민했다.

서론이 끝나고 1장에서는 직장에서 소외감을 줄이고 더 잘 몰입하는 법에 대해 심리학자들이 내놓은 답을 살펴본다. 그러나 그런 답만으로는 충분하지 않다. 직장 안팎에서 좋은 삶이란 단지 기분이 좋은 것에 그치는 것이 아니라, 사람들에게 좋은 것이 무엇인지를 알고 그것을 열정적으로 추구하고 자신의 잠재력을 온전히 발휘하며 사는 삶이다. 여기서는 그런 삶을 살려면 철학자들의 가르침을 따라야 한다고 말한다. 철학자들이야말로 좋은 삶을 판단하는 객관적인 기준을 제시해 준다. 철학자들의 시각은 '윤리학ethics'이라는 단어의 옛 뜻을 따른 윤리적ethical 시각이라고 할 수 있다. 여기서 '윤리'는 고대 그리스어 '에토스ethos'에서 파생되었는데 에토스를 가장 정확하게 번역

하면 '인성 character'이 된다. 따라서 가장 좋은 삶이란 객관적인 철학의 가르침에 따라 인간으로서의 특성을 온전히 발현하며 사는 삶이다.

2장에서는 이 책이 전하는 철학적 지혜의 첫 번째 원천을 소개한다. 아주 다른 시각을 가진 두 전문가 아리스토텔레스와 니체에게 오늘날의 직장에 대한 생각을 묻고, 사람들이 그런 직장에서 소외를 극복하고 잘 지내려면 어떻게 해야 하는지에 대해 조언을 구한다. 아리스토텔레스는 이성이야말로 인간을 인간답게 하고 노예나 동물과 구별시키는 힘이라고 주장했다. 동물은 본능에 따라 행동하고 노예는 무조건 명령에 따른다. 그에 반해 성장하고 발전하는 인간은 스스로 판단하여 원하는 바를 선택하고 자기의 이해를 잘 살피며 공동체에 대한 책임의식도 갖는다. 아리스토텔레스가 타임머신을 타고 2,500년을 뛰어넘어 현대로 온다면 오늘날 직장에서 반쯤 노예가 된 채 야성적 충동이 넘치는 사람들의 모습을 보고 놀라고 절망할 것이다. 아리스토텔레스의 시각에서는 리더의 교육적 역할이 매우 중요하다. 리더는 직원들이 고유의 기술을 개발하고 자유롭고 이성적으로 원하는 것을 선택하고 삶을 개선하는 데 이바지해야 한다.

프리드리히 니체는 19세기 후반에 글을 쓰면서 인간다움과 자율성에 대해서는 아리스토텔레스의 생각에 공감하면서도 이성에 대해서는 다르게 생각했다. 니체가 보기에 잘 사는 삶이란 이성을 최우선으로 하는 삶이 아니라, 인생을 하나의 예술 작품처럼 열정적이고 비범하게 사는 것이었다. 니체는 동물적 충동을 억누르기보다 그런 열정을 이용해 창의력을 발산하라고 말한다. 리더는 창의적인 직원들을 자유롭게 해야 하고 그들이 일하는 데 방해가 되는 요소를 모조리 제거해야 한다. 모순처럼 보일지도 모르지만, 오늘날 직장에서는 아리스토텔레스가 주장한 이성과 니체가 말한 열정이 모두 다 필요하다. 그리고 직원들이 그 두 가지를 잘 발현하도록 돕는 것이 리더의 역할이자 리더십이다.

3장은 전략에 관한 이야기로, 조직의 방향을 어떻게 설정하고 어떻게 시행할 것인지를 다룬다. 안타깝게도 오늘날 기업들이 하는 핵심적 가정은 사람들이 잘 살 수 있는 능력, 스스로 발전하고 성장하는 능력을 망가뜨리는 경우가 많다. 그 가정들은 경제 이론을 근거로 세상을 승자와 패자로 나누고 경쟁에서 이겨야 생존하고 번영한다고 믿는다. 그런 믿음의 바탕에는 이기적인 인간 본성에 대한 비관적 시각이 짙게 깔려 있다. 본질적으로 인간은 자기 성공을 위해 쟁탈전을 벌일 수밖에 없다고 여기는 것이다. 하지만 이 책에서는 인간 본성을 조금 다른 각도로 본다. 인간의 자기중심적 태도를 부정하지는 않지만 더 좋은 방향으로 바라보고자 한다. 다시 말해 붓다의 철학적 관점을 따른다. 붓다의 철학을 오늘날 기업 환경에 적용하면 가치를 이해하는 일보다 가치를 창출하는 일을 우선하게 된다. 붓다는 리더가 적대적 생태계가 아니라 협력하는 생태계를 만들어야 하고, 미래를 통제하려 하기보다 불확실한 환경을 인정하고 그 안에서 발전하는 힘을 키워야 한다고 말한다.

4장에서는 창의력과 비판적 사고를 다룬다. 리더는 실행 계획이 명확하지 않을 때 상식에 의지해 직원이나 자신을 독려하는 경우가 많다. 이전 장에서 설명한 대로 오늘날 기업들이 선택한 전략도 기존 상식을 따른다. 실제로 경쟁 사회에서는 상식을 바탕으로 조직을 관리해야 한다고 말하는 리더가 많다. 하지만 여기에서는 많은 사람이 당연하게 여기는 상식에 이의를 제기하고, 20세기를 대표하는 철학자 칼 포퍼의 생각을 소개한다. 그리고 포퍼의 주장에 따라 리더들이 비판적 이성주의자가 되어야 한다고 말한다. 모든 제안이나 의견에는 당연히 비판적 사고가 필요하다. 그런데 포퍼는 그중에서도 개연성은 낮지만 비판에 맞설 수 있는 제안 또는 의견이야말로 리더가 가장 고려할 만한 생각이라고 주장한다. 이 장에서는 포퍼의 통찰을 이용해 리더십에 대한 기존의 지식을 근본적으로 뒤엎고자 한다. 지금처럼 한 줄 세우기와 성과주의를 앞세우는 문화가 아니라, 진실과 발견과 배움을 강조하는 문화에서 막대한 이윤이 발생한다. 또한 최선의 행동이 아니라 창의적 행동에서, 실수를 피하는 것이 아니라 그것을 인정하는 데서 원하는 결과물이 나온다. 독자 여러분이 직장에서 비판적 사고 능력을 키우고 그것을 시험해 볼 수 있도록 실용적인 지침도 제시한다.

리더가 조직의 방향을 정할 때 직원들에게 지시하거나 명령하지 않고 행동으로 모범을 보이면 어떨까? 조직에 무엇이 이로운지 정하고 그것을 일방적으로 전달하는 것이 아니라 직원들에게 무엇이 좋은지를 직접 물어본다면 어떨까? 5장에서는 이른바 '무지의 장막'이라고 하는 사고실험을 소개한다. 20세기 미국 철학자 존 롤스가 고안한 실험으로, 게임 당사자들이 서로의 지위를 모른 채 게임을 하는 원리이다. 롤스의 실험을 설명하기 전에 고대 그리스 철학자 플루타르코스의 사상도 소개한다. 플루타르코스는 리더가 직원들의 모범이 되어야 한다고 말한다. 여기에서는 리더가 어떻게 행동하고 누구와 무슨 일을 하는 데 시간을 보내는지가 리더의 성품을 보여준다는 사실을 밝힌다. 다른 사람들을 감동시키고 움직이게 하는 힘은 도덕성이며, 리더가 덕이 없으면 직원들이 느끼는 소외감이 커진다는 점도 강조한다.

6장에서는 리더들이 권한위임을 어떻게 잘못 이해하고 있는지를 지적한다. 오늘날 리더들은 조직의 성공을 기원할 때 권한위임을 마치 주문처럼 외운다. 그런데 아이러니하게도 많은 조직에서 권한위임을 바라보는 태도가 바로 직장 내 무력감을 낳는 직접적 원인이자 우리가 이 책에서 치유하려고 하는 아픔, 곧 소외감을 강화시키는 요인이다. 이런 아이러니가 발생하는 이유는 리더가 권한이 어디에서 오는지를 잘못 이해한 탓이다. 권한은 사실 리더에게서 오는 것이 아니라 직원들에게서 나온다. 여기에서는 17세기 영국 철학자 토머스 홉스의 통찰에 주목한다. 홉스가 보기에 왕의 권한, 누가 봐도 명백한 그 권력은 다른 사람들이 그에게 권한을 위임했기에 가능했다. 왕에게 권한을 위임함으로써 모두가 잘 사는 평화로운 사회를 보장할 수 있었던 것이다.

이 장에서는 홉스의 의견을 기반으로 하면서 동시에 18세기 철학자 임마누엘 칸트의 조언을 듣는다. 두 사람은 개인이 자율적으로 행동하되 다른 사람에 대한 의무를 충실히 수행할 수 있는 공간을 열어주는 것이 리더십이라고 주장한다. 여기에서 리더는 그 의무가 무엇인지를 조직이 추구하는 목적에 맞게 설정해 주는 역할을 한다. 그래서 리더는 반드시 다음 사실을 명심해야 한다. 권한은 직원들이 준 선물이며 직원들은 언제든 그 선물을 거둘 수 있다. 그때 리더에게 남는 것은 화려한 명함 한 장뿐이다.

조직의 규모가 작을수록 리더의 소통이 아주 중요하다. 7장에서는 조직에서 리더가 직원들에게 명령하고 지시하는 일방적 소통 방식이 고착화된 과정과 이유를 살펴본다. 일방적 소통이 일반화된 이유는 리더들이 단순히 말을 하는 것과 소통을 구별하지 못하기 때문이다. 안타깝게도 리더가 직원들에게 뭔가를 지시해도 직원들이 리더가 원하는 대로 행동하는 경우는 드물다. 그런데도 리더는 일방적 소통을 고집한다. 이 장에서는 1세기 스토아 철학자 에픽테토스의 통찰에 귀를 기울인다. 에픽테토스는 인간이 통제할 수 없는 것을 억지로 통제하려고 들면 고통스럽기만 하다는 사실을 일깨워준다. 그의 시각에서 리더는 새로운 정보에 대한 직원들의 반응을 예상하거나 통제할수 없다. 이 장에서는 에픽테토스의 생각과 함께 데이비드 흄의 의견도 살펴본다. 흄은 18세기 스코틀랜드의 유명한 철학자로, 사람들이 새로운 정보를 접했을 때 가장 유의미한 반응을 보이는 것은 머리가 아니라 마음으로 들었을 때라고 말했다. 리더는 일방적으로 정보를 전달하는 것이 아니라 직원들이 새로운 정보를 듣고 나름의 의미를 창출할 공간을 만들어줘야 한다. 조직에서 무엇보다 중요한 소통은 리더를 향한 직원들의 소통이지 그 반대가 아니다.

앞서 이야기한 것처럼 7장에서는 리더에게 필요한 의미 있는 소통에 주목하며 새로운 소통 방법을 배울 것인지, 그저 전처럼 일방적으로 직원들을 설득할 것인지를 묻는다. 이어 8장에서는 오늘날 조직에서 아주 뜨거운 주제인 몰입에 대해 이야기한다. 리더는 직원들에게 주로 지시하고 명령한다. 하지만 그만큼 직원들의 '지지'도 필요하다. 여기에서는 리더와 직원의 관계에 주목해 직장을 얼마나 인간다운 곳으로 만드느냐가 그 관계에 달렸다고 주장한다. 이와 같은 생각은 20세기 철학자 마르틴 부버에서 비롯된다. 부버는 세상과 어떤 관계를 맺어야 하는지를 묻는다. 세상과 관계를 맺는 첫 번째 방법은 '나와 그것'의 관계이다. 이 관계에서는 다른 사람을 내 마음대로 할 수 있는 수단으로 보고, 올바른 결과를 도출하려면 상대가 내 말에 복종하거나 내 말을 지지해야 한다고 여긴다. 두 번째 방법은 '나와 너'의 관계이다. 이 관계에서는 상대를 거래를 위한 수단이 아니라 온전히 성숙한 한 사람으로 본다. 리더가 직원들을 대할 때는 단순히 내 말을 듣는 사람으로만 생각해선 안 된다. 직원들과 의미 있는 관계를 설정해야 한다.

9장에서는 가치에 대해 살펴본다. 오늘날에는 어떤 조직에서든 리더가 가치를 창출해야 한다고 믿는다. 진실성, 고객 중심, 기업가정신 등 기업의 가치 목록은 계속해서 추가된다. 일반적으로 이렇게 가치를 만드는 일은 조직에서 무엇이 좋은지를 규정하기 위한 좋은 시도로 여겨진다. 그런데 기업 가치를 나열하다 보면 대개 리더든 직원이든 냉소 섞인 하품을 하게 된다. 2001년 파산한 엔론도 여러 기업 가치를 만들었고 무엇보다 진실성을 최고 가치로 삼았었다. 이 장에서 말하는 핵심은 좋은 삶의 모델이 절대 한 가지가 아니라는 점이다. 조직에서 모든 사람이 똑같이 중요하게 여기는 가치란 있을 수 없다. 개인은 나름대로 자신이 중요하게 여기는 가치가 있지만 조직은 그렇지 않다. 또한 개인의 가치는 어릴 때부터 성인이 될 때까지 오랜 시간 많은 변화를 겪으며 정립된다. 그러나 조직은 그런 과정을 겪지 않는다. 이와 관련해 20세기 위대한 철학자 이사야 벌린의 고견을 살펴본다. 벌린은 다원주의를 강하게 주창했다. 벌린의 안내에 따라 좋은 삶을 해석하는 데는 다양한 시각이 존재하고, 그 해석이 개인에 따라 상충되는 경우도 많다는 사실을 밝힐 것이다. 리더는 한 가지 가치 기준에만 의지해서는 안 된다. 자기 나름의 도덕적 기준을 세우고, 조직에서 의견이 상충할 때 그 기준에 따라 과감하게 논쟁하고 최고의 방책을 선택할 수 있는 방법을 제시하려 한다.

마지막으로 10장에서는 리더 자체를 집중적으로 다룬다. 잘 사는 사람, 발전하는 사람이란 선택할 자유가 있는 사람이다. 그런데 자유롭게 선택한 일이 잘못되면 어떻게 해야 할까? 어떤 리더는 상황을 탓한다. 또는 자기 힘으로는 어쩔 수 없었다고 말하며 곤란한 상황에서 빠져나가려고 한다. 하지만 이런 행동은 자유에 대한 적절한 통제가 무엇인지 모르고 스스로 자유를 제한해 버리는 일이다. 결국 자유를 제한하는 선택을 한 것이다. 자유로운 사람은 규칙을 지키고 그 규칙을 어겼을 때의 결과도 기꺼이 인정한다. 어떤 일을 했을 때 성공하면 기쁜 것이 당연하듯이, 실패하면 그에 대한 책임을 지는 것도 당연하다. 그렇지 않으면 인간의 본성을 부인하는 꼴이 된다. 소크라테스는 기개나 명예를 지키는 일이 인간의 본질이고, 인간이 마지막까지 그것을 포기해서는 안 된다고 말했다. 소크라테스의 말은 한 가지 중요한 질문을 담고 있다. 과연 리더로서 자기의 사사로운 이익과 두려움, 욕망을 극복하고 끝까지 지키고 싶은 무언가가 있는가 하는 질문을 남긴다.

이 책은 그냥 읽는 것으로 끝나서는 아무 소용이 없다. 바로 실천으로 옮겨야 한다. 조직의 리더든 직원이든 상관없다. 어디에서 무슨 일을 하든 직장인이라면 다른 사람과 자신 모두를 위해 직장을 더 인간다운 곳으로 만들 의무가 있다.

여러분은 나름의 위치와 입장에서 이 책을 이해할 것이다. 예를 들어 동료 중에는 직장생활이 너무 힘들어서가 아니라 단순히 철학을 아주 좋아해서 이 책을 읽은 사람이 있다. 그 동료는 직장에서 소외감을 느낀 적이 한 번도 없었다. 물론 직장에서 힘들 때가 없는 것은 아니었지만, 대체로 직원들 누구나 자유와 선택권을 보장받았고 출퇴근도 자유로웠다. 하고 싶은 말이 있으면 곧바로 할 수 있고 서로를 존중했다. 그럼에도 우리는 한 가지 경고를 잊지 않았다. 그렇게 좋은 환경이 언제까지 이어질 것인가? 앞으로도 계속 직장에서 서로를 존중할 수 있는가? 지금 직장생활이 만족스럽더라도 이 책이 제안하는 내용을 잘 이해하면 그 상황을 오래 지속하는 데 도움이 될 것이다.

이 책의 초안이 나왔을 때 딱 여기까지 읽고 화를 낸 친구도 있었다. 그 친구는 이렇게 소리쳤다. "당연히 소외됐지. 근무 환경이라는 게 매일 같이 탐욕스럽고 쓸모없는 인간들하고만 온종일 앉아 있어야 하고, 그런 환경을 바꾸기 위해 할 수 있는 일이라고는 아무것도 없는데 누가 그렇지 않겠어? 그저 할 수 있는 일은 몇 시간 잘 버티다 돈이나 받는 거지. 퇴근하고 5분이라도 기운이 나서 진한 진토닉 한 잔할 수 있으면 더 바랄 게 없는 게 직장생활이야."

그러나 내부적 조건을 바꿀 수는 없다 해도 이 책이 말하는 바를 이해하면 그런 악조건에 대응하는 방법은 바꿀 수 있을 것이다.

런던에 본사를 둔 한 유명 회계법인에서 경비원으로 일하는 존이라는 사람이 있다. 존은 아주 한정된 보안 업무를 맡고 있었지만, 방문객들이 오고 갈 때마다 일일이 이름을 외우고 한 사람 한 사람 진심으로 대하는 특별한 능력이 있었다. 기업 관리자들 말에 따르면, 그는 고위 간부가 고객을 상대하기 곤란해할 때 여러 차례 구원자가 되었다. 관리자들은 해마다 중요한 회의가 있을 때마다 그를 스위스 다보스로 데려간다. 그는 조직에서 절대로 기계 부품이 아니었다.

　나를 제약하는 요소를 바꿀 수는 없지만 나 자신은 어느 정도 바꿀 수 있다. 또한 외부의 제약은 내가 바꾸고 싶은 것이 무엇인지를 깨닫게 하고, 내 꿈을 명확하게 하는 열쇠가 되기도 한다.

1장

왜 철학이 필요한가

| 철학의 쓸모 |

WHAT PHILOSOPHY CAN TEACH YOU

ABOUT BEING A BETTER LEADER

"사람들에게 좋은 것이 무엇인지 알고
그에 따라 좋은 직장을 만들려면 다른 종류의 지혜가 필요하다."

학위 과정에 들어가면 학교에서 꼭 내는 과제가 있다. 성인 학생들에게 졸업한 다음 갖고 싶은 꿈의 직업을 적고 자기가 그 일에 적합한 이유를 간략하게 써서 제출하게 하는 것이다. 대학원생들은 대체로 어느 정도 경력이 있어서 자기에게 주어질 기회를 현실적으로 판단할 줄 안다. 다시 배움의 길로 들어선 만큼 일에 대한 열정도 강하다. 학생들이 생각하는 꿈의 직업은 마케팅, 사업개발, 금융 등 대개 잘 알려진 비즈니스 분야에 속하는 경우가 많다. 지위는 대체로 어디의 부사장이나 이사장 정도이고, 연봉을 언급하는 경우도 많은데 그때는 학생들이 교육에 투자하느라 안게 된 빚도 고려해 제시한다. 학생들이 꿈의 직업을 얻기 위해 필요하다고 생각하는 자격 요건은 승진을 비롯해 사람들이 일반적으로 생각하는 여러 가지 요소들이 포함된다. 그런데 어떤 학생이 이렇게 말한 적이 있다.

"다 적었습니다. 그런데 꿈을 적는데도 전혀 설레지 않네요. 내가 꿈꾸는 직업에 도달하는 데 필요한 것들을 적다 보니 재미가 하나도 없어요!"

하지만 학생이 그렇게 말한 것은 아직 두 번째 과제를 내기 전이었다. 학생들이 꿈의 직업에 대해 쓰자 우리는 짧은 보고서 하나를 더 쓰라고 했다. 지금부터 시계를 약 40년쯤 뒤로 돌려서 슬프면서도 뜻

깊은 자리, 즉 자신의 장례식에서 가장 친한 친구가 나에 대해 어떤 말을 할지 적어보라고 했다. 그런 다음 옆의 학생과 작성한 과제를 서로 바꿔 읽고 의견을 나누라고 했다. 과연 꿈의 직업과 추도사에는 어떤 연결고리가 있을까? 이 두 가지 사이에 연결고리가 있거나 없다는 것은 무슨 의미일까? 두 글 가운데 어떤 글을 읽는 것이 더 재미있고 즐거울까? 여러분도 두 과제를 직접 해보고 뒷부분을 읽어보면 좋을 것이다.

두 글 중 더 열정적이고 긍정적이며 훨씬 인간적인 글은 늘 추도사다. 꿈의 직업에 대해 쓴 글은 냉정한 경우가 많고 사람이 아니라 지위에 초점을 맞추기 때문이다. 한편, 꿈의 직업에 대한 글은 보통 명확하고 논리적인 데 비해, 추도사는 감동은 있지만 착하게 살고 좋은 세상을 만들자는 막연한 희망이 섞여 모호한 글이 많다. 여기서 이 책에서 앞으로 내내 곰곰이 생각해 볼 두 가지 질문이 생긴다.

첫째, 추도사에 담긴 긍정적이고 희망적인 메시지를 꿈의 직업과 꿈의 직장으로 그대로 옮기려면 어떻게 해야 할까? 둘째, 꿈의 직업을 설명하는 글에서 보이는 엄격함과 현실성을 추도사에 담으려면 어떻게 해야 할까?

심리학자들이 말하는
좋은 삶

심리학자들은 앞에서 언급한 꿈의 직업과 추도사에 대한 두 질문에 답할 수 있다고 말한다.

1940년대 전통 심리학으로 돌아가 보면 에이브러햄 매슬로Abraham Maslow 같은 인본주의자들은 사람들이 직장에서 꿈을 실현하고자 하는 욕구를 가지고 있다는 사실을 알아냈다. 매슬로는 인간의 욕구에는 위계가 있고 그중 음식과 집에 대한 욕구가 기본이 된다고 말했다. 물론 차고 넘칠 만큼 많은 음식을 먹거나 집을 사는 데 엄청난 돈을 쓰는 경우도 있지만 매슬로는 인간은 그런 것 말고도 다른 욕구가 더 있다고 주장했다. 인간은 물질적 욕구가 충족되면 그 뒤로는 남들과 대화하고, 직장에서 자신의 정체성을 발견하거나 마음껏 표현하고, 마침내 자아실현을 하면서 개인의 잠재력을 온전히 발현하려는 욕구가 생긴다. 그런 욕구가 실현되는 곳이야말로 사람들이 바라는, 꿈의 직업을 적은 글과 추도사의 장점이 동시에 구현되는 곳이다. 다시 말해 마르크스가 궁극적으로 고민한 소외, 곧 자기소외의 문제가 마침내 해결되는 곳이다.

지난 70년 동안 경영대학원은 영향력을 넓히고 신뢰를 쌓으며 수많은 전문가와 성공한 기업가를 낳았다. 수많은 컨설팅 회사도 탄생시켰다. 경영학이 이렇게 세를 키우고 발전하는 동안 심리학은 그 안에서 중요한 학문으로 자리매김했다. 특히 조직행동학에 심리학자들이 대거 포진해 있다. 조직행동학은 교수의 수가 금융학과 경제학을 뛰어넘고 박사학위를 따는 전공자도 경영학을 통틀어 가장 많다. 대학과 직장에서 교육 개발 프로그램이 가장 많은 분야이기도 하다. 심리학 전공자라면 인간의 정신을 다루는 심리학이야말로 사람들이 잠재력을 실현하는 데 도움이 되어야 하고, 경영학과 접목했을 때 직장에서 자아실현을 하는 데 이바지해야 한다는 점에 동의할 것이다.

그런데 잠재력을 온전히 발현한다는 말은 무슨 뜻일까? 매슬로가 말한 자아실현이란 무엇일까? 잠재력이나 자아가 실현되었다는 것은 어떻게 알까? 최근 대학에서 급증하고 있는 인지심리학자들은 이 질문에 대해 다음과 같이 간단히 대답할 것이다. 나가서 사람들에게 얼마나 열정적으로 일하는지 물어보면 된다고 말이다. 질문지나 자가진단표 등 온갖 조사 방법을 동원해 직장인들의 업무 몰입도, 열정,

자아실현 정도를 측정한다. 그리고 그 데이터를 분석한 뒤 더 높은 점수를 얻게 한 조건들을 현장에 적용하면 직장을 더 좋은 곳으로 만들 수 있을 것이라고 주장한다. 하지만 안타깝게도 실제로는 그렇지 않다. 그렇게 조사한 결과를 분석해 현장에 그대로 적용해도 얼마 뒤 업무 몰입도를 다시 조사하면 점수가 크게 나아지지 않는다. 직원들이 직장에서 더 열심히 일하게 하기 위해 기껏 거액을 들여 프로그램을 설계했건만, 몰입도 점수가 나아지지 않거나 하강하면 그것을 개발한 인사부만 곤란해진다.

우리가 컨설팅했던 어느 대형 은행은 이런 방식으로 직원들의 자아실현 정도를 높일 수 있다고 믿었다. 중앙 인사부에서 수천 명의 중간 관리자들이 조직의 전략을 자신의 전략으로 여기고 더 적극적으로 기업 전략을 실행하도록 돕는 프로그램을 개발했다. 그런데 은행의 조직 전략이란 특별한 것이 아니라 '고객 중심'과 '혁신 문화'를 장려하는 방법들을 모아놓은 것에 불과했다. 그래서 그 자체로는 직원들의 마음을 움직이기가 어려웠다. 그 프로그램을 시범적으로 도입했을 때는 불만이 약간 나온 정도였지만, 코치들이 워크숍을 열고 참가 직원들이 조직의 프로젝트를 자신의 것으로 여기고 권한과 자율성을 갖고 일하도록 유도하자 프로그램에 대해 반대의 목소리가 터져 나오기 시작했다. 코치들은 직원들에게 작은 모둠을 짜서 각자 자율권이 있다고 느끼는 때가 언제인지를 생각해 보라고 했다. 그러자 직장에서 일할 때라고 말한 사람은 단 한 명도 없었다. 우리가 관찰하고 있던 모둠에서 한 관리자는 아이들에게 운동을 가르쳐줄 때가 그렇다고 말했고, 또 다른 관리자는 모스크를 짓는 기금을 모을 때라고 말했다. 그러자 코치는 은행에서 업무를 처리할 때도 그때처럼 자율적이고 열정적으로 임하는 모습을 상상해 보라고 말했다. 그러자 한 직원이 코치에게 말했다. "애초에 있지도 않은 권한이나 자율성을 왜 상상하라는 거죠?"

코치는 점점 바닥을 보이는 직원들의 친절함을 끌어모으며 이른바 '지지'의 필요성에 대해 이야기했다. 그러자 그 직원이 이렇게 말했다. "그건 더 나쁘네요. 저희가 머리가 나쁘다고 무시하는 겁니다. 이 시간은 참 강제적이네요. 회사의 전략과 교육 프로그램을 지지해 달라는 말은 우리가 고객처럼 물건이나 서비스를 마음대로 선택할 수 있다는 말인데, 저희는 분명 아무런 선택권이 없어요. 저희에게 필요한 건 회사 전략을 지지하는 것이 아니라 이해력을 존중받고 이런 구시대적인 슬로건을 듣지 않는 겁니다."

그 후 인사부에서는 전 직원을 대상으로 마음챙김mindfulness을 바탕으로 하는 스트레스 관리 프로그램을 새로 개발하기로 했다.

이쯤에서 당시 상황을 명확하게 살펴보자. 인사부의 의도는 좋았다. 직원들을 모욕할 의도는 전혀 없었다. 인사부에서는 오히려 사람들의 기분이 좋아지기를 진심으로 바랐다. 하지만 거기에는 이 책에서 핵심으로 다룰 근본적인 문제가 하나 있었다.

권한이 있다고 느끼는 것과 실제로 권한이 있는 것은 다르다. 일에 더 몰입하거나 자아를 실현했다고 느끼거나 어제보다 자아실현에 더 가까워졌다고 느끼는 것 역시 실제로 자아실현을 한 것과는 다르다.

업무 몰입도 점수가 높으면 직장생활을 잘하고 있다는 느낌이 들지도 모른다. 그런데 그 느낌이 정말로 직장생활을 나타내는 객관적 지표가 될 수 있을까? 그렇게 느끼는 것과 실제로 직장생활을 잘하는 것이 늘 같지는 않다.

02
잘 살고 있다고
착각하는 사람들

내가 잘하고 있다는 생각이 착각이냐고 묻는다면 그건 아니다. 하지만 그것을 자아실현을 보여주는 척도로 여겨서는 안 된다. 앞으로 살펴보겠지만 이와 같은 심리학적 관점에는 근본적으로 약점이 있다.

심리학에서는 기분이 좋거나 행복하다고 느끼면 그것을 좋은 삶으로 본다. 그리고 그것을 과학적인 방법으로 확인할 수 있고, 자가진단 점수 등을 통해 객관적으로 측정할 수 있다고 말한다. 반복 실험을 하거나 대규모 표본 자료를 통계적으로 분석하면 좋은 삶을 가능하게 하는 요인도 찾을 수 있다고 믿는다.

좋은 삶에 대한 이런 해석이 오늘날 학계와 비즈니스를 주도하고 있다. 이 관점은 감정 상태를 움직이는 요인에 대한 이론을 포함해 우울과 불안의 반대가 정신적으로 좋은 상태psychic flourishing라고 이해한다. 대니얼 헤이브론Daniel Haybron은 행복학을 연구하면서 감정을 세 상태로 나누어 설명했다. 첫 번째 상태는 '인정상태endorsement state'다. 기쁨이나 슬픔과 같은 감정으로, 삶의 조건을 인지할 때 나타나는 감정이다. 두 번째는 '몰입상태engagement state'로 세상에 대해 감정과 활력이 넘치는 상태이다. 세 번째는 '조율상태attunement state'로 마음이 평온하고 확신에 차며 감정이 확장된 상태이다. 하지만 과학적이라고 주장하는 이런 해석에는 몇 가지 큰 문제가 있다.

첫 번째 문제는 감정이 생각보다 잘 바뀌지 않는다는 데 있다. 이점을 설명하는 것이 조절점 이론set point theory이다. 조절점 이론은 모든 사람은 기분이 좋아지는 데 필요한 조절점이 있다고 본다. 사람은 누구나 행복해지려 하고, 지금 벌어지는 일 또는 지금까지 일어난 일과 상관없이 시간이 지나면 행복한 상태로 돌아가려는 경향이 있다는 것이다. 심각한 육체적 트라우마, 사별, 이별이나 이혼, 금전적 손실 등의 경험이 감정에 미치는 영향을 살펴보면 이 이론을 이해하는 데 도움이 된다. 사람들은 이처럼 가슴 아픈 일을 겪고도 1년 정도 지나면 그런 일을 겪지 않았던 때의 감정으로 돌아가는 경우가 많다. 어떤 연구에서는 집단적 조절점에 대해 이야기한다. 비슷한 문화를 가진 사람들은 대부분 행복을 느끼는 수준도 비슷한 것으로 밝혀졌다. 유전에서 조절점을 찾는 연구도 있다. 쌍둥이는 각자 다른 환경에서 자랐어도 정서가 비슷한 경우가 있다는 것이 이 연구의 주장이다.

두 번째 문제는 연구의 한계점과 관련이 있다. 뉴욕주 로체스터 대학교의 총장 리처드 펠드먼Richard Feldman 교수는 정서 또는 감정에 대한 연구 데이터가 '인식'의 낮은 신뢰성 때문에 제대로 평가받지 못하고 있다고 지적한다.[1] 그는 불안정 문제(인식은 언제든 바뀔 수 있다), 책임 문제(인식은 사소한 요소에 영향을 받는다. 예를 들어 조사하는 사람이 매력적이면 피험자의 인식이 바뀔 수 있다), 측정 시간의 문제(누군가의 기분이 얼마나 좋은지를 조사할 때 최적의 시간이란 것은 없다. 예컨대 피험자가 죽음을 앞두고 있다면 그 조사는 신뢰할 수 없다)를 언급했다. 시카고 대학교 법학과 교수이자 철학과 교수인 마사 누스바움Martha Nussbaum 교수 역시 괴롭힘의 문제를 설명했다. 심리학자들은 아주 제한적인 기준 또는 심지어 한 가지 기준으로 감정을 측정해서 무의식적으로 피험자들을 괴롭게 한다고 비판한다. 기분을 좋게 하는 요소가 아주 다양하다는 사실은 누구나 직감적으로 알 수 있다.[2]

세 번째 문제는 사람들이 자기의 감정을 인지하는 능력이 시간에 따라 변한다는 점이다. 감정 인지 능력이 떨어지면 삶이 빈곤해지고 발전하지 못한다. 그래서 별일 아닌 일에도 몹시 기뻐하거나 크게 분노하기도 한다.

하지만 기분 좋게 사는 것이 좋은 삶이라는 관점에는 훨씬 더 근본적인 문제가 있다. 철학자 로버트 노직Robert Nozick은 1974년 발표한 글에서 '기쁨 기계(또는 경험 기계)'라는 사고실험을 제안했다.[3] 기쁨 기계는 모든 종류의 기쁜 감정을 제공할 수 있다. 원하기만 하면 쾌락부터 완벽하게 만족스러운 상태까지 모든 기쁨을 줄 수 있다. 하지만 그는 기분이 좋아지기 위해서 이 기계를 쓸 사람은 거의 없을 것이라고 주장했다. 사람들은 이런 즐거움을 기계의 도움을 받지 않고 경험을 통해 얻어야 한다고 직감적으로 생각하기 때문이다. 또한 누스바움 교수는 사색적이고 평온한 삶을 사는 사람들의 삶과, 스트레스가 많아 건강을 해치지만 외롭더라도 엄청난 성과를 이루는 활동적인 사람들의 삶을 비교했다. 그리고 사람들이 대부분 후자의 경우처럼 힘들더라도 뭔가를 성취하는 삶을 더 좋은 삶이라고 판단할 것이라고 주장했다.

03

나에게 정말 좋은 일이란
무엇인가

심리학자들은 기분 좋게 사는 것을 좋은 삶으로 여긴다. 그런데 여러분은 과연 자신에게 좋은 일을 하고 있을까?

그저 내가 하고 싶은 일을 한다거나 원하는 것을 얻거나 지금 가진 것이 내가 원하는 것이라는 식의 주관적인 답은 좋은 삶을 말하기에 충분치 않다. 예를 들어 어떤 사람은 평생 놀 생각만 하며 시간을 보내기도 하는데, 그런 삶은 직관적으로도 좋은 삶으로 보이지 않는다. '나에게 정말 좋은 것이 무엇인가?'라는 질문에 대한 답은 욕망이 넘칠 때도 문제지만 욕망이 너무 없을 때도 문제다. 일을 거의 하지 않거나 아무 일도 하지 않는 삶을 바라는 것도 직관적으로는 좋은 삶이 아니다. 욕망을 따르는 삶이 최종적으로는 자신을 파괴하기도 한다.

한때 유럽을 풍미했던 훈족의 왕 아틸라는 자신이 원하는 대로 살았지만 결국 결혼식 날 코피를 흘리며 질식사했다. 이 같은 사례는 내게 좋은 것이 무엇인가 하는 질문에 대해 더 객관적인 답을 요구한다.

긍정심리학의 전통을 세운 마틴 셀리그만Martin Seligman 교수는 좋은 삶이란 감정과 주관에서 벗어나 가치 있는 목표를 실현하는 일이라고 주장했다.[4] 가치 있는 목표에는 커리어의 성공, 학위 취득, 미술 감상, 우정 등 여러 가지가 포함된다. 그런데 여기에도 문제는 있다. 이 관점에 따르면 더 가치 있는 일을 할수록 더 좋은 삶을 사는 것이기 때문이다. 앞서 예로 든 목표는 직감적으로는 모두 가치 있어 보이지만 무엇이 더 가치 있는지를 판단하기란 쉽지 않다. 주관에 기대지 않고 가치 있는 일의 등급을 매길 수 있는 객관적인 근거가 필요하다.

좋은 삶을 만드는 요소, 즉 경영대학원에서 학위를 취득하는 일이 미술 수업보다 더 가치 있다고 보거나 또는 그 반대라고 보는 기준은 어떻게 찾을까?

심리학은 나름대로 체계적인 조사 방법으로 인간의 긍정적 또는 부정적 감정을 이해하는 데 도움을 준다. 하지만 사람들에게 무엇이 좋은지 알고 그에 따라 좋은 직장을 만들려면 다른 종류의 지혜가 필요하다.

철학이 바로 그 지혜다. 철학자들은 사람이 잘 산다는 것이 무슨 뜻인지, 사람에게 좋은 것이 무엇인지를 이해하기 위해 노력했다. 그 결과 모두가 자신의 온전한 잠재력을 깨닫고 실현하기 위해 몇 천 년이나 애쓰고 있다.

다음 장에서는 '좋은 삶을 만드는 요소'를 찾아낸 두 철학자를 소개하고자 한다. 두 사람은 사람에게 좋은 것이 무엇인지를 판단하는 기준을 정했다. 그 기준에 따라 사람들의 삶이 더 행복해지려면 직장을 어떻게 설계해야 하는지를 살펴보자. 처음 소개할 현자는 2,500년 전에 제자들을 가르친 아리스토텔레스이고 둘째는 포스트모더니즘 초기에 활동한 독일의 철학자 프리드리히 니체이다. 두 철학자는 온전한 인간이 되는 데 필요한 요소를 찾는 데 힘썼다. 동물이나 노예, 무리의 일부가 아닌 인간 본연의 상태가 되려면 무엇이 필요한지를 고민했다. 두 사람의 생각은 직장생활뿐 아니라 삶의 전반에 걸친 문제에 대한 객관적인 답을 찾는 데 도움이 된다. 아리스토텔레스의 입장에서 온전한 인간이란 이성적인 존재이자 다른 사람을 이성적 존재로 이끄는 사람이다. 그는 이성이 좋은 삶을 만드는 요소이고, 따라서 이성적인 삶이 좋은 삶이라고 생각했다. 한편 니체는 탁월함이 좋은 삶을 만드는 요소라고 강조했다.

철학이 말하는 리더의 지혜

아리스토텔레스와 니체를 소개하기에 앞서 지금까지의 내용을 정리해 보자. 지금까지는 직장에서 소외되지 않고 잘 사는 법에 대해 심리학자들이 내놓은 답을 살펴보았다.

그런데 사람들이 잘 사는 문제에 대한 심리학자들의 답은 주관적 경험에 대한 데이터에 근거했다는 한계가 있다. 다시 말해 잘 사는 것이 무엇인가가 아니라 잘 살 때 어떤 기분이 드는가에 대한 답이라고 할 수 있다. 실제로 나 자신에게 정말 좋은 일을 하는 것과 기분이 좋은 것이 항상 일치하지는 않는다. 철학은 그런 기분을 넘어 잘 사는 것 자체를 다룬다.

1   내가 바라는 직업에 대해 이야기한다면, 그리고 미래의 내 장
      례식에서 친구가 추도사를 발표한다면 각각 어떤 내용인가? 두
      이야기에 연결고리가 있는가? 만약 그렇다면 그 연결고리는 무
      슨 뜻이며, 연결고리가 없다면 문제가 되는가?

2   당신과 당신의 부하 직원 또는 동료는 직장에서 잘 지내고 있
      는가? 그것을 어떻게 알 수 있는가?

3   직장에서 성과를 내고 뿌듯해할 만한 일이 있는가? 그 일을 하
      는 동안 의문이 들거나 힘들었던 점은 무엇인가?

2장

회사에서 우리는 인간인가 노예인가

| 인간성 |

WHAT PHILOSOPHY CAN TEACH YOU

ABOUT BEING A BETTER LEADER

"노예는 선택의 자유가 없고,
동물은 피를 묻히며 살기에 엄청난 고통이 따른다.
반면 인간은 자유롭게 선택할 수 있는 존재이다."

까마득한 고대에서 오늘날 필요한 지혜를 끌어오려는 우리의 계획을 듣고 어떤 동료가 무시하며 말했다.

"철학자들은 대부분 백인 남자들이고 하나같이 괴짜 같이 살았어. 결혼도 안 하고 평범한 사람들의 관심 밖에 있었지. 게다가 벌써 한참 전에 죽었고. 그런 사람들한테서 오늘날에 유익한 뭔가를 얻어낼 수 있을까? 지금 세상은 객관적이고 현실적이고 경험적인 과학을 논하지, 꿈같은 과거 기억에 의지하지는 않아."

아리스토텔레스Aristoteles는 동료의 말처럼 아주 오래전에 살았던 사람이다(기원전 384-322). 남자인 것도 맞다. 하지만 이 두 가지를 제외하고는 그의 말과는 전혀 다른 삶을 살았다. 백인이 아니라 갈색 피부를 가졌고 여자를 사랑했다. 리시움Lyceum이라는 학원을 설립하고 운영했고, 알렉산드로스 대왕의 스승이었으며 기상학과 해양생물학부터 리더십의 기술까지 다양한 분야에 관심이 많았다. 한마디로 박학다식하고 비범한 인물이었다. 플라톤이 소크라테스를 계승해 아테네에 세운 학당에 17살 때 입학했고, 나중에는 스승들과 다른 자기만의 철학을 발전시켰다. 그리고 그 철학으로 인해 신을 모독했다는 죄명을 쓰고 결국 아테네에서 추방당했다. 그의 가르침의 핵심은 자기만의 관점을 가지라는 것이었고 그것을 몸소 실천했다.

아리스토텔레스의 글은 대부분 이슬람 문화권에서 극히 일부가 보존되어 전한다. 그중에는 온전한 인간이 되는 것의 의미를 탐구한 글이 많다. 우리가 이 책에서 찾고자 하는 가장 적절한 설명은《니코마코스 윤리학》에 등장한다. 그 책에서 아리스토텔레스는 사람, 즉 온전히 인간다운 사람이 동물이나 노예와 어떻게 다른지를 설명한다. 동물은 거친 욕구와 욕망에 따라 움직이고, 노예는 자기 힘은 전혀 없이 타인의 의지만으로 움직인다. 동물과 노예의 상태에서는 어떤 행복도 안녕도 없다.

노예는 선택의 자유가 없고, 동물은 이빨과 턱에 붉은 피를 묻히며 살기에 엄청난 고통이 따른다. 이에 비해 잘 사는 사람, 즉 인간은 자신에게 무엇이 좋은지를 잘 알고 그에 따라 자유롭게 선택할 수 있는 존재이다.

인간을 노예와 동물의 상태와 구별 짓는 특징이 바로 이성이다. 이성은 동물에게는 없고, 노예는 있어도 쓸 수가 없다. 이성이야말로 사람들에게 '자신에게 무엇이 좋은지를 알려주는 지표'이다. 이성은 인생에서 고난을 마주하거나 기회가 생길 때 어떻게 해야 하는지를 알려준다.

01

아리스토텔레스의 중용

아리스토텔레스는 좋은 삶을 위해 필요한 요소를 '미덕'으로 보았다. 그가 생각하는 미덕에는 우정, 관용, 용기, 유연함이 있다. 이 미덕의 요소는 거의 2,500년 전에 만들어졌지만 오늘날에도 여전히 가치가 있다. 그런데 미덕이 가치가 있으려면 반드시 적절한 상황이 뒤따라야 한다. 용기는 얼핏 훌륭해 보이지만 부적절한 상황에서는 그저 허울에 불과하다. 여기에서 아리스토텔레스는 이른바 '중용'을 지키라고 말한다. 중용은 지나침 또는 모자람으로 인한 부덕을 피하는 중간 상태, 너무 과하지도 너무 부족하지도 않은 상태를 말한다. 따라서 용기의 미덕은 지나침으로 인한 부덕인 경솔함과, 부족함으로 인한 부덕인 비겁함 사이 어딘가에 자리한다. 이와 비슷하게 좋은 친구란 늘 듣기 좋은 말만 하며 기분 좋게 해주려는 친구가 아니다. 만날 때마다 비꼬거나 비판하는 친구도 아니다. 훌륭한 우정은 그 중간에 있다. 마찬가지로 관용 또한 돈을 물 쓰듯 쓰는 것과 구두쇠가 되는 것 사이에 있다. 이를 오늘날 직장에 적용한다면 직장생활을 가장 잘하는 사람은 괴롭히는 사람과 약자 사이에서 단호하지만 유연하게 대처하는 사람이다.

그렇다면 상황에 따라 최적의 지점은 어떻게 찾을 수 있을까? 이에 대해 아리스토텔레스는 그 지점을 찾으려면 이성을 이용해야 하고, 이성은 교육으로 기를 수 있다고 말한다. 주어진 상황에서 나와 다른 사람이 어떻게 행동해야 할지 생각하고 그것을 실행하고 결과를 반추하는 과정을 반복해야 한다. 또한 이성을 이용하는 법을 배운 사람은 다른 사람도 중용에 이를 수 있도록 가르칠 의무가 있다. 아리스토텔레스가 살던 세상은 변덕스럽고 불분명하고 복잡하고 불안했다. 지금도 마찬가지다. 그래서 그때나 지금이나 그저 규칙을 따르거나 늘 하던 대로 하거나 하고 싶은 대로만 해서는 잘 살 수 없다. 이런 상황에서 온전한 인간으로 존중받고 살려면 자기만의 관점을 세워야 한다.

아리스토텔레스가 생각하는 이상적인 직장은 이성을 이용하는 법을 배우고 그에 따라 인간성을 발전시키는 곳일 것이다.

02

노예의 직장과
동물의 직장

아리스토텔레스는 오늘날 많이 사용하는 '권한위임'이라는 말을 좋아할 것이다. 그런데 직장에서 실제로 그것이 어떻게 이뤄지는지를 보면 생각이 많아질지도 모른다. 함께 일했던 한 CEO가 이에 대해 참 인상적인 말을 남겼다. 그는 대출금이 많고 자녀가 있는 30대 후반 관리자가 최고의 관리자라고 말했다. 그런 관리자는 무슨 일이든 시키는 대로 하기 때문이다. 지금 같이 일하고 있는 대규모 IT 회사에서는 영업 직원들이 '이 분기에 최고의 성과를 올려라'라는 소리를 매일 같이 듣는다. 직원들은 그 말대로 하면 고객과의 관계가 악화될 것이라는 사실을 뻔히 알면서도 어깨만 으쓱할 뿐, 자신은 위에서 하라는 대로 할 수밖에 없다고 말한다. 동료 교수 중 한 사람은 학계에 엄연히 존재하는 비정상적인 위계 속에서 자신을 '교수'가 아니라 '직원'이라고 설명했다. 그리고 학생들 성적에서 이상한 점을 지적했다가 선배 교수에게 자신은 어떤 질문도 할 권리가 없다는 말을 들었다고 했다.

아리스토텔레스는 이런 상황을 현대판 노예제라고 말할 것이다. 이성적 판단이 완전히 멈추었기 때문이다. 또한 이런 상황은 전염성이 있다. 예일 대학교의 대표적인 학자 어빙 재니스Irving Janis 교수는 이처럼 조직의 모든 구성원이 똑같이 행동하는 현상을 '집단사고groupthink'라는 말로 설명했다. 구성원들은 개인적으로는 그 행동을 반대하지만, 그 생각을 절대 입 밖에 내지 않는다.[1] 한때 블루칩으로 떠올랐던 영국의 베어링 은행은 1990년대 중반 보란 듯이 파산했다. 그 회사의 이사였던 한 친구는 주요 이사 회의에 참석한 사람은 전부 다 싱가포르 지사의 이상한 거래 결과에 대해 같은 의문을 제기하고 싶었지만 그렇게 하지 못했다고 말했다. 누구든 목소리 큰 회장 눈에 바보로 찍히고 싶지 않았기 때문이다. 베어링의 파산을 바탕으로 〈겜블〉이라는 영화가 만들어졌는데, 영화 제목을 '레밍(나그네쥐)의 집단 자살'로 바꿔도 좋을 것 같다. 이들이야말로 회사 정책이라면 레밍들처럼 벼랑 끝으로도 달려가는 노예와 다름없다.

아리스토텔레스는 문제를 일으키거나 규칙을 깨서라도 자기 관점을 고수하라고는 말하지 않는다. 오히려 개인은 자신이 속한 공동체를 고려해서 행동해야 한다고 말했다. 그의 제자들은 자유 시민이었지만 동시에 그들의 도시인 아테네를 지킬 의무가 있었다. 자기 관점에 충실하라는 말은 자신을 위해 행동하되, 다른 사람의 관점을 존중하고 다양한 관점을 통해 새로운 것을 배우라는 뜻이다.

예전에 코칭했던 한 전문 서비스 업체에서는 신입 직원에게도 '반대할 권리'를 준다. 직원들이 저마다 반대 의견을 내다 보면 일부는 회사가 정한 목표에 맞지 않는 의견도 있을 것이다. 회사가 그런 의견을 일일이 고려하지는 않지만 그렇더라도 의사 결정의 수준은 상당히 높아질 것이다. 또한 자기 관점을 가진 사람은 힘든 시기를 맞았을 때 더욱 빛을 발한다. 반면 시키는 대로 하는 노예는 어려움을 만나면 두려워서 도망치기 십상이다. 명령의 사슬이 끊기고 지시가 사라지면 더욱더 그렇다.

이처럼 노예가 이성을 이용하거나 개발하지 못한다면, 동물은 이성 없이 본능과 욕망에 따라 움직인다. 거래소에 가면 오늘날 비즈니스 업계에서 가장 존경받지 못하는 사람들을 만날 수 있다. 거래소 직원들은 일반적으로 주식, 채권, 통화, 상품 상관없이 어떤 종목을 다루든 아주 합리적이다. 옳고 그름을 선택할 수 있고 자신과 회사와 고객을 위해 옳은 일을 하려고 애쓴다.

그런데 이따금 동물적 야성이 그들의 판단력을 지배하기도 한다. 그 대표적 사례가 바로 엔론Enron 사태다. 세상은 엔론의 직원들이 캘리포니아의 전력공급량을 속이고 고의로 전력 부족을 야기한 사건을 똑똑히 목격했다. 그로 인해 전력 가격이 폭등했고 엔론은 막대한 이

윤을 챙겼다. 엔론의 직원들은 이때 어느 때보다도 열을 올렸다. 당시의 기록을 보면 그 사실을 부정할 수 없다. 2001년 그 사태가 벌어졌을 때 캘리포니아 전력 네트워크가 붕괴되어 인명 사고가 발생했다. 그때 수술대에 오른 환자는 비극을 피하지 못했다. 도덕 기준이 없는 동물적 야성은 엔론 직원들만의 이야기는 아니다. 한 동료가 엔론 CEO 제프 스킬링의 강연 영상을 보내주었다. 스킬링이 MBA 과정 학생들에게 전력 쇼크가 일어났던 당시에 대해 이야기하는 영상이었다. 그는 환하게 웃으며 다음과 같은 농담으로 강연을 시작했다.

"캘리포니아 사태와 타이타닉 사고의 차이가 뭔지 압니까? 타이타닉호가 물에 잠길 때는 적어도 불은 들어왔다는 겁니다!"

그의 직원들이 야기한 끔찍한 고통에 대해 어떻게 그렇게 천박한 농담을 던질 수 있을까? 그가 그 강연을 하고 얼마 되지 않아 엔론은 파산했고, 사장인 그는 사기죄로 무거운 징역형을 선고받았다. 그런데 우리가 그 영상을 보면서 경악한 이유는 따로 있다. 그의 태도나 농담 때문이 아니라, 그 자리에 있던 수백 명의 MBA 수강생들이 그의 농담을 듣고 폭소를 터뜨리고 열광적으로 환호했기 때문이다. 그 학생들은 미래에 조직의 리더가 될 사람들이었다. 동물적 야성은 전염성이 강하고 때로는 이토록 치명적이다.

이쯤에서 여러분도 동물적 야성이 조직의 판단을 지배한 사례가 떠오를지도 모르겠다. 혹시 여러분도 당장 눈앞의 이익을 두고 판단력이 흐려진 적이 있는지 생각해 보자.

아리스토텔레스의 입장에서 사람들이 기존의 도덕 규범을 어긴 일은 문제가 아니다. 그는 이처럼 직원들이 규범을 어기더라도 리더가 이성을 제대로 발휘하면 조직의 재정 건전성을 최우선으로 여겨 파산을 막을 수 있다고 생각할 것이다. 중요한 점은 동물적 야성이 사람들을 지배하면 규범 자체가 아니라 윤리 기준을 잃게 되고, 그렇게 되면 옳고 그름을 판단할 능력도 사라진다는 데 있다.

최근 대규모 전문 서비스 기업의 대표가 된 사람이 있다. 그가 취임식에서 가장 먼저 꺼낸 말은 지금부터 모든 직원이 반드시 '옳은 일'을 해야 한다는 것이었다. 우리는 코칭 과정에서 그에게 다음과 같은 점도 강조했다. 직원들이 나쁜 일이란 무엇인지, 나쁜 일이 왜 매력적인지를 알게 하라고 했다. 또한 옳지도 않고 나쁘지도 않은 애매한 일에 대해서도 깊이 생각하게 하라고 했다. 예를 들어 영업비용은 분명 조직에 부담이 되는데, 문제가 되지 않는 선이란 어느 정도인지를 직원들이 고민하도록 촉구했다. 핵심은 리더가 도덕 규범을 정해주는 것이 아니라 직원들이 윤리 기준을 세우도록 도와야 한다는 것이며, 윤리 기준을 높이는 힘은 이성이라는 점이다.

따라서 아리스토텔레스의 관점에서 인간다운 직장을 만든다는 말은 직장을 더 이성적이고 합리적인 곳으로 만든다는 뜻이다.

03

니체는
이성을 초월한다

프리드리히 니체Friedrich Nietzsche를 만나려면 아리스토텔레스가 살던 약 2,500년 전을 훌쩍 뛰어넘어 19세기 후반으로 가야 한다. 니체의 생각은 어떤 철학자와도 달랐다. 니체라면 아리스토텔레스가 주장한 이성적 직장이 타분하다고 말할 것이다. 그리고 무조건 옳은 일을 해야 한다고 말하기보다 뛰어난 성과를 올리고 기술을 연마해서 완벽함에 도달해야 한다고 주장할 것이다. 하지만 그럼에도 니체는 아리스토텔레스와 많은 부분 맥을 같이하고 있으며, 그가 던진 핵심 질문도 아리스토텔레스와 비슷하다. 니체 역시 좋은 삶이란 무엇인가에 대해 고민했다. 아리스토텔레스와 마찬가지로 자신에게 최선이 무엇인지를 판단하는 고유의 기준, 즉 자기만의 '좋은 삶을 위한 지표'

를 찾아야 한다고 생각했다. 다른 사람의 도덕을 무조건 기준으로 삼거나, 절대 당도하지 않을 신의 가르침을 무턱대고 기다려서는 안 된다고 말했다.

이 책에서 우리는 다양한 상황을 가정하고 여러 가지 사고실험을 해보라고 권한다. 만약 직장이란 곳에서 일할 때 경제학이나 심리학적 관점이 아니라 정말로 인간다운 삶이란 무엇인지, 삶을 행복하게 만드는 요소가 무엇인지에 대한 철학적 관점을 기준으로 삼았다면 어떻게 되었을까? 이 책에서는 이 가정의 답을 얻기 위해 아리스토텔레스의 관점으로 이야기를 시작했다. 그리고 이제 니체를 두 번째 안내자로 삼으려 한다. 니체는 시적이고 극단적이며 논란이 많은 철학자다. 차분하고 신중하고 체계적인 아리스토텔레스의 세계관과는 아주 다른 사상을 갖고 있다. 이 장에서 좋은 삶에 대해 아주 상반된 두 철학자의 시각을 살펴봄으로써 여러분이 다양한 가정에 대해 호기심을 갖길 바라며, 궁금한 마음으로 다음 장으로 이어 가기를 바란다.

아리스토텔레스나 니체의 생각대로 직장을 재구성하라는 뜻은 아니다. 자기 고유의 관점을 세우라는 말이다. 단, 그 관점이 니체와 아리스토텔레스 모두가 동의할 만한 것이어야 한다.

니체는 1844년 독일에서 태어나 짧지만 강렬한 삶을 살았다. 45세에 정신병을 앓았고 끝내 회복하지 못한 채 1900년에 생을 마감했다. 그가 영향을 준 철학자 가운데 하이데거, 데리다, 푸코가 있고 정신의학의 창시자인 칼 융과 지그문트 프로이트도 지대한 영향을 받았다.

사르트르, 카뮈, 토마스 만, 헤르만 헤세 같은 유명 작가들도 그에게 영감을 받았다. 그의 사상은 다소 역효과도 있었다. 1920년대와 1930년대 나치당원들이 그 사상의 일부를 빌렸다. 니체의 여동생도 아돌프 히틀러를 열렬히 지지한 것으로 유명하다. 그에게는 안된 일이지만 대중이 니체의 사상을 이해하는 데 나치가 큰 역할을 했다. 니체는 노동자 계급이 똑같은 옷을 입고 행진하고, 깃발을 들고 한목소리로 반유대주의 구호를 외치는 모습을 누구보다 싫어했을 것이다. 분명 나치와 같은 집단행동을 혐오했을 것이다. 무리에서는 인간성이 무시되기 쉽기 때문이다. 니체는 인간이 집단성을 극복하고 개인으로서 잘 사는 법을 가르쳤다.

니체의 관점에서 개인으로서 잘 사는 일은 그가 말한 대로 인간으로서의 잠재력을 온전히 발현한 사람, 곧 고결한 인간Higher Men이 되는 것이다. 그리고 그렇게 되려면 반드시 직접 경험을 통해 좋은 삶에 대한 자기만의 관점을 세워야 한다. 이에 반해 무리를 지어 집단행동을 하는 사람은 무언가를 결정할 때 다른 사람을 기준으로 삼는다. 여기에서 다른 사람이란 성직자나 상사 또는 철학자가 되기도 한다. 니체는 더 나아가 서구 문화에 한정해 이른바 진실을 말한다는 사람들이 노예 규범을 만들어서 사람들의 집단행동을 부추겼다고 통렬히 비난했다. 이것이 바로 니체가 기독교를 공격한 잘 알려진 이유이다. 니체는 기독교가 로마제국 노예들의 종교로 시작되었다고 주장했다. 노예들은 부나 권력, 아름다움, 쾌락, 건강과 같이 인생의 좋은 것을 간절히 바라지만 그런 것을 절대 가질 수 없다는 사실을 알았다. 그래서 성직자들은 선goodness의 고결한 기준을 뒤집고 순종, 이타주의, 인간애, 온정, 인내심을 새로운 선으로 규정하고 그것을 기르라고 가르쳤다. 개인으로 성장하고 발전해서 높은 사람들에게 복수할 기회를 포기하도록 만들었다. 또한 신분이 높은 사람도 잠재력을 포기하고 노예들처럼 집단행동을 하도록 꾈 수 있다고 믿었다. 그렇게 하면 노예들은 잘 사는 것처럼 보이는 귀족들에 대한 분노를 잠재우고, 귀족들은 자기가 진정한 선을 거부하고 있었음을 깨달을 것이라고 생각했다.

직장에서 이런 모습을 본 적이 있는가? 권한 있는 사람이 가치를 말하거나 직장에서 고용한 컨설턴트가 워크숍을 열어서 전체 직원에게 그들이 지켜야 하는 가치를 설명한 적이 있는가? 일반적으로 그런 사람들은 개인의 성장이나 발전에 대해서는 거의 이야기하지 않는다. 대신 팀워크, 인간성, 순종, 업무 몰입을 강조한다. 한편 직원들은 조직의 상층에 도달한 사람들이 하나같이 그런 가치를 지키지 않는다는 점을 잘 안다. 그럼에도 좋은 직원이 되려면 그런 무의미한 가치를 지켜야 한다는 점도 잘 안다. 이런 모순적인 현실에 대한 불평과 불만을 공식적으로 표현하는 방법은 인사부의 업무평가 점수를 낮게 주는 수밖에 없다.

전 동료 중 한 명이 회사의 윤리 규정에 대해 이야기한 적이 있다. 그 회사의 모든 중역들은 부정한 일을 저지르지 않겠다, 특히 CEO에게 개인적으로 충성하지 않겠다는 동의서에 서명해야 했다. 그런데 현실은 달랐다. "CEO는 우리가 자기 뒤를 봐주기를 바랐어. 나도 당연히 다른 사람들처럼 동의서에 서명은 했지. 하지만 CEO는 무슨 수를 써서라도 목표를 달성하기를 원했어."

반면 그 회사의 사장은 우리에게 재미있는 말을 했다. 자신은 어떤 부정도 혐오하고, 회사 이윤이 준다고 해도 직원들은 당연히 서약서대로 행동할 것이라고 자신 있게 말했다. 안타깝게도 그의 가치는 다른 사람들에게는 별 의미가 없었다.

04

자기 고유의
가치가 필요한 이유

도덕적 권위의 끝

니체는 살아 있는 동안 기존의 도덕적 권위가 붕괴하는 모습을 보았다. 그 결과 사람들은 각자 고유의 가치를 찾아 나서야만 했다. 교회나 국가 등 도덕적 권위를 가진 조직들의 지혜가 의심받기 시작했고 삶이 무의미하다고 주장하는 위험한 허무주의의 시대가 열렸다. 니체는 이런 현상이 당시 서구 문명이 붕괴하는 데 일조했다고 믿었다. 앞으로 개인은 점차 냉소주의와 쾌락과 절망에 빠지고, 집단은 와해되고 사회적 갈등이 심해질 것이라고 생각했다. 니체의 예상은 크게 빗나가지 않았다. 그가 죽고 머지않아 인류 역사상 최악의 전쟁이 연이어 벌어졌고, 전쟁의 상흔은 지금도 사람들의 삶에 그림자를 드리우고 있다.

오늘날 조직에서도 신뢰가 무너지고 권위가 인정받지 못하는 모습을 자주 본다. 비밀이 없고 어떤 조직이든 리더가 잘못을 하면 곧바로 세상에 노출되는 상황에서 조직 안에서 도덕적 권위가 다시 세워지기는 어려울 것이다. 모든 CEO는 세계 최대 직장평가 사이트인 글래스도어Glassdoor의 데이터를 참고해서 직원들이 조직과 리더에 대해 어떻게 생각하는지 알아야 한다. 공식적인 몰입도 조사에만 의지해서는 직원들의 진심을 알 수 없다. 지금처럼 사람들이 다른 사람의 가치를 더 이상 인정하지 않는 세상에서는 누구나 반드시 자기 고유의 가치를 찾아야 한다. 그리고 리더는 사람들이 중요하게 여기는 것을 스스로 찾고 그를 따라 살도록 이끄는 일을 조직의 중요한 목표로 삼아야 한다. 그러면 조직은 침체된 무리가 아니라 개인이 모여 놀라운 에너지를 발산하는, 가치와 행동이 일치하는 공동체가 될 것이다.

무리에서 탈출하기

니체는 사람들에게 준비 태세를 갖추고 각자 고유의 가치를 찾아 나서라고 말한다. 그러려면 어떻게 해야 할까? 니체는 그 열쇠가 자기인식self-awareness이라고 말한다. 사람들의 행동을 지배하는 다양한 동기나 동인을 자각하고, 그런 요소를 자기 고유의 가치로 체득하는 방법을 알아야 한다는 것이다. 예들 들어 사람은 다른 사람을 도와주면 뿌듯해진다. 그런데 연구 결과 그런 이타심은 엄마를 실망시키고 싶지 않은 마음과 같은 상태에서 비롯한다. 여기에 기본적으로 이상한 점은 없다. 그런데 엄마, 즉 다른 사람의 가치를 마치 자기의 가치처럼 여기는 데 문제가 있다.

니체는 과감하게 도전해서 자신을 자유롭게 하는 동인을 찾고, 그때 자신이 어떤 상태가 되는지를 확인해 보라고 말한다. 만일 그때 자신감과 활력이 넘치고 마음에 여유가 생긴다면, 다시 말해 니체가 말한 '힘을 향한 의지the will to power'가 발휘된다면 그런 상태에 도달하게 한 근본적인 동인을 가치라고 할 수 있다. 그런 동인이 개인의 고유한 가치가 될 것이다. 그리고 그런 가치는 행동에 대한 통찰을 깊게 하고 더 나은 행동으로 이끌어줄 것이다. 어두운 욕구에서 생겨난 동인도 이런 자각을 거치면 긍정적 행동으로 이어질 수 있다. 예를 들면, 잔인함에 대한 욕구가 생기더라도 경쟁의 욕구로 승화시키면 뛰어난 능력을 발휘할 기회가 되기도 한다. 부정적 동인이라는 이유로 잔인함의 욕구를 감추고 겸손의 가치를 앞세우면 그 욕구는 사라지지 않는다. 결국 뛰어남을 발휘할 기회도 놓치고 말 것이다.

작품을 만들듯
삶을 창조하라

니체는 인간이란 자신이 누구이고 무엇을 해야 하는지 반드시 알아야 한다고 말한다. 그렇게 해야 예술가가 걸작을 낳듯 인간도 삶을 창조하고 의미를 창출할 수 있기 때문이다.

니체가 사람들에게 한 유명한 질문이 있다. "어느 날 밤 눈앞에 악마가 나타나 삶이 끝도 없이 반복될 것이라고 말하는 장면을 상상해 보라. 삶의 모든 고통과 기쁨, 즐거움과 슬픔, 성공과 굴욕이 한없이 반복된다고 생각해 보자. 그 악마를 저주할 것인가? 아니면 좋은 삶이든 나쁜 삶이든 계속해서 삶을 창조해 갈 수 있음에 감사할 것인가?" 니체는 이 질문으로 사람들의 삶에 대한 확신과 책임을 시험했다.

니체는 이렇게 우주적 차원에서 삶에 대한 책임을 이야기했다. 그리고 말년에 쓴 글에서는 삶의 아주 작은 일에도 집중하라고 강조했다. 음식, 운동, 휴식, 햇빛처럼 인생에서 아주 사소한 것도 중요하다고 말했다. 기꺼이 삶에 대한 책임을 지는 것이 인간의 당연한 의무라고 생각했다.

니체에게 있어 책임 있는 삶이란 고난의 삶을 뜻한다. 인생을 높은 산에 오르는 일에 비유하며 절대 쉽게 오를 수 없고 노력을 들여 올라가야 정상에 이를 수 있다고 말했다. 니체는 실제로 스위스 알프스의 엥가딘 산맥이 보이는 오두막에서 작품을 많이 썼다. 그가 말하는 고귀한 인간이란 자신에게 엄격하고 자기 자신을 갈고닦을 줄 안다. 또한 자신을 격려하고 더 높은 곳으로 오를 수 있도록 이끄는 친구들과 어울린다. 그렇다고 그가 말하는 삶이 고단하기만 한 것은 아니다. 고귀한 인간도 산 정상에 오르면 기뻐서 날뛰고 마음껏 웃을 것이다. 또한 그때의 즐거움은 보상이 아니라 창조적 삶의 일부이다. 고귀한 인간은 무리에서 탈출하고 노예의 규범에서 벗어나, 에너지와 기술을 총동원해서 자기만의 위대한 작품을 만드는 데 전념한다. 즉, 삶을 창조적으로 조직하는 아이디어에 집중하고 그것을 삶의 목표로 삼을 것이다.

니체의 철학에
기반을 둔 직장

여러분은 과연 니체가 말하는 고귀한 인간을 직원으로 고용할까? 까다롭고 비이성적인 사람이라 관료 조직에는 맞지 않지만, 중요한 순간마다 아주 창의적인 결정을 내릴 것이다. 직장에 이미 이런 사람들이 있을지도 모른다. 이런 사람들은 조직 가치를 강요하는 워크숍은 빼먹어도 인사과에서 뭐라고 하지 않는 한 잘 살아남아서 아주 중요한 인적 자산이 될 것이다. 평범한 리더나 직원이 아니라 엄연한 개별 기여자로서 조직에 큰 역할을 할 것이다. 하지만 이런 사람들이 무리에 익숙한 사람들과 함께 일하려고 할까?

직원을 대상으로 다면평가를 실시해 동료, 상사, 부하 직원을 통해 다각도로 업무를 평가하는 기업이 많다. 이런 평가는 대개 성과금과 승진에도 영향을 미친다. 사람들은 흔히 자존심이 강한 니체형 인간이 그런 평가를 질색할 것이라고 생각한다. 니체형 인간은 좋고 나쁨에 대한 판단, 일이 잘되었는지에 대한 판단은 오로지 판단할 능력이 있는 사람들만 가능하다고 믿기 때문이다. 다시 말해 니체형 인간이 존중할 만한 판단을 내릴 수 있는 진실한 동료들만이 가능하다고 믿는다. 단순한 집단적 판단은 니체형 인간을 조직 밖으로 나가는 출구로 이끌 뿐이다.

니체형 인간은 자기 발전을 중요하게 여긴다. 높은 산 정상을 힘겹게 오르는 이미지를 떠올리면 된다. 그들은 단순하게 일하는 것을 아주 지루하게 느낀다. 따라서 큰 뜻을 품은 고귀한 인간, 니체형 인간과 함께 일하려면 그들이 스스로 자기 성장 계획을 짤 수 있게 도와줘야 한다. 그들의 계획에는 당연히 직장뿐 아니라 직장 밖의 삶도 포함되고, 현재의 커리어가 아닌 다음 커리어도 포함된다.

니체형 인간은 팀을 미리 정해주지 말고 그들이 직접 적절한 동료를 찾아 네트워크를 형성하도록 하는 것이 좋다. 그러면 그 안에서 다양한 창의적 업무를 추구하는 사람들을 만나 어려운 과제를 공유하고 영감을 주고받으며 자연스럽게 성장한다.

니체 자신이 그랬듯 포부가 강한 고귀한 인간은 일상생활이든 직장생활이든 부담이 클 것이다. 그리고 니체가 말한 삶의 작은 일, 예를 들면 적절한 업무 공간과 멋진 풍경, 인스턴트가 아닌 균형 잡힌 식사, 주기적인 휴식 같은 올바른 환경 역시 니체형 인간의 능력을 유지하는 중요한 열쇠가 된다.

니체는 사람들이 잘 살려면 육체만큼이나 심리 상태도 잘 관리해야 한다고 주장하며 이를 위해 두 가지 처방전을 제시했다. 첫 번째 처방은 세상에 '최대한 느리게 대응하라'이다. 니체는 다른 사람들의 생각에 대응하느라 시간과 에너지를 너무 쏟은 나머지 자신의 천재성을 잃은 작가들의 예를 들며 다음과 같이 비판했다. "다른 사람들의 생각을 비난하느라 자신에 대해서는 생각하지 않는다."[2]

두 번째 처방은 '이기적이어야 한다'는 것이다. 단, 조건이 있다. 니체에 따르면 '네'라고 해야 이타적인 상황에서 '아니오'라고 말하되 그런 경우가 극히 드물어야 한다. 다시 말해 나의 심리적 자원을 빼앗기는 상황을 되도록 피해야 한다는 것이다. 다른 사람이 아니라 내 삶의 작은 일에 주의를 기울여야 한다. 그러면 큰일에 마음을 빼앗겨 작은 일을 놓치는 일이 없고, 에너지를 아껴서 큰일을 더 잘할 수도 있다. 직장생활을 하다 보면 다른 사람들이 처리한 프로젝트를 검토하는 데 많은 에너지를 쏟아야 할 때가 있다. 정작 내 할 일은 하지 못하고 끊임없이 무의미한 협력을 강요당하는 경우가 얼마나 많은가. 필요하지도 않은 문서가 첨부된 메일을 얼마나 많이 받고 또 확인하고 있는가. 니체의 철학이 반영된 직장은 이처럼 어지럽고 복잡한 상황에서 직원들을 보호해 준다. 이 장을 시작할 때 언급한 조급증은 생기지 않을 것이다.

얼마 전 마틴 소럴Martin Sorrell 이 광고회사 WPP를 떠나 2018년에

세운 벤처회사에 대해 대학원생들에게 강연한 적이 있다. 그는 35년 넘게 WPP를 운영했고 WPP는 광고 및 마케팅 분야에서 세계 3대 글로벌 지주회사로 성장했다. WPP의 에이전시 가운데는 캔터 Kantor, 오길비 Ogilvy, 제이월터톰슨 J. Walter Thompson처럼 창의적 마인드를 가진 에이전시가 많다. 그런데 소럴에 따르면 그런 창의적 마인드를 실행하기까지는 너무 많은 단계와 절차가 존재한다. 그 과정은 오랜 시간 축적되어 바꾸기 어렵고 많은 에너지가 소진된다. 고객 담당자가 상담을 통해 고객이 원하는 것을 검토하고, 기획자가 그에 맞게 계획 초안을 짜고, 여러 부서에서 스토리보드를 반복해 작성하더라도 제작팀이 실행 가능성에 의문을 제기하면 일을 바로 진행할 수 없다. 또는 마지막에 고객이 모든 일을 처음부터 다시 시작하라고 말하기도 한다. 그런 일이 발생하면 WPP 에이전시는 몇 개월에 걸쳐 모든 프로세스를 다시 반복한다. 불필요한 단계를 고칠 여유 따위는 없다. TV에 광고가 나가면 얼마나 효과를 볼지 따져볼 기회도 거의 없을 정도다. 이런 상황에서 광고 크리에이터들의 최대 관심사는 당연히 칸 국제광고제인 칸 라이언즈에서 수상하는 일이다. 엉망진창인 조직이 아니라 광고제에서 자기 작품의 가치를 동료들에게 진심으로 인정받기를 바란다.

소럴은 S4캐피털 S4 Capital이라는 디지털 광고회사를 창업했다. 그는 회사에서 크리에이터들과 세상 사이에 놓인 낡은 관료주의를 과감히 없앴다. 70대 리더지만 얼핏 보면 50대 중반이라고 해도 믿을 정도로 활력이 넘친다. 크리에이터들이 신이 나서 일할 수 있도록 조직에 활력을 불어넣고 그들의 창의적 마인드를 자극하기 위해 노력한다. S4캐피털에서는 디지털 미디어에서 엔드 투 엔드 솔루션end-to-end solutions(시스템이나 서비스의 시작 단계부터 최종 단계까지 문제 해결에 필요한 모든 것을 제공하는 솔루션-옮긴이)을 제공하는 여러 가지 업무 처리 방식이 유기적으로 연결되어 있다. 광고 하나가 완성되기까지 몇 달이 아니라 며칠이 걸린다. 또한 적극적인 실험을 통해 크리에이터들의 창의적 결과물을 끊임없이 평가한다. 크리에이터들 자체를 평가할 때도 마찬가지다(소럴도 예외가 아니다). 그런데 이렇게 한다고 조급증이 생기지는 않는다. 끊임없는 평가는 사소한 것을 추구하는 과정이다. 정말로 중요한 일에 전념할 자유가 생기고, 단순히 주어진 일을 처리하는 것이 아니라 예술가로서 일할 수 있다. 직장을 어지럽히는 불필요하고 소모적인 활동을 없앨 수 있다. 소럴을 인터뷰했을 때 우리는 그에게서 니체형 인간의 모습을 보았다. 그는 이렇게 말했다. "나는 그냥 일을 하는 것이 아닙니다." 그는 앞으로도 일을 그만둘 생각이 없고 무위도식하고 싶지 않다고 말했다. S4캐피털은 이미 거대 마케팅 기업들을 불안하게 만들고 있다.

또 한 가지 다른 이야기로 랜스 리의 경우를 보자. 리는 1970년대에 미국 메인주의 작은 어촌 마을 록포트에 어프렌티스숍The Apprenticeshop을 열었다. 그는 체험 교육을 통해 개성을 개발해야 한다고 주장한 쿠르트 한Kurt Hahn 교수에게 영감을 받았다. 쿠르트 한은 다양한 야외

체험을 포함한 청소년 캠프 운동의 창시자였고, 리도 그 활동에 적극적으로 참여했다. 지금 리는 다른 사람에게 어프렌티스숍을 넘겼지만, 록포트시에서는 여전히 중요한 인물이다. 어프렌티스숍에서는 각지에서 다양한 삶을 살다 온 사람들에게 나무배 만드는 법을 가르쳐준다. 그들이 기술을 계속 연마할 수 있도록 커뮤니티도 제공한다. 이곳에서 다루는 나무배는 널빤지를 여러 겹 덧대어 붙이는 클링커 이음 방식을 쓴다. 그래서 모든 재료를 현대 재료로 대체할 수 있다. 하지만 리는 목재를 소재로 배를 만들면 디자인과 제조 과정에서 제작자가 뛰어난 손재주를 발휘할 수 있다고 믿었다. 또한 수공의 수준이 높아서 제작자들이 단순한 배가 아니라 창의적 작품을 완성하려는 열정을 품게 되고, 일정한 경제적 가치도 발생한다고 생각했다. 지금은 비즈니스를 운영하거나 선박 기술을 가르치지도 않지만 일에 대한 그의 열정은 멀리 이곳 영국에서도 느껴질 정도다. 그는 자신뿐 아니라 수강생들에게도 똑같은 열정과 자신감을 불어넣어 주었고, 그들도 배의 재료와 제작 원리를 완벽하게 이해할 수 있다는 희망을 주었다. 한편, 리와 수강생들은 누군가 작업에 태만하거나 집중하지 않으면 참지 못했다. 배를 만들 때뿐 아니라 일상생활을 할 때도 항상 보람 있게 살려고 애썼다. 그 결과인지 어프렌티스숍 수강생들이 열정적으로 만든 배는 뉴잉글랜드 해변의 부자들에게 인기가 많다.

우리의 친구이자 멘토인 수만트라 고샬Sumantra Ghoshal 교수는 최근까지 국제경영대학원 인시아드INSEAD와 런던 경영대학원에서 강의했다. 고샬 교수가 '장소가 풍기는 냄새'에 대해 말한 적이 있다. 봄이 되면 인시아드 주변의 퐁텐블로 숲에서 상쾌한 공기를 실컷 마시며 숲길을 달리거나 폴짝 뛰어올라 나뭇가지를 잡거나 노래를 흥얼대던 때가 떠오른다고 했다. 그런데 매년 8월 가족 사정으로 인도 콜카타 시내에 가면 상황이 전혀 다르다고 했다. 그곳은 몹시 고온 다습하고 인파가 몰려 어지럽고 혼잡하다. 너무 지쳐서 하루 종일 침대에 누워 있는 날도 있다고 했다. 그는 조직의 중역들을 모아놓고 강의를 하면서 다음과 같이 물었다. "과연 우리는 퐁텐블로의 숲과 같은 조직을 만들고 있을까요, 아니면 8월의 콜카타 시내 같은 조직을 만들고 있을까요?" 니체형 인간에게 필요한 직장은 당연히 퐁텐블로의 봄 같은 직장이다. 고샬 교수도 니체형 인간이다. 그는 학부에서 학생을 새로 뽑을 때도 지식이나 교육 수준을 보는 것이 아니라 지원자가 얼마나 비범한 능력을 가졌는지를 보았다.

철학이 말하는 리더의 지혜

2장에서는 인간이 잘 사는 문제에 대해 고민한 두 철학자의 의견을 소개했다. 두 사람은 같은 주제를 고민했지만 인간다운 직장을 바라보는 시각과 그 의미는 아주 달랐다. 두 의견 가운데 어느 쪽에 마음이 더 끌리는가? 냉철한 이성을 강조한 아리스토텔레스의 생각, 아니면 니체의 뛰어남을 추구하는 열정? 여러분의 직장에서는 냉철한 이성과 뛰어남을 향한 열정 중 어느 것을 더 강조하는지 생각해 보자.

이제 또 한 가지 근본적인 의문이 생긴다. 과연 오늘날 직장에서 큰 뜻을 품은 니체형 인간과 아리스토텔레스의 중용을 따르는 인간을 받아들일 수 있을까? 우리는 반드시 그래야 한다고 믿는다. 여러분도 조직에서 니체형 인간의 정신이라 할 수 있는 과감한 실험과 열정이 필요한 부분을 발견하게 될 것이다. 또한 상황에 따라서는 혁신적인 변화 대신 안정성과 조화, 진보적 개선이 필요할 때도 있다. 이때가 바로 아리스토텔레스형 인간이 빛을 발할 때다. 중요한 점은 조직에서 사람을 선택하고 업무를 평가하고 보상을 제시하고 프로세스를 구성할 때 한 가지 기준을 고집해서는 안 된다는 점이다. 그래야 사람을 조직에 맞추지 않고, 사람에 맞게 조직을 설계할 수 있다.

1   직장에서 어느 정도의 자유를 누리고 있는가? 원하는 업무를
    선택할 수 있는가? 직장에서 원하는 업무를 할 수 없다면, 자유
    를 억압하는 요인에 적절히 대처하기 위한 내적 자유를 얼마나
    키울 수 있는가?

2   좋은 삶을 판단하는 기준은 무엇인가? 그 기준에 자기 고유의
    판단은 어느 정도 담겨 있는가?

3   당신이 속한 조직의 목표가 되는 '조직적인 아이디어'는 무엇인
    가? 또한 당신의 삶과 당신이 보살피는 사람들의 삶의 목표가
    되는 '조직적인 아이디어'는 무엇인가?

3장

사장은 왜 비관적으로 생각하는가

| 전략 |

WHAT PHILOSOPHY CAN TEACH YOU

ABOUT BEING A BETTER LEADER

"공감이야말로 이 불확실한 시대에 다양하게 해석될 수 있는
상황을 이해하는 핵심 능력이자 중요한 전략적 기술이다."

앞 장에서는 직장생활을 잘하며 살려면 무엇이 필요한지 살펴보았다. 아리스토텔레스가 말하는 좋은 삶이란 이성을 키워 노예나 동물이 아닌 온전한 사람이 되는 것을 뜻한다. 반면 니체는 무리에 끼어 멍청한 구성원이 되는 것이 아니라 비범함과 열정의 힘으로 이른바 '고귀한 인간'이 되는 것이라고 말한다. 좋은 삶에 대해 두 철학자가 제시한 길은 서문에서 살펴본 카를 마르크스가 그토록 통탄한 소외의 문제에서 벗어나 인간다운 직장으로 나아가게 한다.

두 철학자가 제시한 길이 다르다는 말은 좋은 삶에 한 가지 방법만 있는 것이 아니라는 뜻이다. 이는 조직의 리더와 직원 모두에게 아주 중요한 의미가 있다. 우선 직원들은 자신의 안녕을 추구하는 길이 여러 갈래라는 사실을 알고 다양한 길에 도전해야 한다. 그리고 리더는 직원들에게 그런 도전의 길을 열어주어야 한다. 인간다운 직장에서 리더란 사람들의 안녕을 살피고 관리하는 사람이다. 하지만 현실에서 리더가 주력하는 일은 그와 다르다. 즉시 눈에 띄는 성과를 내야 하고 조직의 장기적인 전략과 방향도 설정해야 하기 때문이다. 이 장에서는 리더의 현실적 과제인 '전략'을 다룬다. 과연 전략은 인간다운 직장을 만드는 데 이로울까, 해로울까? 철학자들이 사람들의 안녕에 관해 조언했듯 전략을 세우는 일도 도와줄 수 있을까?

01

전략가의 등장

오늘날 전략가들은 과거 대제사장처럼 조직에서 절대적인 역할을 하고 있다. 세계 최고 경영대학원들을 보더라도 전략을 전문으로 하는 교수들은 특히 최고의 대우를 받는다. 전문성을 인정받아 5성급 호텔에서 진행되는 각종 이사회에 참여해 간단한 기조연설만 하고도 수입이 엄청나서 동료 교수들의 질투를 사기도 한다. 기업과 공공기관에서 전략이나 정책을 담당하는 부서는 조직에 막대한 영향을 미치는 한편, 능력이 뛰어난 차세대 직원들의 실력을 키우고 승진을 앞당기는 온실 역할도 한다.

경영컨설팅 업계에서 자신을 전략가라고 소개하는 사람들은 신비함이라는 가면을 쓰고 거액의 수임료를 요구한다. 그러면서 고객을 최고의 경영으로 이끄는 '믿을 만한 조언자'를 표방한다.

몇 년 전 한 감사업체가 전략컨설팅 회사를 인수해서 통합했다는 소식을 들었다. 그 업체는 새로 인수한 컨설팅 회사가 앞세운 '믿을 만한 조언자'의 이미지를 활용해서 기업들을 상대로 업무 프로세스를 개선하는 프로그램을 판매할 계획이었다. 하지만 안타깝게도 그 야심 찬 계획은 성공하지 못했다. 전략가들을 같은 건물에 입주시킨 다음, 고객이 찾아오면 감사 직원들이 먼저 고유 서비스를 판매하고 추가로 새로운 전략컨설팅 서비스를 판매할 생각이었다. 그래서 전략가들이 사무실을 옮겨 오면 감사 직원들과 전략가들 사이에 파티션을 놓고 함께 근무하기로 했다. 그런데 누군가가 사무실 설계를 바꿔서 두 사무실 사이에 파티션 대신 문이 생겼다. 소통을 목적으로 만든 그 문은 머지않아 잠겨버렸고 열쇠도 잃어버렸다. 처음 계획과 달리 문이 생기면서 사무실이 두 곳이 되었다. 두 사무실의 분위기는 매우 달랐다. 한쪽 사무실에서는 기분 전환이 필요하면 기계에 토큰을 집어넣고 탄 맛이 나는 미지근한 커피를 마셨다. 그리고 다른 한쪽 사무실에서는 바리스타를 고용해 카푸치노의 완벽한 맛과 향을 즐겼고, 두뇌 활동을 높이는 에너지 음료도 언제든 마실 수 있었다. 둘 중 어느 사무실에 전략가들이 앉아 있을지는 여러분도 눈치챘을 것이다.

저자 가운데 한 사람도 젊었을 때 유명 전략컨설팅 회사에서 일한 적이 있다. 2년간 MBA 과정을 듣고 일류 업체에 입사해 그가 한 일은 무엇이었을까? 어느 글로벌 알루미늄 회사의 압연기 개발 전략을 컨설팅하는 일이었다. 그와 팀원들은 한 달 동안 밤낮없이 일해서 독창적인 경제 분석 결과를 내놓았다. 그리고 파워포인트에 그대로 옮겨 발표 준비를 했다. 결과를 발표하는 날 회의장에 모인 회사 임원들은 나이가 평균적으로 전략가들보다 두 배는 더 많아 보였다. 까마득하게 어린 전략가들이 임원들에게 인사했다. 화면에 각종 동그라미와 화살표로 가득한 분석표를 제시하자 임원들이 가까이 다가와 열렬히 환호하며 박수갈채를 보냈다. 그런데 회의장 뒤에 중간 관리자들 몇이 전혀 즐겁지 않은 표정으로 서 있었다. 쉬는 시간에 그중 한 사람이 다가와 아주 작게 말했다. "알루미늄 압연에 대해서 아는 게 정말 하나도 없군요." 당시 동료는 이 말을 들었을 때 땅이 꺼지는 것 같았다고 했다. 이 말을 한 관리자는 베테랑 금속공학자이자 엔지니어였는데, 동료 어깨에 손을 척 얹고 다른 사람에게는 들리지 않는 나직한 목소리로 말을 이었다.

"걱정 말아요. 내가 가르쳐줄 테니. 상사는 확실히 당신 아이디어를 아주 마음에 들어 해요. 위에서는 당신 말을 듣겠죠, 내 말이 아니라. 내 생각에 당신 계획에 타당성이 아예 없지는 않아요. 당신도 내 프로젝트가 완전히 무시할 만한 수준은 아니란 걸 알게 될 테지만."

02

전략은 비인간적인가

전략가는 신비한 이미지를 가지고 높은 보수와 화려한 지위를 누리지만 실제로 전략이나 전략가에 대한 평가는 상당히 엇갈린다.

어느 조직이든 최종적으로 전략을 보고받는 사람들은 발표회에서 슬라이드 화면이 끊임없이 이어지며 새로운 전략이 발표될 때마다 끙 하고 신음 소리를 내기 일쑤다. 우리가 만난 어느 중간 관리자는 조직에서 연간 전략회의를 할 때 지루함을 극복하기 위해 빙고 게임을 시도했다. 전략을 발표하면서 사각형이 여러 개 그려진 종이를 동료들에게 은근슬쩍 나눠주었다. 사각형마다 '핵심역량'이나 '시너지'처럼 전략과 관련된 주요 단어가 하나씩 등장했다. 발표가 진행되면서 이따금 청중들이 "빙고!"를 외쳤다. 발표가 끝나자 그 관리자는 칭

찬 세례를 받았다. 핵심 내용도 잘 전달했다. 여기서 빙고 게임은 누군가가 가로줄이나 세로줄을 완성했다는 것 말고는 별다른 의미가 없다. 발표했던 관리자는 말했다. "조직의 전략을 발표하는 중요한 자리에 빙고 게임이라니 좀 유치하죠. 우리도 전략이 현실이 아니라 어디까지나 가정이라는 점을 잘 알아요."

그럼에도 너도나도 '전략적인 것'을 찾는다. 전략구매, 전략판매, 전략시설관리와 관련된 일을 하는 사람이 많다. 인사전략, 전략정보시스템, 전략계획을 개발하고 실행한다. 이쯤에서 '전략적'이란 말이 과연 무슨 뜻일까 하는 의문이 생긴다. 전략적이라는 말은 기본적으로 뭔가 아주 중요하다는 뜻을 내포한다. 그리고 직원과 경영진이 모두 관심을 기울이는, 조직 발전에 적합한 아이디어라는 뜻도 담고 있다. 그런데 앞에서 잠깐 이야기한 알루미늄 회사의 경우를 보면 알 수 있듯이 사람들은 전략을 아주 중요하게 여기면서도, 한편으로는 가정을 전제한 아이디어와 현실의 관계를 의심하기도 한다.

전략은 일단 간단해야 한다. 좋은 전략이란 사람들이 원하는 것이 무엇인지, 그것을 얻기 위해 무엇을 어떻게 해야 하는지를 정확하게 말해준다. 이는 업무뿐 아니라 개인의 발전에 이르기까지 삶의 모든 영역에 그대로 적용된다. 전략만큼 간단하고 명료한 것도 없다. 그런데 무엇을 어떻게 할 것인지, 곧 목표와 수단을 어떻게 정할지 고민하기 시작하면 문제가 복잡해진다.

전략을 세울 때는 목표의 만족도와 수단의 타당성을 예측해야 한다. 그런데 오늘날 조직에서 널리 실행하는 전략들은 근본적으로 문제가 있다. 전략에 담긴 주요 아이디어와 가정은 설득력이 있지만, 현실과 동떨어져 있고 인간성이 전혀 보이지 않는다.

이 장에서는 조직에서 비인간적인 전략이 팽배해진 이유를 알아보고자 한다. 그리고 아리스토텔레스보다 먼저 활동했던 또 다른 철학자의 사상을 통해 이런 우울한 현실에서 벗어나는 확실한 길을 살펴본다.

여러분의 조직을 생각해 보자. 조직의 전략이 도달하고자 하는 목표는 무엇일까? 조직은 당연히 성공을 좇는다. 그렇다면 조직의 성공을 가능하게 하는 것은 무엇일까? 오늘날 기업들은 한 가지 중요한 가정을 한다. 사기업뿐 아니라 공공 분야, 자선 단체, 사회적 기업에서도 같은 가정을 한다. 그것은 바로 성공하려면 경쟁 우위를 지속해야 한다는 가정이다. 시장에는 승자와 패자가 있고, 좋은 전략이 기업을 승리로 이끌며 그 승리를 오래 유지할 수 있게 한다고 생각한다. 전략strategy이라는 말 자체가 이런 가정을 정당화한다. 고대 그리스어로 스트라테고스strategos는 적을 격파하는 '장군'을 뜻하기 때문이다. 성공하기 위해 경쟁 우위를 유지해야 한다는 가정은 너무 널리 퍼져서 조직의 만트라mantra가 되어버렸다. 만트라란 본래 산스크리트어로 '주문'을 뜻한다. 이런 생각이 마치 주문처럼 사람들의 넋을 빼앗고 인간성을 앗아 갔다. 문제는 경쟁 자체에 있는 것이 아니라, 경쟁을 통해 무엇을 얻느냐에 있다.

03

가치를 확보하는 전략과
창출하는 전략

경쟁은 그 자체로 일종의 경연이므로 경쟁을 통해 더 강해지고 지혜로워질 수 있다. 새로운 것을 배우고 최고의 능력을 발휘하기 위해 노력하기 때문이다. 그런데 경쟁 우위를 계속 차지해야 한다고 생각하면 어려움이 생긴다. 경쟁에서 지면 세상에서 내동댕이쳐지기 때문에 어떤 상황에서도 절대 무너지지 않는 위치를 차지해야 한다고 생각하기 때문이다.

지난 몇십 년 동안 많은 관리자들이 미시경제학의 개념들을 배웠다. 특히 하버드 대학교의 마이클 포터 Michael Porter 교수에 의해 이러한 개념들이 널리 알려졌다. 포터 교수는 난공불락의 위치에 서야 막강한 협상력을 갖게 된다고 주장했다.[1] 기업의 협상력이란 공급업체에 지불하는 가격은 낮추고, 다른 선택권을 주지 않음으로써 고객에게 부과하는 가격을 올리는 힘을 말한다. 이는 경쟁업체를 누르고 새로운 업체나 대안업체가 시장에 진입하지 못하도록 막는다. 포터 교수의 주장에 따르면 협상력이 높을수록 기업은 더 크게 성공한다. 돈이든 자원이든 기회든 다른 사람으로부터 가치를 확보하는 능력이 커지기 때문이다. 물론 아이러니하게도 한 기업이 지속적으로 경쟁 우위를 차지하다 보면 경쟁에 역행하는 꼴이 된다. 결과적으로 독점을 낳기 때문이다.

경쟁 우위를 차지해서 성공해야 한다는 생각 밑에는 인간성에 대한 부정적 시각이 깔려 있다. 2009년 노벨 경제학상을 수상한 올리버 윌리엄슨Oliver Williamson 교수가 사람은 원래 기회주의적이며 속임수를 써가며 자기 잇속을 챙긴다는 전제로 '전략적 행동'을 '거짓된 위협과 믿음(추측)을 낳는 행위'라고 설명하면서 이러한 인식을 명료하게 만들었다.[2] 인간이 정말 그런 존재라면 사람들은 협상력을 더 많이 쥐려고 할 것이기 때문에 나 또한 좋은 전략을 세워서 협상력을 키우고 남보다 앞서 가야 한다. 당연히 가능한 한 독점에 가까운 위치를 확보해야 한다. 세상이 그토록 냉혹한 곳이라면 언젠가 나를 잡아먹을 포식자를 물리치기 위해 커다란 무기가 필요하다. 그 무기가 바로 경쟁 우위 또는 협상력이다. 바로 이런 생각이 전략을 형성한다.

이런 생각을 하면 결국 어떻게 될까? 오늘날 기술 업계에서는 경쟁이 줄어들고 있다. 주요 업체들이 경쟁 우위를 강화해서 소수독점 체제가 구축되었기 때문이다. 그 업체들은 사람들의 주머니뿐 아니라 그들의 삶 전체에 무한한 힘을 발휘하고 있다. 이런 현상은 분명 문제가 된다.

멕시코의 마약 범죄 조직이나 구소련의 부패한 도둑 정치를 보면 '전략적 행동'과 '경쟁 우위'가 가장 극단적이고 짙게 나타난다. 누군가는 경쟁 우위를 지키는 조직이 그 힘을 이용해 직원들의 일자리를 더 안정적으로 보장하고 근로 환경을 개선할 수 있으며 직원들이 돈을 더 많이 벌 수 있게 한다고 주장할지도 모른다. 경제 상황이 안정적일 경우 이런 주장은 일리가 있다. 역사적으로 유니레버Unilever, P&G, SPA, 오라클Oracle 같은 기업은 스스로 시장을 나누어 경쟁 구도가 크게 변하지 않았고 직원들의 복지도 좋았다(비즈니스 전체나 공급망 전체가 좋았던 것은 아니지만).

그런데 기업 혁신이 필요하거나 협상력을 강화하기 위해 기업이 쟁탈전을 벌여야 하는 상황에서는 이야기가 다르다. 이 경우에는 기업이 다른 사람의 희생 위에 성공하려는 근린궁핍화전략을 따르게 되고, 그 결과 모두가 패자가 되는 상황을 초래한다. 저자 가운데 한 사람은 현재 아르헨티나에 있는 가족 영농사업을 관리하는데 과거에 대규모 국립영농조합에 가입한 적이 있었다. 그 조합의 설립 목적은 지주와 소작농, 도급업자, 운송업자, 가축사료업체, 가금생산업자, 유통업자들의 협력을 도모하는 것이었다. 이른바 가치사슬value chain로 설명되는 모든 요소 또는 원자재가 최종적 생산물이 될 때까지 거쳐야 하는 모든 단계에서 협조와 협력을 촉진하기 위함이었다. 하지만 실제로는 전혀 그렇지 않았다. 물적, 시간적 낭비가 심하고 지연 문제가 계속 발생해 세계 어느 곳보다 생산성이 떨어졌다. 그때 저자가 이유를 묻자 가치사슬에 존재하는 업자들은 솔직하게 답했다. "우리는 서로 믿지 않는다." 그들은 다른 사람이 우위를 장악해서 협상력을 키울까 봐 두려워했다.

전략과 경쟁 우위에 대한 이런 생각은 너무나 일반화되어 있어서 비극적 결과를 알면서도 그것을 뿌리치지 못한다. 우리는 대학원에서 기후변화에 대처하고 환경 안정성을 높이는 전략에 대한 수업을 진행한다. 이 수업을 듣는 학생들은 MBA 과정을 듣는 많은 학생 중에도 비교적 배려심이 많고 동물적 야심이 덜하다. 그리고 인간성을 위협하는 주된 요소를 제거하려면 협조와 협력이 필수적이라고 생각한다. 그럼에도 막상 현실에서는 그들조차 다르게 행동한다. 우리는 학생들을 테스트하려고 피시뱅크스Fishbanks에 참여시킨다. 이는 고전적인 비즈니스 시뮬레이션 실험이기도 한데, 학생들은 조를 몇 개 만들고 조별로 낚시 회사를 운영한다. 조원들은 배를 얼마나 사고 건조할지, 바다에 배를 얼마나 내보낼지를 결정할 수 있다. 테스트를 시작한다. 그러면 얼마 지나지 않아 가장 큰 낚시 회사가 돈을 가장 많이 번다는 사실이 밝혀지고 회사들 사이에 치열한 주도권 다툼이 벌어진다. 게임은 점차 흥미진진해지고 학생들은 언성을 높인다. 우리는 게임 속도를 높이기 위해서 배를 추가로 경매에 올린다. 이때 배를 경매에 올리려면 세계 어딘가에서 회사 하나가 파산해야 한다고 학생들에게 설명한다. 배가 경매에 나온다는 것이 어떤 의미인지를 분명하게 알린 셈이다. 그럼에도 학생들 사이에서는 재빨리 응찰이 벌어진다. 결과는 어떻게 될까? 여러분이 짐작한 대로다. 학생들은 망설임 없이 회사를 파산시킨다. 이따금 한 명 정도는 앞으로 벌어질 상황을 예측하고 게임이 시작되자마자 자리에서 일어나 각자 따로따로 가치를 획득하려 하지 말고 모두가 가치를 공유할 수 있는 방법을 찾자고 호소하기도 한다. 대개 모든 조는 아니더라도 일부 조에서 정보를 공유하고 공동 전략을 세우기도 한다. 하지만 공동의 노력을 깨는 조가 나타나고 그 조는 곧바로 돈을 더 많이 벌게 된다. 그러면 나머지 조들도 최종적으로 모두가 망할 때까지 치열한 경쟁에 돌입한다. 이 게임은 '공유지의 비극'을 잘 설명한다. 모두가 공유된 자원에 의지하지만 그것을 지키고 발전시키는 데는 아무도 관심이 없다.

아이러니하게도 성공을 부의 축적으로 정의한다 해도, 가장 성공한 조가 무한 경쟁 대신 다른 조와 효율적으로 협력했다면 더 많은 돈을 벌었을 것이다. 그런데 왜 이런 결과가 나온 걸까? 학생들은 자신의 행동을 돌이켜보면서 성공에 대한 기존의 가정이 얼마나 뿌리 깊은지, 그런 가정 때문에 자신의 신념과 달리 어떻게 행동하게 되었는지 깨닫게 된다. 피터 센게 Peter Senge 교수는 신념과 행동의 관계에 대한 글에서 오늘날 학생들이 빠져 있는 성공에 대한 여러 생각들을 생생하고 재미있게 표현했다. 예컨대 학생들은 성공에 대해 다음과 같이 생각한다. '어떻게 행동해도 미래는 바뀌지 않는다. 그래도 항상 잡을 물고기는 있다.' 또는 다음과 같이 생각하기도 한다. '성공하면 된다. 간단하다.' 이런 생각도 있다. '세상일은 다 정해져 있다. 우리가 할 수 있는 일은 아무것도 없다' 또는 '남들이 다 하면 안 하는 사람만 바보다', '내 가족만 책임지면 된다', '내가 아니라도 다른 누군가가 그 일을 할 것이다'.

무엇보다 마음에 든 가정이 있다. '그저 게임일 뿐이다.' 이 말에는 센게 교수가 타이타닉 신드롬으로 묘사한 내용이 그대로 담겨 있다. "가라앉는 배 안에서도 사람들은 일등석을 선호한다."[3]

04

전략에 대한
붓다의 조언

이제 최고의 철학자 중 하나인 고타마 붓다Gautama Buddha를 살펴보자. 붓다는 칼 야스퍼스Karl Jaspers가 '축의 시대Axial Age'라고 설명한 기원전 8세기에서 3세기에 이르는 시기에 제자들을 가르쳤다. 축의 시대에는 오늘날에도 영향을 미칠 만큼 문화와 사상이 폭발적으로 발전한 시기다. 서쪽에서 플라톤, 소크라테스, 아리스토텔레스가 활동한 시대였다면, 멀리 동쪽은 붓다와 공자의 시대였다. 당시에는 상인과 군인을 통해 다양한 사상이 각지로 퍼져나갔다. 알렉산드로스 대왕이 지금의 아프가니스탄을 침략한 뒤에 조각된 붓다의 두상이 신기하게도 그리스의 아폴로 신상과 닮은 것도 우연이 아니다.

불교는 지금 서구사회에서 널리 유행하며 인도와 중국에서도 중

홍기를 맞고 있다. 여러분은 궁금할 것이다. 붓다의 말이 조직의 전략과 무슨 상관이 있을까? 붓다는 당시 인도 반도에서 세력을 떨치던 석가왕국의 후계자 자리를 버리고 출가해 나무 아래 앉아 명상하던 사람 아닌가?

붓다의 가르침은 속세와 떨어져 은둔 생활을 하는 수도승들만을 위한 것이 아니었다. 붓다는 인도 북부 전역을 직접 돌아다니며 활발하게 활동했다. 그러면서 인간의 본성은 다양하며, 그런 본성을 가진 채 어떻게 살아가야 하는지에 대해 설교했다. 그때 붓다를 따르던 제자들 중에는 평범한 사람도 있었지만 왕이나 상인, 도둑도 있었다. 붓다는 그의 말을 듣기 위해 모인 사람들에게 인생의 전략을 제시했다.

좋은 전략이란 무엇을 원하며 그것을 얻기 위해 어떻게 해야 하는지 알려준다는 사실을 기억하자. 붓다의 전략은 아주 간단했다. 인생에서 고통은 피할 수 없는데, 인간은 근본적으로 그 고통에서 벗어나고 싶어 한다. 붓다는 고통의 근원을 밝히고 그 고통에서 벗어나는 길을 제시했다. 붓다가 말한 고통은 육체적인 고통만이 아니었다. 좋아하는 물건을 잃어버리거나 사랑하는 사람과 이별했을 때의 상실감, 원하는 것을 얻지 못했을 때의 절망감, 자신의 잠재력을 발휘하지 못했을 때의 좌절감도 포함된다. 붓다는 카를 마르크스가 설명한 비인간적이고 소외된 직장에서 느껴지는 고통도 잘 이해할 것이다. 붓다의 가르침에 따르면, 그런 고통을 없애려면 고통의 근원을 알고 그것을 뿌리째 뽑아야 한다. 고통은 두려움과 탐욕에서 비롯된다. 또한 자신이 누구인지 제대로 이해하지 못할 때도 고통이 생긴다. 붓다는 특히 인간이라는 존재에 대한 사람들의 오해와 착각을 지적했다. 사람들은 자신이 다른 사람과 사물에서 떨어져 홀로 존재하는 것처럼 살려 하고, 인간의 정체성이 고정되어 있다고 생각한다고 말했다.

2,500년을 넘어 현대로 와보자. 조직에서 널리 쓰이는 전략을 뒷받침하는 여러 가정을 들여다보면 붓다가 위에서 지적한 사람들의 오해가 고스란히 드러난다. 사람은 다른 사람과 분리되어 존재하고 정체성이 고정되어 있다고 오해한 결과 '세상에 대항해 싸워야 한다'는 피포위 의식siege mentality(항상 적에게 둘러싸여 있다고 믿는 강박관념-옮긴이)에 빠져버렸다. 또한 올리버 윌리엄슨 교수의 말처럼 다른 사람의 행동을 '속임수를 써서 자기 잇속을 챙기는' 행동으로 해석한다. 이런 피포위 의식 속에서는 고통을 경험하면 개인적 차원이든 집단적 차원이든 그런 의식이 더 강화되어 결국 악순환에 빠진다. 주변에 기회주의적인 사람이 많거나 대규모 경쟁 조직에 둘러싸여 있다고 믿으면 스스로를 보호하기 위해서라도 경쟁 우위를 확보하려고 애쓰게 된다.

붓다는 삶의 방법을 조언하면서 명상을 추천했다. 명상을 하면 고통을 유발하는 피포위 의식을 약화할 수 있다. 그리고 붓다의 말대로 삶이 다른 사람들과 연결되어 있다고 생각하면 세상에 대항해 싸워야 한다는 생각도 옅어진다. 또한 사람의 정체성은 고정된 것이 아니라 바뀔 수 있다는 점을 인정하면 변화가 고통으로 느껴지지만은 않을 것이다. 자신에 대한 좁고 일그러진 생각을 버려야 한다. 자신이 홀로 존재하는 것이 아니라 다른 사람들과 연결되어 있다고 믿고 훨씬 더 발전적이고 확장된 시각으로 자신과 세상을 봐야 한다. 후대에 붓다의 말씀을 따르던 한 저술가는 붓다의 시각으로 우주를 보고 우주가 마치 인드라의 망Indra's Net과 같다고 설명했다.[4] 인드라는 전통적으로 힌두교의 신이었다. 붓다는 무신론자였지만, 우주에는 많은 신이 존재하고 그들도 인간처럼 유한한 존재일 것이라고 생각했다. 인드라의 망은 무수히 많은 보석으로 연결되어 있는데, 신기하게도 보석 하나를 보면 그 안에 비친 모든 보석의 모습을 동시에 볼 수 있다.

때론 무기를 내려놓을 필요가 있다

붓다의 통찰을 비즈니스와 조직의 전략에 적용하면 어떻게 될까? 이제 전략은 시장 점유를 통한 가치 확보가 아니라 협력을 통한 가치 창출을 지향해야 한다. 인간 사회에는 하나의 조직이 나서서는 책임 질 수 없는, 근린궁핍화정책을 강조해서는 절대 해결되지 않을 문제가 많다.

지금까지 15년 넘게 세계적으로 사랑받고 있는 아르헨티나의 레드와인을 예로 들어보자. 멘도사는 아르헨티나에서 와인을 가장 많이 수출하는 지역으로, 안데스산맥 주변의 낮은 언덕에 포도밭들이 아늑하게 자리 잡고 있다. 20년 전만 해도 이 지역 와인은 품질이 형편없었다. 유통업자들이 가치를 높이기 위해 와인 제조사들을 쥐어

짰고 와인 제조사들은 포도 생산자들을 압박했다. 지불 조건이나 계약 조건은 무의미했고 포도의 질을 높이기 위한 투자를 장려하는 정책도 전혀 없었다. 화물노조 역시 왕복수송을 거부하며 운송비를 계속 높였다. 관리들은 부패해서 뇌물을 줘야만 컨테이너에 와인을 실을 수 있었고 수출은 점점 더 지연되었다. 포도 생산자들은 각자 자기의 이익을 위해 치열하게 생존경쟁을 벌였다. 그런데 그때 아르헨티나 사람들이 '말벡의 기적'이라고 부르는 프로젝트가 탄생했다. 지역 포도 품종의 이름을 딴 말벡Malbec이라는 글로벌 브랜드를 만드는 것이었다.

말벡은 와인 관련 업자 모두가 이익을 보는 것을 목표로 삼았다. 그리고 그 야망을 실현하는 방법은 모두의 협력이었다. 유통업자들이 행동 규범에 동의하고 부패와 약탈적 관습을 없애기로 약속했다. 지역 관리들도 포도 생산자들이 성공하면 세입이 는다고 생각해 적극적으로 동참했고, 아르헨티나 안팎에 있는 대학들도 그 프로젝트가 확산되게 도왔다. 관련 업자 모두가 돈을 모아 세계 시장을 상대로 마케팅을 벌였고 결국 소비자의 머릿속에 와인 하면 말벡이 떠오르게 만드는 데 성공했다.

여러분도 앞으로 이런 사례를 직접 보게 될 것이다. 첨단기술로 성공한 영국 기업 ARM은 반도체 기업이지만 반도체 칩을 만들지 않는다. 대신 소프트웨어 개발자, 엔지니어, 칩 제작자, 애플과 같은 위탁생산업체OEM로 구성된 거대 반도체 생태계에 디자인과 툴을 제공한다. 애플은 협상력을 이용해 공급업체의 가격을 낮추고 단기이익을 얻을 수도 있지만 그렇게 하지 않는다. 그렇게 해서 업계 생태계가 손상되면 애플의 가치도 훼손되기 때문이다. ARM 설계자들은 신뢰를 바탕으로 애플의 비밀 기술에 접근해서 차세대 칩을 계속 디자인한다. 애플과 ARM이 속한 생태계에서는 멘도사 지역과 마찬가지로 협력과 상생을 강조한다. 하지만 협력한다고 경쟁하지 않는 것은 아니다. 생태계를 구성하는 요소들이 서로 경쟁하면서 각자의 성과를 높인다. 여기서 경쟁 우위를 강조하면 특정 요소가 유리한 지점을 장악해 버려서 경쟁의 본래 의미가 약해지고 상생의 목적도 깨진다.

말벡의 기적과 ARM이 성공할 수 있었던 이유는 무엇일까? 에이즈 백신을 개발하거나 글로벌 금융시스템을 만드는 일처럼 대규모 협력 사업을 가능하게 하는 요인은 무엇일까? 답은 세상에 대항해야 한다는 의식을 버리고 지식을 공유하려는 의지에 있다. 지식을 공유한다는 말은 단지 미래의 성공을 보장하는 전문 지식을 서로 나눈다는 말이 아니다. 다른 사람이 어떻게 보고 느끼는지 알고, 어떻게 사는지 이해하고, 타인에 깊이 공감하는 능력이다. 이는 붓다의 가르침을 실행하는 동력이자 결과이기도 하다. 불확실한 시대에는 공감이야말로 다양하게 해석될 수 있는 상황을 이해하는 핵심 능력이자 중요한 전략적 기술이다.

1962년 쿠바 미사일 위기를 떠올려보자. 인류 역사상 가장 위험한 순간 중 하나였다. 젊은 존 F. 케네디 대통령은 쿠바를 향해 미사일 공습을 준비했고, 미국 국가안보 고문들은 '소련'이란 말을 입에 달고 다녔다. 그들은 폭격과 전투를 외쳤다. 그런데 나중에 밝혀진 바에 따르면 당시 국가안보 고문 가운데 실제로 소련사람을 만나본 이는 아무도 없었다. 소련인은 그저 그들 머릿속에만 있는 추상적인 대상 이었지 그토록 위험한 결정을 내리는 살과 피를 가진 진짜 사람이 아니었다.

그때 정말 다행히도 소련사람을 만난 적이 있는 누군가가 극적으로 나타났다(그때 미국이 쿠바에 정말로 공습과 폭격을 가했다면 핵전쟁이 일어났을 것이다). 그 사람은 바로 토미 톰슨이었는데, 당시 소련의 지도자 니키타 흐루쇼프Nikita Khrushchev를 개인적으로 잘 알았다. 톰슨은 흐루쇼프 대통령이 전쟁을 꺼린다는 사실을 알았다. 소련식으로 '위대한 애국 전쟁', 즉 2차 세계대전을 겪은 지 불과 15년밖에 지나지 않은 때였고 흐루쇼프 대통령은 당시 스탈린그라드에서 최전방 사령관으로 전투에 참여했었다. 그때 이미 3,000만 명이 목숨을 잃었다. 톰슨은 흐루쇼프 대통령이 독재자가 아니라는 사실도 알았다. 스탈린과 달리 흐루쇼프는 동료들의 합의를 거쳐 일을 결정하고 체면을 아주 중요하게 여겼다. 이런 태도는 상대를 이해하고 공감하는 능력에서 비롯되었다. 그는 세상에 대항하려는 의식에서 벗어난 것이다. 결국 전쟁은 일어나지 않았고 모두가 평온을 되찾았다.

2008년 미국 금융위기 직후 어느 대규모 글로벌 은행으로부터 강연을 해달라는 요청을 받은 적이 있다. 경영 회의에서 금융의 전문적 가치를 회복하는 문제에 대한 이야기를 해달라고 했다. 그런데 안타깝게도 강연은 성공적이지 않았다. 강연에 앞서 강연자보다 훨씬 더 카리스마 있는 대학원 관리자가 먼저 강단에 올라 다음과 같이 외쳤다. 청중 가운데는 여성은 거의 없었다. "남성 여러분! 앞으로 여러분이 1년 넘게 할 일은 고객의 마음을 꿰뚫어 보는 겁니다. 반드시 고객을 설득해야 합니다. 고객의 지갑에서 한 푼이라도 발견하면 그것을 빼앗아 은행 이익에 보태야 합니다!"

고결한 이상을 주장하려던 우리의 의도는 완전히 실패했다. 그런 이상을 외치기보다 아주 현실적인 고민에 대한 답을 제시했어야 했다. 대학원 관리자의 앞선 연설은 추상적인 내용뿐이었다. 그 관리자는 실제로 고객을 한 번도 만나본 적이 없는 것 같았다. 그때처럼, 그리고 앞으로도 계속될 불확실한 시대에서는 고객과 고객이 느끼는 두려움, 기대, 답답함을 자각하고 공감하는 능력이 가치를 창출하는 길이다. 고객을 이야기할 때 나오는 별개의 독립적이고 추상적인 존재로 여겨서는 안 된다. 간단히 말해 인간 중심적 관점이라고 할 수 있다. 자신과 고객을 좁은 시야로만 보지 않고, 붓다가 조언한 대로 세상과 연결된 더 확장된 개념으로 봐야 한다.

우리는 가벼운 마음으로 붓다와 그의 가르침을 설명했다. 온종일 나무 아래 앉아 명상을 한 사람에게 전략에 대한 조언을 구할 수 있을지 물었다. 그리고 명상의 중요성을 강조하고 이어 붓다의 도덕적 가르침을 살펴보았다. 붓다는 일상에서 고통에 대처하는 법을 가르쳐

주었다. 자신을 더 창의적이고 확장된 시각으로 봐야 하며 세상과 연결된 더 큰 존재로 이해해야 한다고 강조했다. 조금 이상하게 들릴지 모르지만, 명상에 대한 붓다의 가르침에도 전략가들이 배울 점이 많다. 고전적 명상법 중에는 너그러운 마음을 키우고 두려움과 탐욕에서 벗어나도록 도와주는 방법이 있다. 그 명상법은 사람들에게 너그러운 마음을 강요하지 않는다. 오히려 사람들의 마음 안에 여러 가지 감정이 있을 수 있음을 깨우쳐준다. 명상을 하면서 친한 친구를 생각하거나 아름다운 석양을 떠올릴 때 느끼게 되는 긍정적 감정에 집중하다 보면 부정적이고 냉정한 감정적 태도를 바꿀 수 있다. 이렇게 연습하다 보면 현실에서 세상과 상호작용을 할 때도 똑같이 감정을 다스릴 수 있다.

동료들과 조직의 전략적 기대와 과제를 논의하기 전에 명상을 해봐도 좋다. 명상한 다음 차분한 마음으로 조직의 전략을 점검해도 좋다. 전략 가운데 집단적 두려움 때문에 촉발된 요소가 있다면 무엇일까? 경쟁업체로부터 시장 우위를 지켜내려면 어느 선까지 방어해야 할까? 공급업체와 유통업체로부터 어느 정도의 수익을 남겨야 할까? 세상에 대항해야 한다는 생각에서 비롯되어 아무 의심 없이 받아들여지는 가정들을 근거로 전략을 세우면 어떤 결과가 생길까? 경쟁하느라 다른 사람과 관계를 맺을 새로운 기회를 놓치고 있는 건 아닐까? 협상력을 포기하면서까지 그런 관계에 주력해야 할까? 반드시 그래야 한다는 말은 아니다. 세상에는 분명 위험이 존재하므로 때에 따라 큰 무기가 필요하다. 하지만 전략의 핵심에 박힌 인간 본성에 대한 부정적 가정이 인간 본성을 필요 이상으로 위험하게 만든 것은 분명하다.

목표에서 수단까지

이 장을 시작할 때 전략, 전략가, 전략을 세우는 리더가 조직에서 얼마나 중요한 위치를 차지하는지를 살펴보았다. 사람들이 전략에 관한 신화를 만들어내거나 과장되고 왜곡된 경험을 하는 이유는 그것이 조직에서 아주 중요하기 때문이다. 전략이 말하는 바를 한마디로 요약하면 '목표'와 '수단'이다. 원하는 목표를 세우고 그 목표를 이루는 데 필요한 수단을 찾는 것이다. 앞서 기업들이 정한 목표를 살펴보면서 다음과 같은 사실을 확인했다. 성공을 잘못 이해하면 시장에서 경쟁 우위를 선점하기 위해 치열하게 경쟁하고, 세상에 대항해야 한다는 사고를 근거로 모두가 가치 확보에 나서게 된다. 그것은 결국 모두가 피폐해지는 결과를 낳는다. 붓다는 2,500년 전에 이와 같은 생각을 인간 고통의 근원으로 보았다. 이제 그런 생각을 바꾸고 협력과 공감을 바탕으로 가치를 창출하는 전략을 세워야 할 때다. 생각이 중요하다. 노벨상을 탄 경제학자들의 생각을 따를 것인가, 아니면 붓다와 같은 생각을 따를 것인가. 인간 본성에 대한 가정을 바꾸면 행동도 바꿀 수 있다. 인간 본성에 대한 부정적 가정을 바탕으로 전략이 만들어졌고 그에 따라 조직이 비인간적인 곳으로 전락했다면, 그 가정을 바꿔야 조직을 더 인간답게 만들 수 있다.

지금까지는 목표에 대해 이야기했다. 전략에서 목표란 다음 질문에 대한 답이다. '무엇이 되고 싶은가?' 일반적으로 조직에서는 전략을 개발하는 사람보다 그것을 실행하는 사람이 다수를 차지한다. 그리고 전략을 실행하는 사람들은 그 목표를 어떻게 이룰 것인가를 가장 궁금해한다.

조직의 상위에 있는 사람들은 계획을 잘 세우면 목표를 이룰 수단은 저절로 생긴다고 생각하는 경우가 많다. 특히 중간 관리자들은 목표를 명확하게 세우고 단계별로 구체적인 실행 계획을 짠다. 그들은 보통 우선 예산을 짜고 핵심성과지표KPI를 정한다. 그리고 장기적인 단계는 사명선언mission statement으로 변질된다. 그들이 이런 식으로 계획을 짜는 이유는 근본적으로 자만에 빠져서 자신이 미래를 예측할 수 있고 원하는 대로 미래를 설계할 수 있다고 믿기 때문이다. 이런 믿음은 오늘날처럼 불확실한 환경에서는 더욱더 말이 되지 않는다. 조직을 둘러싼 세상은 늘 변한다. 그럼에도 그것을 인정하지 않고 미래를 확신한 채 계획을 세우면 직원들에게 끝없이 헌신을 강요하게 되고 결국 재앙이 찾아온다.

붓다에 따르면 세상일은 어찌할 수 없고 미래도 예측할 수 없다. 우주를 자기 뜻대로 하려고 하면 근심만 생길 뿐이다. 하지만 세상일에 어떻게 반응할지는 선택할 수 있다.

인생을 살다 보면 실직을 당하거나 사랑하는 사람과 헤어지거나 이웃과 다투거나 투자에 실패하는 등 온갖 불운을 겪는다. 우리는 이에 두려움과 분노로 반응한다. 그런데 이와 달리 그런 불행한 상황에서도 어떻게 대처할지를 곰곰이 생각하고, 현실 문제를 부정하지 않은 채 그 속에서 의미를 찾을 수도 있다. 삶을 더 창의적으로 사는 힘을 길러내는 기회로 삼는 것이다. 행운이 앞에서 미소 지을 때도 마찬가지다. 무조건 신나서 샴페인을 터뜨릴 수도 있지만 즉각적인 반응을 피하고 행운에서 배울 점이 있는지를 따져볼 수도 있다. 불교에서는 전통적으로 명상으로 마음을 챙긴다. 명상하며 다양한 마음 상태를 깨닫는다. 구름이 하늘을 떠가듯 머릿속을 흘러가는 온갖 생각과 감정을 인지하는 능력을 키운다. 또한 명상으로 깊은 사고 능력을 기르고 자신을 지배하는 수많은 생각과 감정 가운데 어떤 것을 더 키울지, 어떤 것들로 마음을 채울지를 정할 수 있다. 이렇게 전통적인 불교의 관점으로 마음챙김을 이해하고 명상을 통해 감정을 지각하고 다스리는 법을 알면 도움이 된다. 흔히 인사부에서 직원들에게 스트레스와 소외감을 극복하기 위해 제안하는 마음챙김 훈련과는 비교가 되지 않는 효과가 있을 것이다.

이런 붓다의 관점은 전략 실행에 얼마나 도움이 될까? 앞서 전략 목표를 세울 때 가치를 확보하는 방법과 가치를 창출하는 방법이 있었다. 이와 마찬가지로 전략을 실행할 때도 '의도적 방법'과 '창발적 방법'이 있다. 의도적으로 전략을 실행하는 일은 조직의 큰 계획에 속한다. 반면 창발적 방법은 경영 사상가 헨리 민츠버그Henry Mintzberg 교수가 처음 쓴 말로, 계획이 조직을 잘못된 길로 인도할 수 있음을 인정한다. 따라서 세상의 변화와 함께 발생하는 인간의 통제를 벗어난 일들에 대해 효율적으로 반응하는 것을 훌륭한 전략 실행으로 본다. 창발적 실행은 단선적인 과정이 아니라 순환학습을 일으킨다. 이를 붓다의 명상법과 접목하면 다음과 같은 과정을 거치게 된다. 외부 변화에 즉각적으로 반응하기보다는 변화된 상황을 인지하고, 그에 따라 적절한 결정을 내리고 행동한다. 최종적으로 행동의 잘된 점과 잘못된 점의 의미를 찾아냄으로써 실행 과정을 마무리한다. 개인과 마찬가지로 조직 역시 불확실한 세상에서 번영하고 싶다면 애써 미래를 예측하려 하지 말고 붓다가 주장한 인간 가치의 핵심인 겸손을 바탕으로 고유한 전략적 순환학습 과정을 개발하는 것이 좋다.

철학이 말하는 리더의 지혜

이 장에서는 조직의 방향을 설정하는 '전략'을 집중적으로 다뤘다. 철학적 관점에서 보면 전략에 대한 기존 시각에는 인간성에 대한 부정적인 생각이 뿌리 깊게 박혀 있다. 그 결과 직장에서 인간성이 사라지고 세상을 다른 사람과 관계 맺는 곳이 아니라 대항해야 하는 곳으로 여기게 되었다. 전략을 뒷받침하는 이런 우울한 시각에서 벗어나려면 앞으로 전략을 짤 때 개별 생존을 전제한 가치 확보가 아니라 협력적인 가치 창출을 강조해야 한다. 이는 상호의존을 강조하는 철학적 관점에 근거하며, 잘 알려진 바와 같이 붓다가 설파한 내용이기도 하다.

또한 붓다가 제안한 사색적 명상법을 통해 세상의 변화에 단순히 반응하는 데 그치지 않고 창의적 정신을 발휘하는 기회로 삼을 수 있다. 명상은 훌륭한 전략 실행으로 이끄는 강력한 길잡이이기도 하다. 전략을 실행하는 동안 외부 변화에 수동적으로 반응하는 것이 아니라 깊이 사색하고 새로운 것을 깨우칠 수 있게 된다.

1   당신이 속한 조직의 전략은 가치 확보를 목적으로 하는가, 가
     치 창출을 목적으로 하는가?

2   당신은 다른 사람과의 협조와 협력을 방해하는 요소를 제거하
     기 위해 어떤 전략을 쓰는가?

3   전략을 실행할 때 단선적인 과정에 머무는가, 순환학습이 이루
     어지는가?

4장

조직에서 상식은 정답이 아니다

| 창의력과 비판적 사고 |

WHAT PHILOSOPHY CAN TEACH YOU

ABOUT BEING A BETTER LEADER

"자기만의 생각을 가져라."

— 칸트

앞 장에서는 전략을 두 가지로 규정했다. 전략이란 회사가 이루려고 하는 목표와 그 목표를 이루기 위한 방법을 제시한다고 말했다. 그리고 전략을 가치를 창출하는 전략과 가치를 확보하는 전략으로 나누었다. 다시 말해 세상의 부와 안녕의 합계에 가치를 더하는 전략이 있고, 동일한 시장에서 경쟁하는 기업들의 부를 단순히 재분배하는 전략이 있다. 이 가운데 가치를 창출하는 전략은 오늘날 많은 경쟁 시장을 특징짓는 제로섬 게임의 문제를 극복할 수 있다. 가치 창출 전략을 보여주는 예로 말벡 와인의 성공 사례를 들었다. 그때 아르헨티나 와인 관련 종사자들은 서로 경쟁하는 방식을 포기하고 협력을 선택한 결과 훨씬 더 훌륭한 가치를 창출하는 데 성공했다.

4장에서는 이처럼 훌륭한 가치를 창출해 내는 전략의 특징을 명확하게 밝히고자 한다. 기업들이 가진 다양한 신념을 살펴보고 그 차이를 설명한다. 기업의 성과는 얼마나 노력하고 협력하고 열정을 들였느냐보다 얼마나 진실을 아느냐가 더 중요하다. 경제 가치를 창출하려면 경쟁 상대는 모르는 뭔가를 알아야 한다. 특히 고객과 직원과 주주의 선택적 행동에 기반을 두는 시장 반응에 대한 지식과 이해가 있어야 한다.

경영진의 입장에서 전략적 계획을 세우는 일은 노력의 결과를 예측하기보다는 앞으로 조직의 성패를 좌우할 다양한 가정들을 토론하고 논쟁하는 일에 가깝다. 기업 성과는 보통 목적하고 욕망하는 수준까지 올라가지 않는다. 대신 정확한 사실에 근거한 신념과 가정에 영향을 받는다. 그래서 전략적 논의의 대상은 신념 체계의 진실성이지 목표의 실현 가능성이 아니다. 기업의 실제 순익과 주요 성과지표는 경쟁 상대와 비교해서 얼마나 빨리 새로운 정보를 얻느냐에 달렸다.

따라서 조직의 핵심 역량을 가장 잘 보여주는 것이 기업이 새로운 지식을 발견하는 속도다. 여기에서 새로운 지식을 발견하는 힘이란 조직의 발전을 이끌 강력한 질문을 던지고 가상의 답을 정하고 그 답을 입증할 실험을 하고 그 결과를 현실에 적용하는 기술을 바탕으로 한다. 철학자 칼 R. 포퍼 Karl R. Popper는 조직의 합리성을 높이려면 창의적 사고와 비판적 사고가 조화를 이뤄야 한다고 주장했다. 포퍼의 과학적이고 논리적인 사상을 적용해 기업이 전략을 세우는 방법을 설명할 것이다. 또한 비즈니스에서 널리 쓰이는 유명한 개념이나 관습이 전략적 사고를 도와주기는커녕 오히려 방해한다는 사실을 지적하려 한다. 지금껏 최선의 방법으로 알려졌던 정형화된 성공 공식들을 뒤집어볼 것이다.

우선 지난 50년 동안 가장 뛰어난 투자 전문가로 알려진 세 사람의 성과를 분석한다. 뒤에서 설명하겠지만 우리는 다름 아닌 자본시장에서 가치 창출 전략에 대해 많은 것을 배울 수 있다. 자본시장은 순전히 전략으로만 싸우는 게임에 가장 가깝기 때문이다.

01

자본시장은
답을 알고 있다

전략을 진지하게 고민하는 일이 어려운 이유는 그것이 기업의 성패를 설명하는 매우 중요한 요소이기 때문이다. 본질적으로 모든 시장은 다양한 생각을 지속적으로 검증하는 실험실과 같다. 그러나 의도적으로 철저히 계획된 실험은 별로 없기 때문에 시장에서 기업이 크게 성공할 경우 그것이 전략 때문인지, 아니면 경영 효율이나 경제 상황이나 운처럼 비전략적 요인 때문인지 알기가 어렵다. 그래서 이런 질문이 이어진다. 전략이 기업의 성공 요인이라는 점을 입증하기에 가장 좋은 시장이 어디인가?

자본시장이 바로 그런 곳이다. 그 이유는 첫째, 자본시장은 대단히 효율적이어서 시장 전체에서 지속적으로 수익을 내는 경우가 아주 드물기 때문이다. 그래서 시장 가운데 가장 효율적인 곳에서 지속적으로 성공하는 투자자가 있다면 높은 성과를 낳는 사고의 기술을 쉽게 찾을 수 있을 것이다. 또한 그런 기술을 고객시장customer market이나 재능시장talent market처럼 상대적으로 효율성이 덜한 시장에도 적용할 수 있다.

같은 맥락으로 비즈니스 전략에 대해 누구보다 잘 가르쳐줄 수 있는 사람이 바로 성공한 투자 전문가들이다. 가장 효율적인 시장인 자본시장에서 경쟁자들을 물리쳤기 때문이다.

둘째, 시장에서 가장 순수한 게임에 가까운 곳이 주식시장이기 때문이다. 주식시장에서는 참여자가 내린 거의 모든 결정이 본질적으로 경쟁적이고, 그 결과 또한 대단히 전략적이다. 그리고 게임의 규칙과 성공의 의미가 명백하다. 승자는 그저 제일 높은 수익을 얻은 사람이다.

셋째, 자본시장에서는 전략적 움직임 그 자체를 아주 쉽게 설명할 수 있다. 금융상품을 사거나 팔 때마다 전략이 그대로 드러난다. 펀드 매니저의 전략적 성과를 평가하기도 쉽다. 경쟁하는 시장에 의해 지속적이고 공개적으로 가격으로 매겨진다. 그래서 전략과 성과의 관계를 다른 시장보다 더 명확하고 간단하게 분석할 수 있다.

마지막으로, 자본시장에서는 비전략적 요소들이 성과에 미치는 영향이 크지 않다. 시장에 진입하거나 나가는 데 어떤 장벽도 없다. 규모 우위도 거의 존재하지 않는다. 실행력도 일부 역할만 할 뿐이고,

운영 능력도 부수적이다. 리더십, 팀워크, 감정지능, 신뢰의 수준뿐 아니라 보통 회사에서 성과에 영향을 미치는 다른 어떤 대인 기술도 투자 산업에서는 중요한 역할을 하지 않는다. 간단히 말해 다른 어떤 요소보다 전략적 기술이 성과를 좌우한다.

따라서 이처럼 정보가 많고 투명하며 공정하고 개방적인 시장에서 지속적으로 높은 수준의 성과를 올렸다면 거기에 뭔가 특별하고 매우 유익한 것, 곧 전략적 기술의 본질적 특징이 숨어 있지 않을까?

02

피터 린치와
워런 버핏

피터 린치와 불균형한 지식

피터 린치Peter Lynch는 피델리티 마젤란 펀드를 운용했다. 전성기 때를 돌아보면 그 회사는 아마 20세기에 가장 성공한 최대 규모의 뮤추얼 펀드라고 할 만하다. 그가 1977년에서 1990년까지 13년 동안 조직을 관리하는 동안 회사에서 운용한 펀드는 1,800만 달러에서 140억 달러로 늘었다. 확보한 주주의 수도 100만이 넘었다. 린치의 투자 결정을 뒷받침하는 신념은 여전히 독특하고 아주 유익하다. 자신의 투자 전략에 대해 흥미롭게 설명한 자서전《전설로 떠나는 월가의 영웅》에 다음과 같은 구절이 있다. [1]

자본시장은 전략의 정수를 추출할 수 있는 이상적인 시험대다.

린치는 투자를 할 때 회사든 펀드 매니저든 직접 만나서 얼굴을 보고 계약을 맺어야 한다고 굳게 믿었다. 그는 1년에 적어도 600개 정도의 회사를 방문했다. 월스트리트나 다른 펀드 매니저들의 회사에서 보낼 시간은 거의 없었다. 겸손하게도 그가 제안하는 투자법은 다음과 같다. "다른 투자자들도 기업을 많이 방문하면 기업 자산에 변화가 생길 때 빨리 알아챌 것이다." 이 생각이 그의 핵심 기술이자 최우선 목표라고 강조했다. 그는 성공하려면 경쟁자인 다른 펀드 매니저들보다 지적 먹이사슬에서 더 높이 올라가야 한다고 생각했다.

그에게 모토가 있었다면 다음과 같았을 것이다. "투자하고 나서 분석하라." 마치 고전적 인생관인 카르페 디엠Carpe Diem의 새로운 버전 같다. 그의 기술은 아무리 작은 기회라도 그것을 재빨리 잡는 것이었다. 조사하고 분석하느라 지체하면 결정적 순간을 놓친다고 믿었다. 훌륭한 투자자는 뭔가를 입증하는 사치 따윈 부릴 수 없다. 언제나 순간을 놓치지 않는 용감한 영혼이 있을 뿐이다.

그가 속도를 강조하는 데는 타고난 낙관적 태도와도 관련이 있다. 그는 주식을 사지 말아야 하는 이유보다 사야 하는 이유를 먼저 찾았다. 시장에서 똑똑한 사람들이 놓지 못하는 골칫거리 중 하나가 끈질기게 불리한 면을 찾으려는 태도라는 점을 알았다. 그래서 이런 비관적 태도야말로 자신보다 더 많이 배운 경쟁자들의 가장 큰 약점이자,

결과적으로 자신이 성공하는 요인으로 보았다.

그는 비전이나 목표, 타깃을 정하는 일이 아무런 도움도 되지 않는다고 생각했다. 투자의 목적은 부를 창출하는 것이고 그 밖에 다른 목적은 있을 수 없다. 토의나 토론 역시 무익하다고 생각했다. 시장에서 예상치 못한 놀라운 일이 벌어지거나 어떤 장기적 목표도 세우지 않았을 때 최고의 성과를 올렸다. 한편 실험적 태도로 일을 처리했고 실수했다는 사실을 인지하면 곧바로 주식을 팔아버렸다. 그는 "실수를 저지르면 바로 알아야 한다. 그래야 주식을 판다"라고 말했다. 무엇보다 중요한 사실은 그가 산 주식이 대부분 실수였음을 인정했다는 데 있다. 이처럼 성공하는 전략에는 이단적 요소가 있기 마련이다.

그는 자기만의 독특한 방법을 즐겨 사용했다. 전략에 대한 어떤 정설도 펀드 매니저의 일에는 맞지 않는다고 생각했다. 그는 본질적으로 이단아였다. 유일하게 따르는 규칙은 '돈을 벌려면 다른 사람이 모르는 뭔가를 반드시 알아야 한다' 또는 '다른 사람이 완고한 사고방식 때문에 선뜻 하지 못하는 일을 하라' 정도였다.

린치는 자신이 진실을 찾는 지적 경쟁에 뛰어들었다고 여겼다. 그래서 누구보다 빨리 새로운 정보를 얻고 정보원에 늘 가까이 있어야 한다고 주장했다. 때가 오면 통찰과 직관을 바탕으로 즉시 유연하고 과감하게 행동해야 한다고 말했다. 학문 이론, 신문 기사, 루머, 과학 지식, 계량경제 전망, 분석가들의 보고, 언론 보도, 공식 발표 등과 같이 공공의 영역은 절대 경쟁 우위를 차지하는 근거가 되지 못했다. 그런 정보는 이미 시장에 알려져서 개별 종목 가격에 반영될 것이기 때문이다. 그래서 자신이 직접 발로 뛰면서 얻은 지식, 다시 말해 오로지 그의 성실함과 관찰력을 근거로 한 합법적 형식의 '내부 정보'를 훨씬 더 중요하게 여겼다.

피터 린치가 말하는 훌륭한 전략이란 일반적으로 최고라고 알려진 방법이나 보편적 이론을 적용하는 것이 아니라, 창의적이면서도 상황에 따른 경험적 통찰을 근거로 하는 전략이다.

워런 버핏과 시장 비효율

이제 또 다른 투자자 워런 버핏Warren Buffett의 경우를 살펴보자. 버핏은 '오늘날 가장 크게 성공한 투자자'로 알려졌다. 1965년 주식 매입으로 섬유 제조 기업이었던 버크셔 해서웨이Berkshire Hathaway의 경영권을 장악한 이래 그가 주주들에게 돌려준 장부가액 수익률은 연평균 19%에 달한다. 이에 비해 S&P 500 기업에 투자했을 경우의 수익률은 9.7%에 불과하다. 그의 투자 철학과 방식은 아주 독특하다. 피터 린치와도 다른 면이 많지만, 버핏과 린치의 공통된 핵심 신념과 투자 방법이 있다. 두 사람 모두 전략을 새로운 것을 발견하는 과정으로 여긴다는 것이다. 버핏은 자신이 쓴 글에서 이와 같은 생각을 분명히 밝혔다.[2] 그는 자신의 성공 이론을 확신하고 누구보다 강력하게 지지한다.

버핏은 전형적인 자본주의자다. 그리고 자본을 효율적으로 배분하기 위한 경제 수단으로 시장을 항상 존중한다. 하지만 시장을 절대적으로 믿지는 않는다. 시장에 참여해 매일 판단하고 결정하고 매매하는 존재가 인간이기에 시장도 실수할 수 있다는 점을 잘 안다. 버핏은 효율시장가설EMH에 대해 이렇게 설명한다.

> 누군가 주식시세가 적힌 다트 판에 다트 핀을 던진다고 하자. 이때 그가 선택한 주식 포트폴리오의 전망은 세상에서 가장 명석하고 성실한 증권 분석가가 선택한 포트폴리오만큼이나 훌륭하다.

효율시장가설은 1970년대 이후 대부분의 경영대학원에서 금융 분야의 절대적 이론으로 받아들여졌다. 물론 버핏은 이 이론이 주장하듯 시장이 효율적일 때가 많다는 사실은 인정한다. 그러나 시장이 항상 효율적이라는 주장은 치명적인 거짓말이라고 비난한다. 그럼에도 효율시장가설은 지금도 금융 분야의 교수들이 학교에서 가르치고 있고 많은 투자자와 회사의 재정 관리자들도 옳다고 믿는다. 이렇듯 기존의 개념을 따르지 않고 고유한 방식을 고수한 결과 버핏은 시장 전체의 차액 거래 수익률이 연평균 10%도 되지 않는 상황에서 수십 년 동안 연평균 20% 이상을 기록할 수 있었다. 그는 효율시장가설을 가르치는 어떤 교수도 그것이 잘못되었다고 인정하지 않는 현실을 개탄한다. 그리고 얼마나 더 많은 증거를 들이대야 효율시장가설의 지지자들이 그 이론의 오류를 인정할지 궁금해하며 이렇게 말했다. "자기 실수를 인정하지 않고 사제로서의 존경심을 잃어버리는 것은 비단 신학자들만의 일은 아니다."

시장은 지식을 경쟁하는 곳이다. 버핏은 자신이 성공한 이유가 운 좋게도 경쟁자들이 잘못된 방법을 썼기 때문이라며 이렇게 말하기도 했다. "브리지, 체스, 주식 같은 지식 싸움에서 가장 유리한 경우는 시간 낭비에 불과한 잘못된 지식을 가진 상대를 만났을 때다."

그는 상대가 가진 지식의 범위와 한계를 알아야 한다고 강조한다. 그리고 자신이 잘 아는 회사에만 투자한다. 그는 IBM을 설립한 토머스 J. 왓슨Thomas J. Watson의 다음과 같은 말에 공감할 것이다.

나는 절대 천재가 아니다. 잘 아는 분야가 있을 뿐이다. 그리고 그 분야를 계속 공부한다.

린치와 버핏의 공통점과 차이점

뛰어난 두 전략가의 기술에는 몇 가지 분명한 차이가 있다.

- 린치는 성실의 가치를 칭송한 반면, 버핏은 '한 번 투자하더라도 똑똑하게 투자한다'는 소신을 지켰다.
- 린치는 기회주의자였지만, 버핏은 자제력과 인내의 전형이었다.
- 린치는 매년 소규모 투자를 많이 했지만, 버핏은 1년에 투자 건이 얼마 되지 않았다.

그런데 이런 두 사람의 철학적 공통점은 앞에서 설명한 차이보다 훨씬 더 분명하고 인상적이다.

- 자신감과 직관적 관찰력, 자기만의 독특한 투자 성공 모델이 있다.
- 시장에 떠도는 소문이나 분위기에 흔들리지 않는 결단력이 있다.
- 위험을 대하는 긍정적인 태도. 버핏의 말에 따르면 '남들이 무서워할 때 오히려 더 욕심을 내는' 태도를 가지고 있다.
- 계획이나 목적, 비전, 단계 등 어떤 형태로도 목표를 정하지 않았다.
- 공공의 지식, 미시경제 지표, 일반적 투자공식을 성공의 발판으로 삼지 않았다.
- 효율시장가설, 자본자산가격결정모델, betas, 동적헤징, 옵션이론 등 현대 금융이론의 전반적인 학문 체계를 거부했다.
- 지속적 학습의 주요 방법으로 실험의 중요성을 강조했다.
- 신중함보다 단호함, 복잡함보다 단순함을 선호했다.
- 무엇보다 비판적 사고에 근거해 강력한 이단적 태도를 보였다. 모든 형태의 정설이나 공식 이론, 사회 통념에 도전했다.

03

조지 소로스와
인간의 오류 가능성

비즈니스 성과와 관련된 이론은 대개 일을 할 때 '한 가지 옳은 방법'이 있다고 가정한다. 그래서 탁월성, 역량, 모범경영 같은 개념이 인기가 많다. 특히 이런 생각을 가장 많이 하는 사람들이 비즈니스 관리자다. 그들은 일정한 기준을 정하고 그것을 잘 따랐을 때 기업이 성공한다고 믿는다.

요리, 도예, 원예와 같이 공예 기술이 필요한 일에는 그런 생각이 맞을지도 모른다. 하지만 스포츠, 전쟁, 비즈니스처럼 경쟁해야 하는 분야에는 적합하지 않다. 기술을 익혀서 게임을 할 때는 올바른 방법이라는 것이 존재하지 않는다. 이기기 위한 표준이 되는 방법도 없다. 게임의 핵심은 특정한 종류의 기술을 시험한다는 데 있다. 보편

이론이나 승리 공식을 알고 있느냐는 별로 중요하지 않다. 체스의 대가가 달인의 경지에 오른 이유는 모범 공식을 적용해서가 아니다. 모두 자기만의 방식으로 최고의 경지에 오른다.

기업 성공의 해법을 제시하는 비즈니스 이론은 전부 사기다. 그런 이론은 기껏해야 유익한 통찰을 얻는 법을 알려주거나 그런 통찰을 발견하기 좋은 환경을 만드는 방법을 제안한다. 이른바 '과학적 방법'이란 것도 실제로는 전혀 도움이 되지 않는다. 그것은 단지 과학적 명제가 되는 기준(검증 가능성 또는 반증 가능성)을 설명하거나 어떤 명제의 내용이 사실인지 시험하는 방법을 알려줄 뿐이다. 그러나 새로운 것을 발견하는 행위는 그것을 공식화하려는 어떤 시도도 소용이 없다.

성공 전략을 세우는 데 필요한 이론이 있다고 믿는 것은 '범주 오류'에 빠지는 것과 같다. 범주 오류는 20세기 영국의 분석 철학자 길버트 라일Gilbert Ryle 교수가 관심 대상의 범주를 잘못 분류할 때 흔히 발생하는 실수를 설명하기 위해 만든 말이다.[3] 라일 교수는 다음과 같이 예를 들었다. 어떤 사람이 옥스퍼드 대학교를 방문해서 단과대학과 도서관을 모두 둘러보고 나서 "그런데 옥스퍼드 대학교는 어디에 있는 거죠?"라고 묻는다면 그 사람이 바로 범주 오류에 빠진 것이다. 그는 대학교가 기관의 범주가 아니라 물리적 건물의 범주에 해당한다고 착각해서 그런 실수를 저질렀다.

기업에서도 전략을 다룰 때 이와 마찬가지로 너무 쉽게, 그리고 너무 흔하게 범주 오류에 빠진다. 전략을 새로운 정보를 얻는 일, 뭔가 새로운 것을 발견하는 일로 보지 않고 기존 지식을 적용하는 일, 또는 기존의 전문 기술을 익히는 일로 착각한다.

이제 피터 린치와 워런 버핏 다음으로 조지 소로스George Soros의 식견을 살펴볼 차례다. 조지 소로스는 아주 독특한 투자자로, 그의 투자 이론은 성공적이기도 하지만 철학적으로도 예리하다. 전략에 대한 깊은 통찰이 돋보인다.

퀀텀펀드Quantum Fund는 소로스의 주요 투자 수단으로, 26년 넘는 기간 동안 주주들의 연평균 수익률이 투자 관리 비용을 제외하고도 거의 35%에 달했다. 또한 소로스는 견고한 이론을 정립해 자신의 성공을 설명하며 《금융의 연금술》이라는 책을 발표했다.[4] 그의 이론은 과학과 열린 사회에 대한 칼 포퍼의 철학에 근거한다. 여기에 인용한 소로스의 말은 모두 그의 책에서 따온 말이다. 소로스는 런던 정치경제대학교에서 포퍼 교수의 제자였다. 그는 자신의 투자 기록을 보면 포퍼 교수의 금융시장 이론이 타당하고 일반적인 경제 이론들은 틀렸음을 입증할 수 있다고 주장한다. 그럼에도 다른 펀드 매니저들은 그의 투자 결정 과정을 뒷받침하는 일관된 철학을 경시하고 있다.

버핏과 린치처럼 소로스도 이른바 현대 금융이론이나 효율시장이론을 바탕으로 하는 어떤 논리나 방법도 신뢰하지 않는다. 그는 이렇게 주장한다. "내 생각에 효율시장이론은 맞을 때가 99%, 틀릴 때가 1%이다. 그런데 내가 주목하는 것은 그 1%의 경우다." 그는 현대 금융이론이 시장의 연속성만 믿고 무시하고 있는 시스템 리스크의 요인을 지적했다. 그리고 투자 성공의 실질적 요인을 시장의 불연속성이라고 보고 그것을 예측하기 위한 대항 이론을 정립했다. 소로스는 자신이 '위험 분석가'이지 전문적인 증권 분석가가 아니라고 말했다. 그 말은 자신이 실수할 수 있음을 인정한다는 뜻이다. 실수해서 위험해지지 않도록 늘 조심하고 실수를 하면 언제든 바로잡을 준비를 한다는 것이다. 시장의 불연속성과 그로 인한 위험 요소가 그를 살리는 힘인 셈이다. 그는 자신의 성공을 인정하지 않을 것이다. 하지만 다른 사람뿐 아니라 자신의 오류 가능성을 인정한 것이 그의 성공 요인이자 개인적 철학의 밑바탕이다. 소로스는 이와 같이 말했다.

인간의 전제 조건이 불완전한 이해라는 점을 알면 실수 자체는 절대 부끄러운 일이 아니다. 실수하고 바로잡지 못하는 것이 부끄러운 일이다.

그는 비판적 사고야말로 과학의 전형적 특징이라는 포퍼의 생각을 받아들였다. 그래서 항상 자신과 다른 사람의 약점을 찾고, 어떤 일이 발생하면 자신의 예측과 일치하는지를 주의 깊게 살핀다. 만일 자신의 예측과 맞지 않거나 자신이 무엇을 잘못했는지 알지 못하면 실수의 원인을 찾기 위해 대단히 애쓴다. 자신이 설정한 가설을 재검토하고 오류 지점을 찾으려고 노력한다. 그는 '인간은 본질적으로 인간이 사는 세상을 완벽하게 이해하지는 못한다'는 생각에 따라 행동한다. 그래서 사람들이 뭔가 한 가지 신념이나 이론을 좇는 최근 분위기에 회의적이다. 그리고 절대적 사상이나 이념을 경계하며 이렇게 말한다. "나는 시장에 참여할 때 사고하면서 참여한다. 내가 사고한다는 말은 한 가지 주제에 너무 몰입하지 않고 밖에서도 살핀다는 뜻이다." 그는 무엇보다 객관적인 관찰을 강력하게 지지한다.

소로스는 많은 경쟁자들이 일 중독자라고 지적했다. 한 가지 결론에 도달하기 위해 실제로 필요한 양보다 훨씬 더 많은 정보를 축적한다는 것이다. 그리고 개인적 통찰이 아니라 데이터에 의지하는 방식에는 위험이 따른다고 주장했다.

위험을 감수하고 도전할 때는 올바로 판단하고 올바로 통찰하면 된다. 그렇게 열심히 데이터를 분석하지 않아도 된다.

실제로 정보가 너무 많으면 판단이 왜곡될 수 있고 일을 너무 많이 하면 통찰할 여유가 없다. 버핏이 "거의 태만에 가까운 비활동 상태가 우리 투자 방식의 주춧돌이다"라고 고백했듯이 소로스도 말했다. "중요한 결정을 내릴 때는 절대로 필요 이상으로 일하지 않는다."

소로스는 주류 경제학이 그가 재귀성 reflexivity의 원리라고 일컫는 경제 행위와 관련해 가장 중요한 사실을 놓치고 있다고 말한다. 사고하는 시장 참여자는 자신이 모순적인 상황에 빠진 것을 안다. 다시 말하면 참여자는 사건을 예측하려고 애쓰고, 사건은 참여자의 예측으로 인해 발생한다. 과학자는 일반적으로 어떤 현상을 이해하는 행위를 수동적인 관찰자와 독립적인 실체의 관계로 이해한다. 그런데 그 현상이 경제와 관련된 사건일 경우에는 소극적인 관찰자가 적극적인 참여자로 바뀐다. 경제학자들이 실수하는 이유는 시장 참여자가 완벽한 정보를 근거로 행동한다고 가정하기 때문이다. 하지만 시장에서 완벽한 지식이란 존재하지 않는다. 왜냐하면 시장 참여자들의 사고가 끊임없이 시장을 형성하고, 시장은 다시 끊임없이 참여자들의 사고를 형성하기 때문이다.

04

과학적 발견에 대한
포퍼의 논리

린치와 버핏, 소로스는 공통적으로 다음과 같이 확신했다.

- 비즈니스에서 성공이란 표준 이론에서 얻은 지식이 아니라 직접 경험을 통해 얻은 지식에 의한 대가이다.
- 인간은 본질적으로 실수를 한다.
- 이론적 사고의 반대는 전략의 핵심인 비판적 사고다.
- 시행착오를 거쳐 새로운 것을 발견하는 방식, 즉 선투자 후분석 방식은 다윈의 진화론에서 돌연변이설이나 선택설과 유사하다.
- 때로는 먼저 행동하고 무슨 일이 벌어지는지 확인하는 것이 신중하게 생각한 다음 행동하는 것보다 더 빨리 진실에 이른다.

결론은 이와 같다. '고유한 방식으로 새롭게 사고하라.' 여기에서 중요한 점은 세 사람의 생각이 칼 포퍼가 설명한 과학자들의 사고방식 또는 일하는 방식과 대단히 비슷하다는 점이다. 포퍼는 이런 방식을 '과학적 발견의 논리'라고 일컬었다. 그리고 그 철학의 기본을 이성의 실천에 두고 자기비판을 비롯한 비판 능력을 키워야 한다고 말했다.

칼 포퍼(1902-1994)는 20세기에서 가장 영향력 있는 과학철학자일 것이다. 지금도 많은 논쟁을 불러오는 인물이기도 하다. 그는 주로 과학 지식의 확대, 형이상학적 또는 신화적 명제와 과학적 명제를 구분하는 기준, 사회과학과 역사의 방법론, 열린 사회의 특성에 관심이 많았다. 이어서 포퍼가 주장한 과학철학의 핵심 요소를 간략하게 소개하고자 한다. 그리고 그런 요소를 바탕으로 비즈니스 전략을 철학적이고 일리 있게 설명하는 이론을 정립하는 방법을 살펴볼 것이다. 우선 과학적 발견에 대한 포퍼의 세 가지 논리에 대해 알아보자.

1 | 귀납논리학을 버리다

포퍼는 특정한 사실에서 일반적 법칙을 끌어내는 귀납적 추리 과정이 말도 안 되는 신화라고 주장했다. 16세기 프랜시스 베이컨Francis Bacon이 과학적 방법을 명확하게 정의 내리기 시작한 이래 자연과학은 귀납적 추리에 의한 과학이라는 가설이 정설로 자리 잡았다. 과학적 발견은 데이터 정리라는 과정을 거친 결과였다. 엄정하고 반복적인 관찰을 통해 데이터를 수집하고 분류하면 공식적이고 합리적인 이론과 법칙이 만들어졌다. 물론 이런 방식은 지금 사회과학에서도 널리 쓰인다. 사회과학에서 다변량통계분석 multivariate statistical analysis이 오랫동안 연구 방법의 표준이 되었다. 오늘날 비즈니스에서 유행하는 빅 데이터나 분석 정보에도 이런 철학의 요소가 나타난다.

하지만 포퍼의 생각에 따르면 단일한 사건을 모아서는 보편적 이론을 추론할 수 없기 때문에 귀납법은 존재하지 않는다. 유명한 예를 하나 들어보자. '모든 백조는 하얗다'는 주장은 하얀 백조가 아무리 많아도 귀납적 방법으로 그것을 입증할 수는 없다. 검은 백조가 한 마리라도 나타나면 그 주장은 언제든 틀릴 수 있기 때문이다. 반면 어떤 이론을 반증하려면 한 가지 사실만 있으면 된다. 과학을 발전하게 한 것은 연역적 반증이지 귀납적 입증이 아니다. 다시 말해 과학은 본질적으로 입증보다 반증을 더 강조하는 학문이다.

2 | 비판적 합리주의를 옹호하다

포퍼는 귀납적 체계를 버리고 연역적 방법을 주장했다. 시행착오 또는 스스로 '비판적 합리주의'라고 일컫은 방식을 선호했으며 다음과 같이 말했다. "인생은 모두 문제 해결 과정이다."

과학적 추론은 그 시작과 끝이 공유된 문제 상황이다. 그리고 배경 이론이 한 무더기 포함된다. 문제를 해결하기 위해 적용하는 이론들은 순전히 추정에 의한 생각이다. 터무니없는 억측일 수도 있다. 칸트는 "인간의 지능으로는 자연에서 법칙을 끌어내지 못한다. 자연에 법칙을 부여할 뿐이다"라고 말했다.[5] 인간은 자연에 존재하는 이론을 끌어내기보다 스스로 이론을 만들어낸다. 그 결과 현실이 아니라 상상의 세계를 만든다. 현실 세계를 연역적으로 설명하기 위해 만든 논쟁거리가 많은 시스템을 구축한다. 지식이라는 것은 그것이 거짓이라고 입증되지 않는 한은 완전한 가설로 남는다. 포퍼는 이런 가설을 '현실 세계를 이해하려고 인간이 쳐놓은 망'으로 묘사한다.[6]

3 | 오류 가능성을 인정하다

포퍼는 이성적 행동과 참된 믿음이 일치한다는 기존의 생각도 부정했다. 사람들의 믿음이 이성적일지도 모른다는 생각을 거부했다. 사실 그는 이성이 오히려 신념을 영원히 회의적인 시각으로 보게 한다고 주장했다. 이성은 인간의 오류 가능성과 관련이 깊다. 신념의 불완전함을 인정할 때 인간은 비로소 이성적인 존재가 된다. 간단히 말해 이성적이라는 말은 비판적이라는 말과 같다. 그리고 모든 비판 능력을 동원해야 중요한 문제의 해법을 찾아낼 수 있다. 이성은 과학에 대한 일반적 진술이나 끊임없이 이어지는 과학적 논쟁에 주목한다. 하지만 그런 진술이나 논쟁에 휘둘리지 않는다.

05

포퍼의 4가지
기업 전략 이론

1 | 전략은 비판적 합리성을 따른다

효과적인 전략적 사고는 과학적 발견의 논리와 비슷하다. 전략은 앞서 여러 번 지적했듯이 아이디어를 얻기 위해 귀납적 사고 과정을 고집해서는 안 된다. 세상을 엄정하게 관찰하고 데이터를 수집하고 통계를 분석해서 결과물을 내거나 결론에 도달하는 방식은 맞지 않는다. 그보다 과학의 비판적 방법을 따라야 한다. 포퍼는 그 방법을 다음과 같이 설명했다.

지적 추리 과정에서는 문제를 만들고, 그것을 해결하기 위해 잠정적인 제안이나 이론들을 제시하고, 여러 이론을 비판하고 논의하는 과

정이 중요하다. … 이론을 비판할 때 핵심 원칙은 진실이다.[7]

경쟁력 있는 전략을 세울 때는 '가격 경쟁은 절대 하지 말라', '가격을 주도하는 자가 언제나 승리한다'와 같은 일반적인 이론들은 전혀 도움이 되지 않는다. 또한 일반 이론 대신 미래 경제 전망과 같이 큰 그림을 그리는 것 역시 별 소용이 없다. 이기는 전략은 대부분 공공연하게 알려진 지식을 토대로 하지 않는다. 비즈니스에서는 경쟁자와 지식을 공유한다는 믿음으로는 돈을 벌 수 없다. 경쟁자와 다른 지식을 가져야 한다는 믿음이 있어야 승리한다.

2 | 전략은 일종의 발견이다

헝가리 출신의 생화학자 얼베르트 센트죄르지Albert Szent-Györgyi는 "발견은 누구나 볼 수 있는 것을 보고 아무도 생각하지 못한 것을 생각하는 것이다"라고 말했다.[8] 부를 창출하는 아이디어는 전부 과감한 추측에서 비롯된다. 경제학자 마크 캐슨Mark Casson 교수는 다음과 같이 주장했다.

기업가는 자신이 옳고 다른 사람은 다 틀리다고 믿는다. 이렇게 상황을 다르게 인식하는 것이 기업가정신의 핵심이다. 기업가가 중요한 이유는 그런 인식의 차이 때문이다. 기업가가 없었다면 세상은 완전히 달라졌을 것이다.[9]

전략은 한 번에 한 가지 상황을 다룬다. 그리고 상황에 따라 독특한 점을 찾는다. 그래서 전략적 해법은 일반화할 수 없다. 그 해법은 통찰에 근거하는 것이지, 일반적인 규칙이나 원리를 바탕으로 하지 않기 때문이다. 통찰은 규모가 작고 수명이 짧은 발견이다. 전에는 보이지 않았던 무언가를 알아채는 것이다.

기업가정신은 시장을 지배하는 보기 드문 기술이다. 또한 통찰을 거치고 용기와 인내심을 가지고 그것을 비즈니스에 적용하는 능력이다. 훌륭한 비즈니스는 하나같이 특별하고 강력한 통찰을 통해 탄생했다. 비즈니스가 쇠퇴하는 것은 새로운 통찰이 더 이상 발견되지 않을 때다.

3 | 전략은 과감한 추측을 다룬다

관리자는 아무리 합리적으로 생각하더라도 경쟁자들과 똑같은 결정을 내리기 위해 돈을 받는 것이 아니다. 사람들은 관리자가 독특한 관점으로 미래를 보고 실수할 위험을 감수하고 상상력을 발휘해서 경쟁자들을 능가하는 기회를 만들어내기를 바란다. 그런데 이런 기대와 달리 관리자가 논리적 추론과 일반적 지식에만 기대면 올바른 결정을 내리기가 어려워진다. 일반적 원리를 고수하면 할수록 비즈니스가 평범한 수준에 머물기 쉽기 때문이다.

관리자 역할의 바로 이런 특성 때문에 비즈니스가 절망스러울 때도 있고 흥미로울 때도 있다. 똑똑한 사람들이 비즈니스에 뛰어드는 이유도 거기에 있다. 비즈니스의 성공을 좌우하는 힘은 눈앞에 보이는 명백한 전략을 과감하게 제쳐두는 용기다. 일반적인 해법을 통해 상황을 판단하면서도 누구나 다 아는 방법이 아니라 고유한 해법을 찾는 지적인 용기다. 일반적인 논리를 따라가면 결국 무리와 똑같아진다. 시장은 집단행동에 대해서는 보상을 주지 않는다.

과학적 경영 방법을 개발한 러셀 액코프Russell Ackoff 교수는 이와 관련해 다음과 같이 주장했다.

> 잘못된 일을 더 잘하려고 하면 상황이 악화된다. 그래서 실수를 바로잡으려고 할수록 일이 더 잘못된다. 차라리 옳은 일을 잘못하는 것이 잘못된 일을 잘하려고 하는 것보다 낫다.[10]

4 | 전략가는 실험 과학자처럼 움직인다

전략은 열린 마음에서 비롯하는 놀라운 깨달음과 본질적 호기심에서 나올 때가 많다. 놀라운 깨달음은 굳게 믿던 이론이 빗나가거나 널리 알려진 방법이 기대에 미치지 못했을 때 생긴다. 기민한 전략가는 이런 일이 생기면 곧바로 자신이 믿었던 이론을 포기한다. 과거에 아무리 굳게 믿었어도 새로운 이론을 찾으라는 시장의 신호로 이해한다. 뜻밖의 일이 생기면 언제나 이성적으로 묻고 분석한다.

관리자들은 자기가 한 가정에서 믿을 만한 추론을 끌어낸다고 할 수 있다. 그런데 그들의 가정이 진실인가를 따져볼 때는 훈련이 부족하고 이성적이지도 않다. 다시 말해서 조직 관리의 오류는 추론 과정이 잘못되어서가 아니라 그들의 신념 체계가 잘못된 것에서 비롯되는 경우가 많다. 그래서 관리자는 자신의 신념을 지속적으로 실험해야 한다. 이를 요약하자면 다음과 같다.

- 회사의 전략은 문제, 잠정이론, 적극적 실험으로 구성된다. 그래서 전략이 실행될 때는 구조적으로 논쟁의 요소가 많다.
- 전략을 세우는 일이란 용기를 내어 과감하고 창의적인 생각을 시험하는 일이다. 동시에 겸손한 태도로 그런 생각을 부정하는 증거를 적극적으로 찾아 나서는 일이다.
- 전략은 특정 회사에 적용되는 예측이 담긴 이론이어야 하고, 실험을 통해 오류 가능성을 측정할 수 있어야 한다.
- 비즈니스를 전략적으로 운영하려면 끊임없이 등장하는 다양한 이론을 과감하고 적극적으로 시험해야 한다.
- 전략가는 오류 가능성을 인정하고 자신 있게 새로운 발견에 도전해야 한다.
- 전략을 세우는 능력은 진실한 신념을 얼마나 빨리 늘리느냐에 달렸다.

06

그것은 과연
옳은 전략인가

정치과학자 앤서니 킹 Anthony King과 아이버 크루 Ivor Crew는 영국에서 수에즈 전쟁 이후 실시한 정부 정책을 조사했다.[1] 두 사람은 조사 결과에 인간의 오류와 시스템의 실패가 뒤섞인 무서운 이야기가 가득하다는 사실을 확인했고, 이러한 일들을 '실수'라고 규정했다. 그들은 다음과 같이 지적했다. "정부는 한 가지 이상의 목적을 달성하기 위해 구체적 조치들을 취한다. 그런데 일부 실수 또는 실수 그 자체 때문에 어떤 목적도 달성하지 못하거나, 목적을 달성하더라도 지나치게 많은 비용을 발생시킨다. 아니면 목적을 달성하더라도 의도치 않거나 원치 않은 결과로 상당한 부수적 피해를 낳기도 한다." 두 사람이 실수라고 지적한 일에는 다음과 같은 것들이 있다.

- **정부 법안**: 1971년 발의된 산업관계법, 1975년 발의된 공동체 토지법, 1991년 발의된 위험한 개 관리법, 1995년 발의된 어린이 지원법, 2003년 발의된 주류판매법
- **국민발의안**: 노동자 생활협동조합, 정신질환자 자택요양간호제도, 인두세, 철도 민영화, 슈퍼카지노, 주택정보법, 반사회적행동 금지법, ID카드, 민간투자개발, 밀레니엄위원회, 개인학습계좌제, 세액공제 및 인출, 자산회복위원회, 농촌지원기구
- **단발성 결정**: 블루 스트릭 미사일, 콩코드 비행기, 드로리언 자동차에 대한 투자, 1992년 ERM 탈퇴, 1997년 연금기금 불시단속, 2007년 소득세율 10% 폐지

이 경우는 대부분 두 사람이 주장한 대로 해법이 문제를 더 악화시켰다. 이처럼 최선의 노력을 기울였음에도 오히려 문제가 더 커진 것이 입증되면 사람들은 더욱 당황하고 절망하고 의욕을 잃는다.

정부의 잘못에서 회사의 무능으로 눈을 돌리면 두 학자가 확인한 실수와 대적할 만한 운영들을 많이 접할 수 있다. 많은 비즈니스 운영 방식이 회피와 닮았다. 관리자들은 고객들이 직면한 긴급한 문제의 해법을 찾는 데 주력하지 않고, 관료주의 의식을 치르는 데 시간을 허비한다. 사명선언, 균형성과표, 경영·환경·사회 성과, 조직위험관리대장, 사회책임감사, 이해관계자 선언 등 겉보기에 전문적이고 진보적으로 보이는 계획을 세우느라 바쁘다. 역효과를 초래하는 일에 엄

청난 시간을 들인다. 게리 해멀Gary Hamel 전략 전문 교수는 미국 경제에서 '소비적 관료주의'의 대가로 한 해 3조 달러, 또는 미국 GNP의 17% 이상의 비용이 든다고 지적했다.[12]

팀 앰블러Tim Ambler 마케팅 전문 교수는 영국 기업 이사회들의 행동을 조사한 뒤 다음과 같이 밝혔다. "이사회는 기업의 현금 유동성에 영향을 미치는 요인을 파악하고 그것을 확보하는 방법을 찾는 일보다, 돈을 어떻게 쓰고 어떻게 계산할지에 평균 9배의 시간을 더 들인다."[13] 그리고 같은 맥락에서 영국 IPA의 대표 로리 서덜랜드Rory Sutherland도 바로 그것이 영국 경제(또는 실제 대부분의 서구권 경제)의 침체를 설명한다며 다음과 같이 말한다.

최근 출간된 경영 서적들을 본 사람은 누구나 똑같은 결론을 강요받는다. 비즈니스에서 가치를 창출하고 성장을 이끄는 방법은 합병, 대차대조표 조작, 기업 인수, 아웃소싱, 오프쇼링, 다운사이징, 조세회피, 구조조정, 레버리지 등이 있다고 말한다. 다시 말해 사람들이 무엇을 좋아할지를 연구하고, 그것을 시장에 선보여 이익을 얻고, 사람들과 깊은 신뢰 관계를 쌓는 식의 따분한 비즈니스에 대해서는 하나도 언급하지 않는다.[14]

관리의 무능은 비즈니스에서든 정부에서든 '최신식의', '가장 앞선', '최고의 운영'이라는 거창한 표현들로 위장한다. 그런 말은 무능한 행동의 핵심에 있는 공허함을 감추기 위해 사용된다. 프린스턴 대학교의 해리 프랭크퍼트Harry Frankfurt 철학과 교수는 다음과 같이 물었다. "개소리가 왜 이렇게 많은가?"[15] 좋은 질문이다. 부분적으로는 사람들이 선의에서 비롯된 정책이나 어려운 관리주의 용어로 꾸민 정책이 좋은 결과를 가져올 것이라고 쉽게 믿기 때문이다. 그래서 사람들이 이해하기 어려운 일이 생길 때마다 개소리도 자꾸 늘어난다.

킹 교수와 크루 교수가 실시한 조사에서 알게 된 사실은 사람들이 비전, 미션, 목적, 평가, 계획의 중요성을 과신하거나 맹신해서 행동의 기준으로 삼는다는 점이다. 그만큼 사람들은 목표 달성을 위한 행동의 근거가 되는 가정의 중요성, 또는 가정의 진실을 무시한다. 순진하게도 사람들은 유능한 정책과 무능한 정책의 차이가 탄탄한 근거가 아니라 타당한 목표라고 믿는다. 그리고 좋은 사람들이 좋은 의도를 가지면 결과도 좋을 것이고, 의도가 나쁘면 결과도 나쁠 것이라고 생각한다. 일반적으로 사람들은 정말로 그렇게 믿고 정책이나 전략을 평가한다. 그것은 고귀한 의도에서 시작되었는가? 다시 말해서 전략의 좋고 나쁨을 판단할 때 전략가의 자질을 기준 삼는다. 그 결과 전략이 미덕을 강하게 앞세우면 그 전략이 잘못되었더라도 쉽게 속는다.

리더의 가정에 오류가 많다는 점을 인정하면 의사 결정에 접근하는 시각이 완전히 달라진다. 전처럼 신념을 정당화하기 위해 그것을 뒷받침하는 근거를 구하는 대신 부정적 근거를 찾을 것이다. 자신 있게 의사를 결정할 때는 긍정적 근거가 넘칠 때가 아니라 강력한 부정적 근거를 찾기 어려울 때여야 한다.

다른 생각을 가진 사람과 논쟁할 때는 내가 왜 그런 생각을 하게 되었는지보다 상대방이 그런 신념을 갖게 된 과정에 더 관심이 간다. 반대 의견에 도전하거나 그것을 부정하기 전에 내 의견과의 차이점에 주목하고 싶어지고, 상대방의 의견이 진실일 가능성이 나보다 크지 않다고 가정한다. 여기에서 분명히 해야 할 것은 오로지 진실이다. 누구의 생각이 진실인지는 중요하지 않다. 실제로 사람들이 합의에 도달하는 대화를 살펴보면 처음에 누가 어떤 생각을 했는지 기억하지 못하는 경우가 많다.

장관들이 연설하거나 인터뷰를 하거나 선거 후보 토론회에서 각자의 입장을 주장할 때는 일반적으로 분위기가 적대적이다. 마치 모두 귀머거리가 된 듯 자기 말만 늘어놓기 일쑤다. 그런데 때론 순전히 호기심에서 비롯한 질문이나 생각 때문에 그런 분위기가 깨지기도 한다. '정말 재미있네요, 어떻게 그런 생각을 했어요? 당신 말에도 일리가 있군요, 그렇게 생각해 본 적은 없네요, 정말 흥미로운 제안이에요, 그 생각대로라면 우리가 어떻게 할 수 있을까요? 저는 왜 그런 생각을 하지 못했을까요? 제가 더 이해할 수 있게 설명해 주세요.' 이런 말은 상대를 무장 해제시키고 쉽게 합의에 이르게 한다.

이성은 객관적 태도에 속한다. 증명하려 하거나 논쟁에서 이기려 하거나 대중을 선동하지 않는다. 혁신적 아이디어나 대안적 관점, 새로운 데이터를 적극적으로 받아들이며 불편한 것도 인정한다.

철학이 말하는 리더의 지혜

비즈니스에서 이성은 적어도 세 가지 방식으로 해석된다.

첫 번째는 이성적 행동을 주어진 목표를 달성하는 데 필요한 최선의 방법을 찾는 일이라고 해석한다. 이런 관점은 흔히 목표를 달성하는 것이 비즈니스의 성공이라는 믿음을 근거로 한다.

두 번째로는 이성적 행동을 기존 지식의 논리적 흐름을 따르는 일이라고 해석한다. 이 해석은 확실하게 입증된 이론을 적용할 때 비즈니스에서 제대로 된 의사 결정을 내릴 수 있다는 생각에 기인한다.

세 번째는 이성적 행동을 새로운 지식을 발견하는 일로 본다. 이는 조직이 경쟁 우위를 확실하게 얻는 방법에 대한 물음에서 비롯한다. 이 가정은 과학적 발견을 뒷받침하고 대부분의 기업인에게 동기를 부여한다.

전략적 사고는 이성에 대한 세 번째 정의와 짝을 이루어야 한다. 여기서 이성은 영국 생물학자 피터 메더워Peter Medawar가 과학적 방법을 정의할 때 썼던 말을 빌리면 '해결 가능한 문제를 푸는 기술'로 다시 정의할 수 있다.[16] 기업의 성과는 결국 경쟁자보다 새로운 지식을 얼마나 빨리 얻느냐에 달렸다. 알면 이기고 모르면 진다.

다시 해봐야 할 질문

1   당신이 세운 비즈니스의 전략적 계획은 본질적으로 당신이 달
    성하고자 하는 수치화된 목표인가, 조직에 적용하고 싶은 모범
    운영법인가, 시험하고 싶은 신념 체계인가?

2   비즈니스 성과에 크게 이바지할 좋은 답을 얻으려면 어떤 질문
    을 해야 하는가?

3   당신이 결과를 시험하고 싶은 가설은 무엇인가?

4   그 가설을 신속하고 경제적으로 시험하려면 실험을 어떻게 설
    계해야 하는가?

5장

명령하는 상사와 보여주는 상사

| 본보기와 공정함 |

WHAT PHILOSOPHY CAN TEACH YOU

ABOUT BEING A BETTER LEADER

"모범을 보이는 것은
다른 사람에게 영향을 주는 가장 좋은 방법이 아니라,
유일한 방법이다."

이 장에서는 리더십에 대한 통념에 이의를 제기한다. 즉, 리더십이란 기본적으로 방향을 제시하고 규칙을 정하고 다른 사람들이 조직 목표를 달성하는 데 집중하도록 하는 것이라는 생각에 반기를 든다. 그 대안으로 모범으로서 조직을 이끌고 공정함을 바탕으로 성과를 판단하는 새로운 리더의 모습을 제시한다. 조직의 모든 위치에서 너무나 많은 사람이 느끼는 소외감을 막고 모두가 행복한 근무 환경을 만드는 데 리더십의 에너지와 영향력을 집중하려면 생각과 행동을 바꿔야 한다. 그리고 이렇게 물어야 한다. '조직은 고객이나 주주뿐 아니라 서로에게 시간과 에너지를 쏟으며 함께 일하는 직원들을 비롯한 모든 사람에게 어떻게 이바지할 것인가?' 그렇게 하려면 조직 안에서 행동의 기준이 되는 본보기를 정하고 다른 사람의 입장과 시각으로 상황을 볼 줄 알아야 한다.

또한 우리가 함께 일할 때 공정함을 바탕으로 하고 있는지에 대해서도 질문을 던져야 한다. 20세기 철학자 존 롤스의 도움을 받자면, 공정함이란 단순히 일을 공평하게 처리한다는 뜻이 아니다. 거기에는 우리가 기여한 바를 책임지는 일도 포함된다. 그러려면 개인의 차이를 인정해야 한다. 모든 부분에서 차이를 끊임없이 인지해야 한다. 이것은 곧 리더십이 담당해야 할 일이다.

또한 고대 그리스 철학자 플루타르코스의 통찰을 빌어 조직의 모범이 된다는 것, 다른 사람이 닮고 싶어 하고 존재만으로도 자신감을 주며 최선을 다하도록 자극하는 사람이 된다는 것이 무엇인지에 대해 살펴볼 것이다.

01

막스 페루츠와
캐번디시 연구소

리더십에 관한 이론은 대부분 암묵적으로 가정하는 부분이 있다. 세상은 이끄는 자와 그를 따르는 자로 나뉘고, 전자가 후자보다 자율성과 권한을 훨씬 더 많이 갖는 것이 어느 정도는 맞고 자연스럽다고 생각한다. 실제로 위계 관계, 상명하복의 구조, 관리 메커니즘, 승인 절차, 재정 지원, 기획 시스템, 자원 투입 과정 등 현대 관료주의의 모든 특징이 내가 누구이며 내가 중요하게 여기는 것이 무엇인가에 대한 인식을 약화시킨다. 인간적이고 윤리적인 공동체의 핵심인 자기 개성에 대한 본질적 깨달음을 방해한다.

이제부터 20세기를 대표하는 뛰어난 리더의 이야기를 시작해 보자. 그는 위계질서나 관료주의, 관리주의를 고집하지 않고도 조직을 멋지게 성공시킨 사람이다.

1936년 비엔나에 살던 젊고 가난한 유대계 화학자 막스 페루츠Max Perutz는 오스트리아를 떠나 박사학위를 받기 위해 케임브리지에 도착했다. 그는 제2차 세계대전이 끝난 뒤 '분자생물학의 대부'가 되었고, 헤모글로빈의 분자 구조를 발견해 노벨상을 수상하고 세계에서 가장 성공한 생물학 연구소를 세웠다.

1947년에는 로렌스 브래그Lawrence Bragg의 도움으로 영국 의학연구위원회MRC의 지원을 받아 케임브리지 대학교 캐번디시 연구소에 분자생물학연구부를 세웠다. 당시 연구부에 직원이라고는 페루츠가 처음으로 박사학위 논문을 지도한 존 켄드루John Kendrew가 전부였다. 하지만 15년 뒤 두 사람이 노벨상을 공동으로 받았을 때는 연구원이 90명에 달했고 연구부는 분자생물학연구소LMB로 확대되었다. 이 분자생물학연구소는 DNA의 분자 구조를 발견한 프란시스 크릭Francis Crick과 제임스 왓슨James Watson의 고향과도 같은 곳이다. 페루츠는 1962년부터 1979년까지 분자생물학연구소를 이끌었고 그때가 연구소의 전성기였다. 2002년 그가 사망했을 때 분자생물학연구소는 단일 연구소로서 과학자 13명이 노벨상 9개를 수상하고 영국 왕실에서 수여하는 최고 영예인 코플리상 9개, 공로 훈장 4개를 수상하는 업적을 이뤘다.

페루츠는 어떻게 이렇게 많은 성과를 올릴 수 있었을까? 그의 성공 비결은 무엇일까? 무엇보다 그는 연구소의 행정 업무를 최소한으로 유지했다. 그가 만들려고 했던 조직 문화는 다음과 같다.

과학에서 창의력은 다른 분야와 마찬가지로 체계적으로 기를 수 없
다. 연구자 개인의 능력에 따라 자연스럽게 나타난다. 잘 운영되는
연구소에서는 창의력을 발전시킬 수 있지만, 위계 구조와 융통성 없
는 관료주의 규칙, 쓸데없는 서류 더미에 둘러싸이면 창의력을 말살
시킨다. 발견은 절대 계획적이지 않다. 산에서 불쑥 튀어나오는 요정
퍽처럼 뜻밖의 곳에서 갑자기 나타난다.[1]

페루츠는 다음과 같이 쓰기도 했다. "나는 연구를 거의 계획하지
않는다. 연구가 나를 계획한다."

약리학자 제임스 블랙 James Black 은 페루츠가 사람들을 격려하고 그
들의 연구를 지원하는 방식을 회상하며 설명했다. "연구소에는 정책,
위원회, 보고, 심사, 인터뷰 같은 게 전혀 없었다. 좋은 판단력을 갖춘
몇 사람이 선발한 의욕 넘치는 사람들이 있을 뿐이었다."[2] 세사르 밀
스테인 Cesar Milstein 은 페루츠의 아주 뛰어난 연구생이었는데 그가 페
루츠에게 배운 것에 대해 이렇게 말했다.

나는 연구에 대한 모든 것을 배웠다. … 항상 무언의 메시지를 받았
는데 그것을 머릿속으로 해석하면 이런 말이었다. '좋은 실험을 하라.
그리고 나머지는 걱정하지 말라.'[3]

그 결과 연구소는 거대한 자석이 되어 뛰어난 젊은 과학자들을 끌어모았다. 페루츠와 일해본 사람은 누구나 그의 배려와 인내, 공감 능력을 칭송했다. 어떤 동료 연구자는 그를 가리켜 '자신의 뛰어남으로 남을 눈부시게 하지 않고 남을 돋보이게 하는 인간적인 과학자'라고 설명했다. 케임브리지 대학교 동료였던 나가이 기요시長井潔는 그에 대해 다음과 같이 말했다.

> 페루츠는 제자나 박사학위를 딴 연구원들에게 자율적으로 연구하라고 가르쳤고, 연구가 어떻게 되어가느냐고 묻는 경우가 거의 없었다. 하지만 옆에서 같이 일하면서 항상 우리가 하는 말에 귀를 기울였다. 미국에 갔을 때도 사람들에게 내가 진행하는 프로젝트에 대해 설명하며 항상 새로운 아이디어를 가져다주었다. 2년 동안 이렇다 할 성과를 내지 못했는데도 언제나 나를 지지해 주었다.[4]

페루츠는 연구소의 젊은 학자들에게 독립심을 키워주었다. 스스로 모범이 되어 조직을 이끌었고, 90% 이상의 시간을 묵묵히 벤치에서 보내며 다른 사람들도 자신과 같이 행동하기를 바랐다. 부인 기셀라가 연구소의 지식 허브 역할을 하도록 설계한 구내식당에서 사람들과 함께 점심을 먹거나 커피를 마시며 동료들의 최신 연구 상황을 업데이트했다. 모든 사람이 최대한 존중받았고 인간적이고 애정 어린 대우를 받았다. 그는 평소와 같은 겸손한 태도를 보이면서, 재능 있는 무리를 맡은 그의 유일한 책무는 그들이 연구에 필요한 모든 것을 확실하게 보장해 주는 일이라고 말했다.

리더가 되기 위해 알아야 할 것은 전문적인 답이 아니다. 자기가 의지하는 사람들이 무엇을 필요로 하는지, 사람들이 무엇을 강하게 원하는지를 알아야 한다.

02

공정한 조직의 모습

막스 페루츠에게 무엇을 배울 수 있을까? 그가 연구소를 이끈 방식에서 어떤 부분이 특별하거나 인상적이었을까?

첫째, 막스 페루츠는 아주 작은 노력으로도 조직의 효율이 대단히 높아질 수 있다는 사실을 보여주었다. 그 작은 노력은 나이와 지위를 앞세우지 않고 보이지 않는 영향력과 관심 어린 질문을 통해 권력을 행사하는 능력에서 비롯되었다. 그는 그저 많은 사람 가운데 한 과학자로서 동료들 옆에 나란히 서 있었다. 그가 가진 힘은 성격 자체에서 비롯되었다. 그와 함께 일하거나 영향을 받은 사람은 그의 탁월한 지도력 덕분이 아니라 스스로의 기량과 노력 때문에 자신의 생각과 태도가 바뀌었다고 여길 것이다. 사람들은 이렇게 그의 가르침을 내면

화한다. 이것은 그의 리더십이 보이는 모순이기도 하다. 하지만 페루츠라면 이런 현상을 보고도 서운해하거나 화를 내기는커녕 기뻐할 것이다. 그는 자신의 영향력을 인정받을 필요도 없었고 인정받으려고 애쓰지도 않았다.

페루츠가 보여준 리더십은 우리를 격려함으로써 우리가 실제보다 더 나은 사람이 되도록 이끈다. 그래서 우리가 가진 능력, 특히 창의력과 용기는 더 강해지고 순응과 체념 같이 약한 본성은 떨쳐내게 한다. 사람들의 신뢰와 기대에 부응하게 한다. 또한 능력을 최대한 발휘해 거울을 보았을 때 스스로 만족할 수 있는 모습을 갖추게 한다.

이것이 바로 캐번디시 연구소를 돋보이게 하는 힘이다. 일반적으로 조직생활을 할 때 그들을 둘러싼 환경은 늘 사람을 미치게 만든다. 하지만 사람들은 너무나 오랫동안 그런 현실을 당연시해 왔고, 만나는 사람마다 붙잡고 불만을 터뜨리기에 바쁘다. 그런데 캐번디시 연구소는 불평할 필요가 전혀 없다. 목표나 기준, 계획, 핵심성과지표, 마감 기한 같은 것이 없기 때문이다.

몇 년 전 제너럴일렉트릭GE은 직원들의 성과를 높이기 위해 KPI를 도입했다가 포기하고, 이렇게 역효과만 내는 말도 안 되는 지수를 폐기해 버렸다. KPI는 성과를 촉진하는 것이 아니라 부정행위를 종용한다. 콜센터에서 고객 전화에 최대한 많이 응대하면 회사에 대한 고객 충성도가 극대화할 것이라고 기대해서는 안 된다. 직원 입장에서 고객 전화를 가장 빨리 처리하는 방법은 문제를 해결해 주는 것이 아니라 다른 직원에게 전화를 돌려주는 것이기 때문이다.

페루츠는 조직을 운영할 때 함께 일하는 사람들이 모두 자신만큼 믿을 만하고 의욕적이고 진실하며 부지런하다고 가정했다. 누구든 의욕 없고, 무책임하고, 생각 없는 사람을 고용하지는 않을 것이다. 페루츠는 사람들의 잠재력을 끌어내기 위해 위계질서를 따르거나 관료주의에 기대는 일을 부끄럽게 여겼을 것이다. 그는 어떤 통제나 관리 없이 조직을 운영하며 과감하게 과학자들 개인의 열정과 야심에 따라 스스로 연구 성과를 내도록 이끌었다. 또한 개인 고유의 권한과 자율성을 존중했다.

그의 연구소가 성공한 원인은 성과를 강조했기 때문이 아니다. 조직의 모든 것이 과학자 한 사람 한 사람에 집중되고, 그들이 연구를 최대한 잘 진행할 수 있는 환경을 조성해 주었기 때문이다. 분야에서 최고가 되고자 하는 과학자들의 본질적인 욕망을 자극하고 전문적인 능력을 키우는 데 모든 역량을 모았다. 페루츠는 동료 과학자들을 인적 자원으로 보지 않고 사람으로 보았다. 사람으로서 제대로 대우하면 분명 모두가 발전하고 잘 살 수 있을 것이라 믿었다. 개별적이든 마음에 맞는 동료와 팀을 이루든 모든 것의 시작과 끝에는 각자의 자리에서 일하는 과학자들, 즉 사람이 있다. 페루츠는 그들과 나란히 앉아 자기 일을 하면서도 절대 그들에 대한 관심을 거두지 않았다.

03

플루타르코스의
모범

"모범을 보이는 것은 다른 사람에게 영향을 주는 가장 좋은 방법이
아니라, 유일한 방법이다."

이 말은 리더로서 성공하는 핵심을 말해준다. 리더는 자신에게 부
여된 권한에 의지할 필요가 없을 때 힘을 가장 현명하고 유익하게 쓸
수 있음을 본능적으로 안다. 그래서 권한을 강조하기보다 모범을 보
이기 위해 애쓴다.

1984년 미국에서 캐스퍼라는 남자가 강력범죄를 저지르고 30년
형을 선고받았다. 그는 16년이 지나 석방되었는데 무죄가 밝혀져서
가 아니라 긍정적인 롤 모델이 되기로 마음먹었기 때문이다. 그는 몇
년 동안 감옥에 있으면서 죄수들 가운데 가장 무서운 사람으로 서열

1위가 되었을 때 뭔가를 깨달았다. 자신은 어떤 이야기를 만들어가고 있고, 그 내용은 본인이 선택한 것이 아니라는 사실이었다. 물론 모든 것은 그의 선택이었고, 나쁜 선택은 그의 책임이다. 하지만 그때까지 그 선택을 그저 당연하게만 생각했고 한 번도 의문을 품은 적이 없었다. 그가 만든 이야기는 이렇다. 폭력적인 아버지 밑에서 자라 마약 거래상이 되었고 결국 집을 나왔다. 그리고 범죄 조직에 둘러싸여 스스로를 보호해야 하는 상황 속에서 자연스럽게 폭력과 분노로 얼룩진 인생을 살았다. 캐스퍼는 깨달음의 순간, 자신의 이야기를 자신이 원하는 삶의 모습으로 새로 써나가기로 결심했다. 그 말은 곧 주변 사람이나 가족의 생각과는 다른 삶을 산다는 뜻이었다. 지금 캐스퍼는 세계를 다니며 사람들의 롤 모델이 되고 있다. 나이나 인종을 초월해 수많은 조직과 공동체를 돌아다니며 사람들이 자신의 이미지를 긍정적으로 바꾸고 다시 꿈꿀 수 있도록 돕고 있다.

인간은 강력한 사회적 동물이라서 의식적이든 무의식적이든 주변 사람들에게 크게 영향을 받는다. 함께 지내는 사람들에 의해 성격이 결정되고, 끊임없이 다른 사람을 인식해서 행동을 모방하고 자신을 비교하고 평가한다. 고대 그리스·로마 시대에는 이런 방식으로 행동 양식을 습득하는 것을 모범 또는 윤리의 본보기라고 했다. 누군가의 행동을 따라 하는 일은 무의식적이거나 수동적일 필요가 없다. 우리는 윤리적 환경을 적극적으로 만들어낼 수 있다. 캐스퍼가 바로 그 모범이다.

고대 사람들은 이 점을 잘 알아서 일부러 모범 삼아 사람들을 좋은 방향으로 이끌고자 했다. 그 기술을 가장 잘 활용한 사람이 서력 1세기 그리스의 사제이자 역사학자, 철학자인 플루타르코스Plutarchos다. 그는 타고난 교사로, 젊은 사람들이 좋은 성격을 형성하려면 어떻게 해야 하는지에 대해 열심히 고민했다. 그의 교육법은 몇 세기에 걸쳐 서양 교육의 핵심이 되었고, 그는 아주 오랫동안 '유럽의 선생님'으로 통했다.

　　플루타르코스는 사람이 이성, 감정, 습관으로 이루어졌다고 믿었다. 그리고 다행스럽게도 대부분 이성을 이용해 자신의 의지로 습관을 충분히 바꿀 수 있다고 생각했다. 각자 롤 모델을 선택할 수 있고, 현실 또는 문학이나 역사 속에서 위대한 인물을 떠올리고 그들을 본보기로 삼는 것이다. 그는 "성격은 오래 계속된 습관이다"라고 주장했다.

　　성격에 관한 이 같은 전통적 이론은 분명히 아리스토텔레스로부터 영향을 받았다. 아리스토텔레스는 행동 방식이 사람을 결정한다고 주장했다. 따라서 우리가 본질적으로는 어떤 미덕을 갖추지 못했다 해도 그것을 얻기 위해 조바심 내지 않아도 된다. 예를 들어, 겁이 많더라도 용기가 필요한 상황과 맞닥뜨렸을 때 용감한 사람이 어떻게 행동할지 상상해 보고 그대로 하면 된다. 용기가 없어도 용기 있는 사람처럼 행동할 수 있다는 것이다. 그리고 시간이 지나면 실제로 조금씩 용감한 사람이 된다.

플루타르코스는 이런 점을 기억하며 위대한 《플루타르코스 영웅전》을 저술했다. 알렉산드로스 대왕, 키케로, 브루투스, 페리클레스, 폼페이우스 등 당대 걸출한 전쟁영웅과 정치영웅 46명의 감동적인 인생을 소개했다. 그는 독자들이 영웅의 행동을 그저 듣는 것에 그치지 않고 그것을 본보기로 삼고 모방하며 살기를 바라며 다음과 같이 말했다.

우리의 지적 시선은 그런 인물에 집중해야 한다. 영웅들은 아주 매력적이라서 그들을 따라가면 적절하고 훌륭한 지식을 얻을 수 있다. 영웅들의 미덕은 행동에 있고, 그런 행동을 적극적으로 찾아서 모방하면 자연스럽게 그렇게 행동할 수 있게 된다.[5]

시대와 사상에 따라 본보기로 삼는 대상은 달라진다. 그리고 본보기에서 신화가 나오고 수많은 이야기가 탄생한다. 초기 기독교인들은 플루타르코스가 선택한 영웅들을 비판하면서도 그런 영웅의 위대한 역할에 대해서는 확신했다. 그래서 성인을 탄생시켰다. 르네상스 시대 이탈리아 화가 조르조 바사리 Giorgio Vasari는 《르네상스 미술가 평전》에서 영웅을 보는 예술가의 시각을 전했고, 마키아벨리는 '걸출한 인물들의 행동'을 통해 군주를 가르쳤다. 19세기 괴테, 칼라일, 니체 같은 작가들도 '낭만적 영웅romantic hero'이라는 과거와는 다른 새로운 유형의 이상적 인물을 창조했다.

04

직장에서 공정함이란
무엇인가

직장에서 잘 지낸다는 말은 직장 동료에게, 특히 나보다 나이가 많거나 지위가 높은 사람에게 공정하게 대우받는다는 뜻이다. 공정함은 아마도 잘 운영되는 조직이 갖춰야 하는 첫 번째 미덕이자 그런 조직을 만들기 위해 리더십에 반드시 필요한 요소일 것이다. 따라서 직장에서 공정함이란 우리가 인간성을 잃지 않고 나와 다른 사람 모두를 위해 좋은 방향으로 행동하기 위한 전제 조건이다.

그런데 공정하다는 말은 무슨 뜻일까? 사실 우리는 그 의미를 직관적으로는 알고 있다. 공정함의 존재를 알 수 있고, 특히 공정함이 부재할 경우 바로 알아챈다. 하지만 어떻게 해야 현실에 적용할 정도로 공정함의 개념을 명확하게 할 수 있을까? 리더가 직장의 공정함을 높이러면 어떻게 해야 할까?

존 롤스John Rawls는 저서 《정의론》에서 그가 '무지의 장막veil of ignorance'이라고 말한 문제를 분석하기 위해 유명한 이론적 장치를 고안했다.[6] 그것은 간단하다. 권한 있는 사람들이 규칙을 정하는 대신, 사회적 합의로 선정된 사람들이 기본적인 권리와 의무, 사회적 이익을 나누는 원칙을 함께 선정하는 것이다. 무지의 장막이 적용되어야 하는 이유는 협상이 끝날 때까지 누구도 사람들의 역할이나 지위, 의무, 권리를 알 수 없기 때문이다. 따라서 사람들이 어떤 역할을 맡았을 때 그에 따른 의무와 이익을 공정하게 여길 것인가를 반드시 물어야 한다. 정의의 원칙은 무지의 장막 뒤에서 선정된다.

우리가 이와 같은 토론을 거쳐 얻길 바라는 원칙이란 무엇일까? 롤스는 분배 정의의 원칙이 무엇이라고 믿었을까? 그리고 토론이 어떻게 진행될 것이라고 예상했을까? 롤스는 무지의 장막 뒤에서 정의에 대해 다음과 같은 두 가지 일반 원칙이 정해질 것이라고 주장했다.

1 **평등한 자유의 원칙**: 개인은 누구나 타인이 누리는 유사한 자유와 양립하는 한 최대한의 자유를 누릴 권리가 있다.

2 **차등의 원칙(최소 수혜자에게 최대 이익)**: 사회적·경제적 불평등은 사회에서 가장 불리한 사람들에게 이익이 될 경우 정당화된다. 그리고 기회 균등이 보장된 상황에서 사람들에게 부여된 지위는 모두에게 개방된 지위여야 한다.

롤스는 상업과 무역처럼 일부 사람에게 권력과 수익과 지위가 더 많이 돌아가는 집단행동이라도, 그로 인해 모두의 삶이 더 나아진다면 절대 관여해서는 안 된다고 생각했다. 다시 말해 어느 정도 불평등이 존재하는 결과 모두에게 이익이 되는 경우도 생길 수 있다는 것이다.

롤스는 '공정으로서의 정의'라는 이론을 정립하면서 부의 공평한 분배에 특별히 관심이 많았다. 그런데 그의 사고실험은 권력의 정당한 분배 문제에도 적용된다. 또한 그는 자신의 이론이 사회뿐 아니라 회사 같은 민간 조직에도 적용된다는 점을 암시했지만 실제로 그 방향으로 연구하지는 않았다. 롤스의 정의 모델은 비즈니스 세계와 직장 설계에 곧바로 적용되어야 한다. 오늘날 롤스식의 무지의 장막 뒤에서 조직 형태를 설계할 사람은 거의 없을 것이다.

리더십이나 경영과 관련된 언어와 실무는 적어도 일반적이고 일상적인 상황에서는 공정과 공평의 원칙에 어긋나는 경우가 많다. 프레더릭 윈즐로 테일러 뒤에 나온 경영론은 하나같이 '회사에서 고용인은 수단'이라는 점을 전제로 한다. 그래서 경제학자는 노동을 자본이나 토지나 설비와 같이 '생산 요소'로 여기고, 회계사는 '인적 자본'을 기업이 최적화해야 하는 비용으로 측정한다. 기업은 고용인을 경영진이 적합하다고 생각하는 자리에 배치해야 하는 인적 자원으로 여긴다. 또한 비즈니스에서 고용인이란 말은 '회사를 위해 일하는' 존재를 뜻한다. 이에 비해 회사를 '고용인을 위해 일하는' 존재로 설명하는 경우는 많지 않다.

우리는 전략적 목표와 조직의 가치를 이야기할 때 중요한 점을 놓치고 있다. 우리가 지지하고 유지하는 것은 조직이 아니라 서로, 바로 사람들이라는 점이다. 그리고 그때 주춧돌이 되는 것이 공정함이다. 다른 것은 그저 지위와 힘을 이용해 개인의 이익을 취하는 데 쓰는 도구에 불과하다.

개러스 모건Gareth Morgan은 선견지명이 담긴 《조직이론: 조직의 8가지 이미지》를 쓰면서 일부 회사를 '정신 감옥psychic prison'으로 특징지었다.[7] 여기서 얼마나 많은 회사가 좋은 조직의 이상적 수준에 못 미치는가를 목격했다. 하지만 막스 페루츠의 연구소를 보면서 개인의 목표와 열정이 인정받는 직장에 얼마나 가까이 다가갈 수 있는지, 그리고 그런 직장이 모든 면에서 얼마나 이로운지를 조금이나마 확인할 수 있다.

05

조직을 공정하게
만드는 방법

"공정한 사회란 사회에 대해 전부 알면
어디든 참여하고 싶은 사회다." ‒ 존 롤스, 《정의론》

롤스는 권력 분배와 의사 결정, 이익 공유에 대한 멋들어지고 대안
적인 조직 모델을 설계하기 위한 기초를 놓았다. 간단히 말해 모든 집
단적 노력에 내재된 불평등을 다루는 방법을 설명하고자 했다. 그런
데 한 가지 흥미로운 질문이 여전히 남아 있다. 오늘날 일반 직장인들
이 무지의 장막을 실제로 경험한다면 공정함을 어떻게 규정할까? 예
를 들어 더 민주적인 조직을 만들기 위해 논쟁을 벌일까? 어느 정도
의 불평등에 동의할까? 과연 밀레니엄 세대는 나이가 더 많고 경험도

많은 동료와 다른 결정을 할까? 예를 들면 위험을 덜 꺼리거나 능력을 위주로 보상을 분배할까? 경영진은 이런 모든 과정을 판단 착오라고 하거나 심지어 조직에 해가 된다고 여길까? 이는 실제로 누구나 던지는 질문들이다.

현실 조직에서 구성원 사이에 이런 논쟁이 벌어질 수 있을까? 롤스의 사고실험을 현실화할 가능성은 얼마나 될까? 우리의 성과나 재능, 자원, 의견에 대한 어떤 지식도 배제한 채 원초적인 상태로 돌아간 모습을 상상할 수 있을까? 살면서 경험으로 획득한 편견을 전부 버리고 진실하게 그런 논쟁에 참여할 수 있을까? 정말 사심 없이 공정한 시각으로 '직장의 공정함'을 실현하고 자기가 다니는 회사를 위해 공평한 사회적 계약을 맺을 만큼 스스로를 비인격화할 수 있을까?

조직을 새롭게 일으키기 위한 연습으로 다음과 같은 실험을 해보자.

1   무작위로 직원을 몇 명 고른다.
2   그 직원들을 하루 동안 한방에 둔다.
3   그들에게 롤스식 토론을 하게 한다.
4   이 같은 사심 없는 토의로 어떤 결론이 나올지 주목한다.

조직의 공정함을 높이는 방법을 찾으려면 회사에서 이와 같은 대화보다 더 중요한 일은 없다. 그런데 먼저 놀랄 준비를 해야 한다. 직원들은 리더십과 경영을 전부 해체하려 들지 않을지도 모른다. 사람들은 생각보다 신중하고 보수적이고 분별력 있다. 대부분 위계질서와 관료주의를 놀라울 정도로 '공정하고 이롭게' 여긴다. 특히 위기가 닥치거나 경험과 기술이 필요한 상황에서는 더 그렇다. 충격받을 준비도 필요하다. 직장에서 당연하게 여기는 많은 것이 강력한 도전을 받을 수도 있다.

우리가 직접 경험한 바에 의하면, 직장에서 많은 사람들이 무엇보다 포용성을 중요하게 여긴다. 그리고 목표를 선정하거나 전략을 짤 때, 특히 그런 목표나 전략이 자신에게 영향을 미칠 경우 더 적극적으로 나서고자 한다. 또한 일하거나 특별한 책무를 이행할 때 자율성을 아주 강조한다. 한 가지 실험을 한 적이 있다. 그 결과를 요약하자면, 사람들은 조직에서 정체성을 인정받으면서도 소속감을 강하게 바라며 일의 목표를 중요하게 여기는 한편, 동료들과 협력해서 이 같은 욕망을 실현할 조직 환경을 함께 만들어야 한다고 인정한다.

이제 일반적인 규칙과 아주 다른 규칙을 적용하는 유명한 회사 네 곳을 소개한다. 그 규칙들은 명백하게 조직의 포용성과 공정함을 높이기 위해 설계되었다.

1 | 모닝스타의 동료양해각서

동료양해각서 colleague letter of understanding는 동료가 설정한 목표와 달성하기로 협의한 내용을 구체적으로 보여준다. 모든 직원은 해마다 자기 일에 영향을 받는 동료들과 동료양해각서를 재협상한다. 이는 세계에서 가장 큰 토마토 가공업체 모닝스타Morning Star의 직원들이 자신의 사명을 어떻게 달성할 것인지(누가 누구에게 무엇을 기대해야 할 것인지)에 대해 서로 합의에 이르는 방식이다. 주로 내부적 가치사슬 안에서 맺는 자율 계약이다. 각서를 지키기 위한 노력은 조직의 위계와는 상관이 없다. 직원들은 자신이 제공하는 서비스의 질에 따라 일의 성패가 결정되는 사람들과 각서를 체결한다. 이런 경우 조직이 공정하면 직원들이 상호 협의를 잘 이뤄나간다.

이 각서는 모닝스타에서 민주적 비즈니스를 실천하기 위한 한 방법에 불과하다. 이 밖에도 급진적인 방법으로 다음과 같은 것이 있다. 누구도 상사에게 보고를 올리지 않는다. 대신 내 일에 크게 영향을 받는 동료들과 책무를 협상한다. 이에 따른 보상 결정은 동료 평가를 기반으로 한다. 또한 직함, 조직도, 승진처럼 위계나 지위를 나타내는 모든 표시를 피한다. 모든 직원은 동료와 협상한 책무를 이행하는 데 필요한 수단을 잘 갖추고 있고, 회사는 그들이 자금을 쓸 때는 책무 달성을 목표로 한다는 점을 의심하지 않는다.

모닝스타는 1970년에 설립되었고 캘리포니아주 우들랜드에 본사가 있다. 현재 직원은 400명이고, 1년 매출이 7억 달러에 이른다.

2 | 고어의 격자무늬 조직

"우리는 집단적이고 자율적으로 의사를 표시한다. 누군가가 회의를 소집해서 사람들이 모이면 그 사람이 리더가 된다."

미화 25억 달러 가치의 첨단소재 기업 고어W.L. Gore는 이렇게 리더를 발굴한다. 그 회사에서 리더는 지명되는 것이 아니라 민주적 절차에 의해 자연스럽게 등장한다. 그렇게 팀이 구성되면 그 팀은 자유롭게 의사를 결정하고 자율적으로 운영된다. CEO도 집단적 의사 결정으로 선택된다. 고어는 기업이 기존의 경영 방식을 채택하지 않고 대안적 방법으로도 크게 성공할 수 있음을 지난 50년간 입증해 왔다. 고어의 기업 문화는 급진적 가정에 기반한다. 훌륭한 아이디어는 조직의 어떤 곳에서든 나올 수 있고, 모든 아이디어는 어디에서 나왔든 공정한 경쟁을 거쳐 자금 지원을 받아야 하고, 기업의 자원을 분배할 때는 위에서 할당하는 것이 아니라 아래로부터 최고의 아이디어에 지원해야 한다는 것이다.

이처럼 고어의 모델은 스스로 규정하고 스스로 조직하는 집단이 모인 시장과 같다. 지위와 업무가 이미 정해진 위계조직과는 다르다. 그래서 여느 시장과 마찬가지로 협력만큼이나 경쟁을 강조하고 능력 위주의 원칙을 신뢰한다. 또한 평범함은 가차 없이 드러나고, 재정적 혜택보다 고유의 동기에 의지하고, 권한이나 지위보다 실질적인 기여를 더 중요하게 여긴다. 고어에서 리더의 역할은 이런 과정을 용이하게 하는 것이지 그것을 지시하거나 조정하는 것이 아니다. 이곳에서 공정함은 자율적 관리로 규정된다.

3 | HCL의 상사 보고가 아닌 고객 보고

우리는 CEO에 대한 개념을 파괴해야 한다. '앞을 내다보는 사람' 또
는 '배의 선장'이라는 관념은 사라졌다. 우리는 직원에게 여러분이 관
리자보다 더 중요하다고 말한다. 가치는 직원과 고객 사이에서 창출
되며 관리자의 역할은 그 접점에서 혁신을 가능하게 하는 것이다. 그
러기 위해서는 지휘통제 시스템을 반드시 없애버려야 한다.

2007년부터 2013년까지 HCL테크놀로지의 CEO였고 지금은 삼
팍 재단Sampark Foundation(인도의 초등교육에 투자하는 NGO 단체-옮긴이)의 설
립자이자 대표인 비니트 나야르Vineet Nayar가 한 말이다.[8] HCL은 미화
55억 달러 가치의, 인도를 기반으로 설립된 글로벌 IT 서비스 기업이
다. HCL에 있는 동안 그의 주요 과제는 조직의 운영 방식을 크게 바
꿔서 조직이 위의 관리자를 향하지 않고 밖의 고객을 향하도록 하는
일이었다. 그에게 공정함은 사람 간의 신뢰 및 부서 간의 신뢰와 같은
말이었다.

4 | 닛산의 공정한 절차를 거친 대화

회복세로 돌아가 지속적으로 성장하는 일. 이것이 잘 운영되던 기
업이 재정 위기에 빠졌을 때 해결해야 할 가장 어려운 과제다. 하지만
닛산은 1999년에서 2001년 사이에 회복세를 보였고, 올바른 방법으

로 다시 멋지게 성공할 수 있음을 널리 입증했다. 닛산에서 적용한 방법은 이른바 '공정한 절차fair process'. 인시아드의 김위찬 교수와 르네 마보안Renee Mauborgne 교수가 주장한 절차 공정성을 반영한 방식이었다.[9] 이들은 결정을 내릴 때 그것이 공정하다고 여겨지려면 그 결정을 실행하는 사람들이 자신의 관점이 받아들여지고 존중됨을 느껴야 한다고 주장했다. 또한 논의가 개방적이고 객관적이며, 만약 자신의 의견이 수용되지 않는다고 해도 결정의 근거가 명확하고 사심이 없다고 생각해야 한다. 닛산에서는 다음 3E모델을 이용해 조직 문화의 공정성을 평가했다.

- **관여**Engagement: 회사 결정에 영향을 받는 사람은 누구나 그 결정 과정에 관여한다. 예를 들어 그들의 아이디어와 주장을 듣고, 입장이 다른 사람의 생각과 가정에 이의를 제기할 권리가 존중된다.
- **근거**Explanation: 이런 과정에 관여하는 사람은 최종 결정의 근거를 충분히 이해한다. 다시 말해, 결과에 상관없이 그 과정의 공정함을 제대로 인식하게 된다.
- **예상**Expectation: 의사 결정 과정에 관여한 사람은 앞으로 자신이 어떤 기준으로 평가받게 될지 명확하게 알 수 있다.

공정함은 조직의 모든 구성원이 운동장은 평평하다고 인식하는 데서 비롯된다. 위 네 가지 사례에서 어떤 교훈을 얻을 수 있을까? 롤스식 토론이 아무리 어렵고 협의를 통해 결론을 도출하는 과정이 아무리 힘들다 해도 조직은 공정함의 미덕과 분배의 정의를 갖춰나가야 한다.

지금 우리는 아주 위험한 공모에 빠져 있다. 삶에 대한 책임을 다른 사람에게 위탁하는 경우가 너무 많다. 순진하게도 다른 사람이 나보다 나를 더 잘 관리해 줄 것이라고 생각한다. 자신을 속인 채 다른 사람이 내 이익과 안녕을 진심으로 살펴줄 것이라고 믿는다. 남이 보살펴주기를 바란 나머지, 스스로 사람들을 '관리하는 의무'를 맡기로 한 사람들을 신뢰한다. 우리는 그런 사람을 '리더'라고 부르며 우리의 이해를 우리보다 더 잘 파악할 수 있다고 믿는다. 리더 덕에 책임으로부터 자유로워지기를, 자신의 이유와 의지에 따라 삶을 살아야 한다는 의무에서 해방되기를 바란다.

리더는 또 그런 필요성에 아주 쉽게 반응해서 사람들에게 답을 제시하고, 규칙을 정하고, 결정을 내리고, 보상과 처벌을 하고 그것이 옳다고 믿는다. 이런 식으로 자신의 지위와 높은 보수를 정당화한다. 리더는 통제를 즐기고, 구성원은 책임에서의 자유를 누린다. 이런 공모는 전염성이 크다.

철학이 말하는 리더의 지혜

오늘날 관리자의 수와 관리의 단계는 계속 늘어나고 있다. 20세기 들어 영국에서는 지도자 계급의 규모가 전보다 7배나 증가했다. 현재 중국의 군대는 3분의 1이 장교이고 나머지 3분의 1은 부사관이다. 조만간 부하들의 수가 모자라게 될 것이다. 회사는 왜 관리가 필요한 누군가를 고용하고 싶어 할까? 자존심 있는 리더는 왜 지도가 필요한 누군가를 이끌고 싶어 할까? 왜 사람들은 스스로 책임에서 벗어나려 하며, 또 누군가는 그런 사람을 책임지려고 할까?

이어지는 네 개의 장에서는 이런 문제를 다룰 것이다. 다른 철학자들의 도움을 받아, 누군가를 이끌고 협력하고 학습해서 변하고 책임을 지는 일의 의미를 재설정할 것이다. 이 장에서 이야기했듯이 리더는 사람들의 모범이 되어야 한다. 지금부터 조직 생활을 사로잡고 있는 세 가지 요소, 즉 권한위임, 소통, 몰입에 대해 깊이 살펴보자.

1   당신의 직장은 '공정하다'고 말할 수 있는가? 다시 말해 '롤스의 시험'을 통과할 수 있는가?

2   그렇지 못하다면, 사람들의 행동이나 조직 설계에서 특히 어떤 부분이 공정한 조직의 원칙에 어긋나는가?

3   회사에서 다른 사람들이 당신을 모범적인 리더라고 말하는가? 그렇다면 사람들은 당신의 어떤 면을 특히 모범적이라고 여기는가?

6장

리더의 힘은 어디에서 오는가

| 권한 |

WHAT PHILOSOPHY CAN TEACH YOU

ABOUT BEING A BETTER LEADER

"권한은 자리에 따른 권리가 아니라,
사람들이 그들을 위해 써달라고 준 선물이다."

이 장에서는 17세기 철학자 토머스 홉스Thomas Hobbes와 18세기 철학자 임마누엘 칸트Immanuel Kant의 도움을 받으려 한다. 두 사람은 개인의 욕구를 집단의 책임으로 보고, 개인이 공동체에 대한 필요를 충족시키려는 욕구를 갖는다고 생각했다. 여기에서는 욕망에 대한 두 철학자의 생각을 이해하는 데 도움이 되는 '권한'에 대한 접근법을 제시한다.

이 접근법은 권한을 권리가 아니라 다른 사람들이 준 선물로 인식하고, 그에 따라 다른 사람들을 이롭게 하는 데 사용해야 한다고 여긴다. 이 생각의 핵심은 권한위임을 어떻게 바라보느냐에 있다. 아무리 좋은 의도를 가진 리더라고 해도 권한위임에 대한 일반적인 태도에는 근본적으로 결함이 있다는 사실을 발견할 수 있다. 그리고 리더가 선물 받은 권한을 이용해 힘을 나눠 받은 사람들이 잘 사는 환경을 만드는 것이 어떤 의미인지 살펴보고자 한다.

01

우리는 권한이 없다고
전하세요

몇 달 전 유럽의 한 고객에게 조직 내 다양성과 포용성을 강조하기 위한 워크숍을 열고 기조연설을 해달라는 요청을 받았다. 그 행사에는 중간 관리자들과 직원들이 많이 참석했다. 그 자리에 모인 사람들은 모두 열정적으로 참여했고, 워크숍이 끝날 때 몇 사람과 이야기를 나눴다. 그들의 메시지는 간단하고 명확했다.

"여러분이 간부들에게 가서 우리가 완전히 배제되어 있고 무력감을 느낀다고 말해주세요. 온갖 규칙과 규정에 얽매여서 뭔가를 결정할 때 권한과 자유가 전혀 없습니다."

우리는 행사가 끝나고 그날 저녁 곧바로 행사에 대해 이사회에 보고하기로 되어 있었다. 우리는 직원들의 메시지를 충실하게 전했다.

"직원들은 그들에게 권한이 없고 조직에서 배제되어 있다고 느낍니다." 이사회에 참석한 간부들의 반응은 진지하면서도 당황한 것 같았다. 그리고 잠시 놀라움을 뒤로 하고 다시 성실하고 책임감 있는 모습으로 돌아와 그 문제를 해결하기 위한 방안을 모색했다. 그렇다면 이사진이 조찬 회의를 할 때 직원 가운데 한 명을 참석시켜서 직원들이 바라는 점을 말하도록 합시다, 직원제안제도를 시작합시다, 직원 대표를 정해서 이사회에 참석하게 합시다, 권한위임 훈련 프로그램을 도입합시다. 매우 다양한 의견이 나왔다.

자신에게 권한이 없다고 직원들이 지적했을 때 간부들이 이런 식으로 대응하는 것은 그리 특별한 일이 아니다. 이 장에서 우리가 던질 질문은 바로 이것이다. 이처럼 좋은 의도를 가진 간부들의 반응이 실제로 권한위임으로 이어지는가? 우리가 경험한 바에 따르면 그렇지 않다.

케임브리지 사전에 따르면 권한위임empowerment이란 '내가 하고 싶은 일을 하거나 주변에서 일어나는 일을 통제할 수 있는 자유와 힘을 얻는 과정'을 말한다. 여기에서 중요한 단어는 '얻다'라는 말이다. 그런데 불행히도 권한을 가진 사람들은 권한위임을 자기가 다른 사람에게 권한을 허락하는 것이라고 생각한다. 안타깝게도 권한이 없는 사람들은 권한을 다른 사람에게 받아야 하는 것으로 생각한다. 이렇게 생각하면 권한위임이 아니라 종속 관계로 이어진다. 저항 없이 위험한 공모로 가는 길이다. 권한위임을 바라는 사람들은 책임을 회피하고, 권한위임을 요구받은 사람들은 그것을 허락해서 통제력을 유지하게 된다.

권한위임을 생각할 때 주목해야 할 단어는 '얻다'이지 '허락하다'가 아니다. 우리는 사람들이 자율성을 키우도록 돕고 조직의 권한을 효율적으로 배분하는 훈련법을 개발해야 한다. 이 장에서는 바로 그 점에 주목한다. 권한을 어떻게 써야 그것을 위임받은 사람들을 최대한 지원하고 자율성을 보장할 수 있을까?

이에 대한 답을 얻기 위해 두 철학자 토머스 홉스(1588-1679)와 임마누엘 칸트(1724-1804)의 생각을 들여다보고자 한다. 먼저 홉스를 통해 권한은 위에서 아래로 위임된다는 개념에 이의를 제기할 것이다. 독재 사회가 아닌 한 권한은 다른 사람들의 동의에 따라 아래에서 위로 위임되고, 반드시 다른 사람들의 이익을 위해 사용되어야 한다. 그리고 칸트를 통해서는 권한을 다른 사람들을 이롭게 하는 데 써야 한다는 말이 어떤 뜻인지 설명하고자 한다. 오늘날 조직 관리법은 사람들을 목표가 아니라 수단으로 보는 경우가 너무 많다. 칸트는 다른 사람들을 목표 그 자체로 보고 그들을 위해 행동하는 법에 다시 주목하게 한다.

우리는 공격적인 비즈니스 세계에서 다양한 KPI 지수를 충족하고, 보너스를 얻으려고 발버둥 치고, 동료와 경쟁하고, 휴가 때 해외여행을 계획하며 21세기를 살고 있다. 그런 우리에게 17세기를 산 영국인과 18세기를 산 독일인이 아주 많은 조언을 준다. 이는 두 철학자가 인간의 마음을 제대로 통찰했음을 입증한다. 삶의 의미를 찾고 자기표현을 중요하게 여기는 인간의 기본적 욕구는 지난 3,000년 동안 거의 변하지 않았다. 그리고 사람들 사이에서 권한을 어떻게 나눌지, 정당한 권한이란 무엇인지에 대한 질문은 오늘날 우리에게도 아주 중요하다.

02

리더가 생각하는
권한위임

다시 '권한이 없는' 직원들의 문제를 해결하기 위해 고민했던 간부들의 이야기로 돌아가 보자. 그들은 문제를 해결하고 조직에서 권한위임이 잘 이뤄지도록 하는 방법을 모색했다.

간부들이 제시한 의견은 하나같이 겉으로는 유익하고 효과적으로 보일지 모른다. 그런데 하나하나 따져보면 권한을 위임하려는 간부들의 선의에 역행하는 전제가 기본으로 깔려 있다. 직원제안제도를 보자. 일을 처리하기 위해 나보다 지위가 높은 사람에게 어떤 제안을 해야 한다면 당연히 나는 권한이 없는 것이다. 제안하기 위해 상사의 허락이 필요하기 때문이다. 조찬 회의에 초대받았을 때 지위가 높은 사람들에게 의견을 말할 수 있다면 조찬 회의에 초대받지 않는 한 당연히 나는 내 생각을 말할 수 없다. 누군가를 대신해 대표가 되어야만 의사 결정에 참여할 수 있다면 당연히 의사 결정 권한이 없는 것이다. 또한 자발적으로 동의하고 권한위임 훈련 프로그램에 참여한다면 나는 이미 위험한 공모에 가담한 셈이다. 권한위임이란 마음가짐이지 훈련을 통해 배우는 기술이 아니기 때문이다.

직원제안제도, 직원 대표제, 조찬 회의, 훈련 프로그램 같은 권한위임 방안이 효과적이지 않은 이유는 힘이 조직의 위계와 일치하고, 권한위임이란 지위가 높은 사람들이 의사 결정을 할 때 지위가 낮은 사람들의 의사를 고려하거나 감안하는 행위라고 전제하기 때문이다. 이런 전제는 권한위임을 촉진하는 것이 아니라, 권한을 허락하게 하고 종속 관계를 강화한다.

잠시 각각의 방법을 완전히 뒤집어 생각하고 그 결과를 살펴보자. 먼저 다음과 같은 제도는 어떨까? "자기가 해야 한다고 생각하는 일을 하면 된다. 무슨 일을 했고, 무슨 일을 할 것인지만 말하면 된다. 나도 필요한 것이 있으면 알려줄 것이다." 귀에 쏙쏙 들어오는 내용은 아니다. 하지만 그대로 실천해서 사람들이 자기가 최선이라고 생각하는 일을 할 수 있게 한다면 사람들의 자율적 행동을 유도할 수 있을 것이다. 규제가 심한 분야에서도 권한을 위임받은 사람들이 전보다 규제를 덜 받으면서 행동할 여지가 늘어날 것이다. 글로벌 제약회사를 운영하는 한 고객은 예산을 통제하는 모든 시스템을 없애는 실험적 조치를 취했다. 지역별 관리자에게 목표를 높게 설정하고 성과를 보고하라고만 했다.

일을 잘 처리하려면 당연히 상사나 타 부서 사람을 비롯한 다른 사람들에게 무엇이 필요한지 이야기해야 한다고 생각하는 사람을 고용하면 어떨까? 이미 고용된 사람들에게는 무엇이 필요한지 말해도 된다는 점을 명확하게 하면 어떨까? 강제적 기여는 모두에게 요구된다. 하지만 조직에서 중요한 것은 확신을 가지고 자율적으로 기여하는 사람들이다.

몇 년 전 함께 일한 보험사에서 놀랄 정도로 성공적인 상품을 출시했다. 보험 매출은 급상승했고 접수 처리 부서는 눈코 뜰 새 없이 바빠졌다. 회사에서는 수요를 감당하기 위해 임시로 직원을 더 뽑았다. 다시 말해서 경험이 부족한 직원들이 접수 처리 부서에 투입되면서 실수가 늘고 보험 접수와 처리 시간이 길어졌다는 뜻이다. 경제지에서는 회사의 실패를 언급하기 시작했고 매출도 감소하기 시작했다. 어느 토요일 이른 아침, 접수 처리 담당자가 신청서에 파묻힌 채 CEO에게 전화를 걸었다. 그리고 아침을 먹고 있던 CEO에게 다음과 같이 한마디 했다. "지금 여기로 내려오셔야겠습니다!"

CEO가 일반적으로 듣는 말은 아니었지만, 어느 때보다 절실해 보였다. CEO는 밥을 먹다 말고 곧장 사무실로 왔고 눈앞에 벌어진 일을 보고 두려움에 떨었다. 임시로 만든 책상에 보험 신청서가 산 같이 쌓여 있고, 전화벨이 끊임없이 울리고, 관리자들은 머리를 쥐어뜯으며 신입 직원들의 쇄도하는 질문에 답하며 다음 업무를 지시하고 있었다. 월요일 아침, CEO는 보험 상품의 가치사슬에 해당하는 부서를 전부 불러 모았다. 판매부, 홍보부, 고객지원부, 접수부가 모두 모였다. 월요일이 끝나갈 때쯤 그들은 머리를 모아 그 상황을 타개하고 상품의 성공을 굳건하게 유지하기 위한 계획을 세웠다. 이렇게 할 수 있었던 이유는 접수 담당자가 권한을 위임받아 자율적으로 행동했고, CEO 역시 자신의 권한을 이용해 권한을 위임받은 직원들이 서로 협력해서 문제를 해결할 수 있는 환경을 조성했기 때문이다.

위의 CEO 같은 리더들이 자신을 상급자가 아니라 다른 관리자와 직원들의 대표자로 여기고, 성공을 방해하는 요인을 적극적으로 제거하는 일에 나선다면 어떨까? 간부 회의에서 업무를 어떻게 지시할지 고민하기보다 현장에 나와서 그들이 책임지고 있는 규칙과 자원 배분, 물리적 환경 등 조직의 생산기반이 사람들이 최선을 다해 일할 수 있도록 작용하고 있는지 직접 확인한다면 어떨까? 이것이 바로 리더가 권한과 책임을 가지고 바꿔야 하는 부분이다. 리더가 권한을 이용해 조직의 장벽을 제거하고, 권한을 위임받은 사람들이 잘 사는 환경을 만든다면 어떨까? 이것은 앞서 5장에서 만난 막스 페루츠가 리더의 역할로 주장한 것과 같다.

우리는 권한위임에 대한 기존의 생각을 크게 바꿔야 한다. 그동안 권한위임은 사람들이 권한을 허락받는 것이라고 생각했다. 간부들은 항상 직원에게 '위험을 더 감수해라', '더 혁신해라', '고객의 입장에서 옳은 일을 해라' 하며 독려한다. 하지만 그런 말은 권한위임에는 아무

소용이 없다. 사람들은 그런 말을 들을 필요가 없다. 런던 경영대학원에서 전략과 기업가정신을 전문으로 가르치는 게리 해멀 교수는 사람들이 직장 밖에서는 다들 그렇게 살고 있다는 점을 자주 지적한다. 다들 창의적이고 과감하고 자신이 옳다고 믿는 일을 한다. 본능적으로 새로운 것을 좋아하고, 관심 있는 일에 열정을 보이고, 새로운 경험을 즐긴다. 위험을 감수하며 새로운 곳을 여행하고, 새로운 맛을 찾고, 새로운 활동에 도전한다. 리더의 역할은 이렇듯 창의적이고 열정적이며 호기심 많고 위험을 감수할 줄 아는 사람들이 잘 살고 자기계발을 하고 긍정적인 차이를 낳으며 다른 사람들과 열의와 에너지를 주고받을 수 있는 환경을 만드는 일이다.

기존 개념을 뒤집어보면 조직에서 지위가 높은 사람은 다른 사람에게 권한위임을 선물하지 않는다. 권한을 위임받은 사람들이 잘 살 수 있는 공간을 창조한다.

03

권한은 선물이다

리더의 역할이 '다른 사람들이 잘 사는 환경을 만드는 일'이라는 생각을 이해하고 실천하려면, 상사가 다른 사람에게 권한이라는 선물을 줄 수 있는 특권을 가졌다고 보아서는 안 된다. 그와 관련된 업무를 하는 사람들에게 권한이라는 선물을 받은 것으로 보아야 한다. 이런 생각을 바탕으로 경영 방식에 전환을 가져오려면 조직 내 권한에 대한 기존 생각에 이의를 제기해야 한다.

조직의 권한은 누군가가 조직에서 차지하는 역할에서 발생한다. 이때 위임된 권한을 많이 이야기하는데, 위계질서의 상부에서 최대 권한을 누리고 하위로 갈수록 권한이 줄어든다. 많은 조직이 위임된 권한을 이용하고, 조직의 위계 안에서 권한이 위에서 아래로 위임되며 누구에게 위임되는지를 명시한다. 그리고 누구든 조직에서 누가 어떤 결정을 내릴 수 있는지를 분명히 안다. 이처럼 권한이 아래로 위임된다는 생각은 완전히 바뀌어야 한다.

아래로 위임되는 권한의 대표적인 예가 바로 위계조직에서 상사의 권한을 요구하지 않고 지출할 수 있는 돈의 양, 즉 지출 권한이다. 일반적으로 CEO가 회삿돈을 많이 쓸 권한이 있고 부하 직원에게 그런 권한을 위임할 수도 있다. 물론 그 권한을 위임받은 부하 직원이 쓸 수 있는 돈은 CEO보다 적다. 이런 식으로 지출 권한이 조직의 하부로 위임되면 결국 말단 직원은 돈을 한 푼도 쓸 수 없는 지경에 이른다. 실제로 개인이 회삿돈을 1원이라도 사용하려면 그 전에 상사의 허가를 받아야 하는 기업이 있다. 심지어 허가를 받지 못하는 경우도 있다.

위계 하부로 갈수록 직원의 자율성이 줄어드는 하향식 권한위임 뒤에는 다음과 같은 가정이 있다. 지위가 높은 사람이 지위가 낮은 사람보다 더 효율적이고 강력하고 중대한 결정을 내릴 자격이 있다고 여기는 것이다. 이런 생각이 얼마나 쓸모없는지 알려면 병원을 떠올리면 된다. 구급차를 타고 병원으로 급하게 달려온 환자를 돌보는 응급구조원들은 때로 환자의 목숨이 걸린 중대한 결정을 내려야 한다. 응급구조원들은 병원의 위계에서는 지위가 높지 않다. 다른 조직에서도 지위가 낮은 사람이 생사를 결정할 정도는 아니지만 CEO가 사무실에 앉아서 내린 결정보다 고객 가치를 더 많이 창출하는 힘 있는 결정을 얼마든지 내릴 수 있다.

지출 권한으로 다시 돌아와서, 누가 지출 권한을 가장 많이 가져야 하는가에 대한 답은 지위가 되어서는 안 된다. 누가 조직과 조직의 목표를 위해 좋은 결정을 내릴 수 있느냐에 따라 그 권한을 위임해야 한다. 위계 안에서의 위치나 교육의 정도와 상관없이 개인의 지식, 경험, 상황 파악 능력, 긍정적 차이를 만들어내는 능력에 따라 지출 권한을 위임해야 한다.

위임된 권한을 기반으로 명확하게 규정된 규칙에 따라 조직에서 일어나는 일을 조정하거나 통제하려고 할 때 항상 생기는 문제는 애초에 그것이 불가능하다는 것이다. 인생에서 확실한 것은 두 가지뿐이라는 말이 있다. 세금과 죽음. 그런데 세 번째로 확실한 것이 있다. 적응하지 못하면 도태된다는 사실이다. 기업들의 묘지를 보면 한때 잘나가다 실패해서 사라진 기업들이 수두룩하다. 그 기업들은 가장 중요하게 여겼던 프로세스, 절차, 관습을 따라가기만 하면 계속 살아남을 수 있으리라는 잘못된 믿음을 고집하다 새로운 환경에 적응하지 못했다. 일정한 규칙을 만들고 통제하고 계획을 세워야 한다는 생각을 버려야 한다.

세상은 복잡하다. 기회도 많지만 우리를 혼란스럽게 하고 위협하는 일이나 예측할 수 없는 상황도 많고 놀라운 경험도 너무 많다. 그래서 모든 경우의 수를 감당하는 규정을 만들 한 가지 완벽한 권한이란 존재하지 않는다. 게다가 그런 식으로 규정을 만들 수 있고 모든 사람이 그에 따라 행동해야 한다고 생각하면, 조직은 우리가 사는 불확실한 세상에서 적응력이 더 약해질 뿐이다. 적응력은 지금 일어난 일을 잘 통제한다고 해서 생기는 것이 아니다. 앞으로 무슨 일이 일어나기 전에 새로운 것을 만들어내야 적응력을 높일 수 있다. 사람들에게 책임을 지우는 것이 아니라, 사람들이 제대로 반응할 수 있도록 하는 것이 중요하다.

우리는 지난 20년간 전 세계 100개 이상의 기업을 상대로 조직의 발전성과 적응력을 높이는 행동에 대해 조사하고 있다. 그 결과는 명확하다. 지시와 통제, 위계적인 행동은 다른 사람들의 발전성을 약화시킨다. 반면 호기심 많고 실험적이고 탐구적인 행동은 다른 사람들이 발전할 공간을 만든다.

조직이 경직되고 적응력이 약해지는 이유는 위임된 권한이라는 고전적 사고방식 때문이다. 지금까지 그 문제를 해결하는 가장 일반적인 방법은 권한 모델을 다르게 설정하는 것이었다. 그 과정에서 대안적인 조직 모델과 문화 모델에 대해 수많은 논쟁이 있었다. 위계조직, 행렬조직(기존 부서를 유지하면서 특정한 프로젝트를 위해 다른 부서의 인력이 함께 일하는 조직 설계 방식-옮긴이), 능력중심조직, 역할중심조직 등 다양한 조직 운영 모델이 등장했다. 그런데 문제는 그 일을 책임지는 사람들이 구조적 변화와 프로세스 변화를 시행하기 위해 보이는 반응이 타이타닉호의 갑판 의자 배치를 바꾸는 정도에 그친다는 점이다. 우리가 어떤 조직 모델과 문화 모델을 만들고 싶어 하든, 다음 같은 근본적 질문은 피해 갈 수 없다. 우리는 모두 스스로 답을 찾아야 한다. 무엇이 옳은가? 내가 어떤 권한을 가지고 있는가? 어떤 권리로 그 권한을 갖게 되었는가? 그 권한으로 누구를 위해 일해야 하는가? 권한을 잘 이용하려면 어떻게 해야 하는가? 이는 철학적 질문이지 경제학적, 심리학적 질문이 아니며 조직의 구조나 프로세스에 관한 질문도 아니다.

법을 제정하고 규칙을 시행하는 권한의 문제는 수천 년 동안 철학자들과 신학자들의 주된 관심거리였다. 사회나 공동체에서 사람들 사이에 이롭고 효율적이고 가치 있는 협력을 가능하게 하려면 권한을 어느 정도로, 그리고 어떤 형태로 이용해야 할지 고민했다. 종교적이든 민주적이든 독재적이든 철학적이든 그동안 장려되거나 채택된 해법들은 모두 어떤 형식의 권한이 개인 고유의 권한보다 우월하다고 인식했다. 자신의 사생활에 대한 권리 또는 자신과 자신이 정당하게 획득한 자산을 보호하기 위해 스스로 최선의 결정을 내릴 권한보다 더 높은 권한이 있다고 여겼다.

자유롭고 평등하게 태어나 스스로 통제할 힘이 있는 사람들이 기꺼이 인정한 우월한 권한은 반드시 정당해야 한다. 공동체의 가치를 인정하고 윤리적으로 바르고 공정하다고 여겨져야 한다. 무엇이 윤리적으로 바르고 공정한가는 과학의 문제가 아니라 철학의 문제다. 다음에는 홉스와 칸트의 생각을 통해 윤리적으로 바르고 공정하고 정당하게 권한을 이용한다는 말이 무슨 뜻인지를 살펴볼 것이다. 우리의 권한을 바탕으로 다른 사람을 위해 우리가 가진 힘을 어떻게 써야 하는지 알아보자. 물론 누구든 권한을 부당하게 이용할 수 있고, 우월한 힘으로 자기의 이익을 도모하는 사람도 있다. 하지만 그것은 권한의 올바른 예가 아니다. 사람들이 권한 이상으로 힘을 이용하면 그것은 권한으로 위장한 일종의 괴롭힘일 뿐이다.

권한은 리더라는 자리에 따른 권리가 아니라, 사람들이 그들을 위해 써달라고 리더에게 준 선물이다. 사람들의 '허락' 없이 권한을 행사하면 그것은 권한이 아니라 힘을 부당하게 사용하는 괴롭힘이다.

04

토머스 홉스,
우리는 평등하게 태어났다

영국의 철학자 토머스 홉스는 자유민주주의를 위한 사회계약설의 토대를 마련한 것으로 유명하다. 사회계약이란 사회나 조직, 공동체의 구성원들이 특정한 개인이 특정한 권한을 가진다는 점에 동의한 것이다. 그들이 가진 권한은 사회나 공동체, 또는 홉스의 말을 빌리면 코먼웰스commonwealth의 구성원들이 효율적으로 협력하도록 행사해야한다. 이는 조직의 기능이자 조직 내 리더의 역할이기도 하다.

홉스가 살던 시대는 영국에서 왕과 의회의 권한이 치열하게 대립했다. 1642년에서 1651년 사이에 시민혁명이 일어나면서 찰스 1세와 2세 두 왕과 의회가 패권 다툼을 벌였다. 그 결과 영국에서는 사실상 국가 권력의 위치가 바뀌어 왕의 통치가 막을 내리고 의회 통치가 시작되었다.

홉스는 가장 유명한 저서 《리바이어던》에서 사회계약설을 정립했다.[1] 이 철학의 핵심은 모든 인간은 평등하게 태어났고 자기 인생을 스스로 책임질 권리가 있다는 생각이다. 이 생각은 어느 정도 급진적인 면이 있다. 하지만 17세기 중반에 이 책을 저술한 홉스 역시 우리와 마찬가지로 시대의 영향을 피할 수 없었다. 영국에서 시민혁명이 일어나는 동안 홉스는 의회파가 아니라 왕당파를 지지했고, 그 결과 1640년에서 1651년까지 프랑스로 추방되었다. 그리고 그곳에서 영국 왕세자의 스승을 지냈다. 왕세자는 나중에 찰스 2세가 되지만 역시 프랑스로 추방된다.

그는 모든 사람은 평등한 존재라고 주장하면서도, 사람들이 권력 다툼을 하자 왕당파를 지지했다. 그가 생각하기에 인간은 폭력에 의지하지 않고는 서로의 차이를 정리할 수 없을 것 같았다. 그것을 입증할 자료는 얼마든지 있었다. 자기 인생을 스스로 결정할 수 있는 개인의 힘과 권리 역시 지나치게 사용하면 오히려 다른 사람의 삶을 제약하는 결과를 낳기도 한다. 예를 들어 권력이 더 많거나 자원을 더 많이 요구할 수 있는 사람은 상대적으로 자원을 요구할 권리가 제한되어 있거나 권력이 적은 사람보다 더 나은 삶을 확보하려고 한다. 홉스는 이렇게 무절제한 권력 다툼을 '만인의 만인에 대한 싸움'이라고 이름 붙였다. 홉스의 관점에서 만인의 만인에 대한 싸움은 사실상 자살 행위이고 신의 뜻을 거역하는 죄악이었다.

이러한 권력 다툼 때문에 폭력이 난무하고 인간의 고통이 극심해진다. 홉스는 이런 다툼을 없애는 유일한 방법으로, 누군가가 다른 사람들의 동의에 따라 합법적 권력 또는 권한을 가져야 한다고 주장했다. 이 관점은 과거 많은 사람이 받아들였고, 오늘날에도 여전히 옳다고 인정된다. 하지만 그렇다고 홉스가 민주주의를 다른 사람들에 대한 합법적 권한을 인정하는 최선의 형태라고 결론지은 것은 아니다. 그와 달리 권리에 따라 정당하게 통치하는 군주가 반드시 필요하다고 생각했다. 그는 우월한 권한은 오직 군주에게만 주어지고, 필요한 경우 군주의 권한이 개인의 자율성을 제한할 수 있다고 생각했다. 수세기에 걸쳐 군주가 통치한 상황을 감안하면 그의 생각은 오늘날의 시선으로 보는 것만큼 이상한 결론은 아니다.

절대 군주를 신뢰하는 홉스의 입장에는 동의하지 않더라도 우리가 홉스에게 감사해야 할 점이 있다. 그 덕분에 우리가 평등하게 태어났으며 자기의 삶을 스스로 결정할 힘이 있다는 생각을 당연시하게 되었다. 그 울림이 너무 강력해서 미국에서는 건국의 아버지들이 그의 생각에 영감을 받아 헌법을 제정했을 정도다. 그리고 오늘날 세계의 거의 모든 사람이 이런 생각을 진실로 받아들인다. 리더의 역할은 바로 이 생각에 따라 행동하는 것이다. 리더는 다른 사람들이 자율적 선택으로 자신을 따를 때 비로소 리더가 된다. 리더는 다른 사람들이 그런 선택을 할 때까지 모범을 보이고, 비전을 공유하고, 자신감을 높여주고, 안전을 보장해야 한다. 리더가 권한을 행사하면 사람들은 힘에 순종하기도 하지만 자발적인 선택이 무엇보다 중요하다. 리더에게 권한을 위임받은 사람들은 리더가 순종과 명령만 강요하면 곁에 머물지 않는다. 모두가 아는 말이 있다. '사람들은 상사를 떠나지 조직을 떠나지 않는다.' 이와 비슷한 말도 있다. '사람들은 상사를 따라 새로운 조직을 만든다.' 명령에 순종하는 사람들이 모인 조직을 보면 리더십이 부재하다. 이와 달리 자발적으로 따르는 사람들이 모인 조직에서는 리더십이 충분히 발현되고 있음을 알 수 있다.

권력과 권한, 공동체의 관계에 대한 홉스의 통찰은 공정한 리더십을 규정하는 든든한 토대를 마련해 준다.

1 우리는 평등하게 창조되었다.
2 우리가 가진 권한은 빌린 것이다.
3 권한에서 나오는 권력은 다른 사람들을 위해 공정하게 이용해야 한다.
4 권한을 잘못 쓰면 그것을 잃을 수도 있다.

너무 간단해서 반대할 내용도 없다. 아마도 홉스는 네 번째 항목까지는 생각하지 않았을지도 모른다. 그는 국가와 같은 강력한 코먼웰스가 한번 만들어지면 "군주에게 지배받는 사람들은 그가 스스로 물러나지 않는 한 군주제를 버리고 혼란스럽고 분열된 군중으로 다시 돌아가지 못한다"고 말했다. 그럼에도 역사를 보면 많은 군주가 지지자를 잃으면 비참한 최후를 맞는다는 사실을 알 수 있다. 그래서 네 번째 항목은 군주제에도 적용된다.

오늘날 조직 안에서 또는 조직끼리 협력하는 계약을 보면 그 핵심에 사회계약의 원칙을 적용하는 경우가 많다. 고용 계약, 파트너십 협약, 업체 계약 등에서 그 원칙을 자주 볼 수 있다. 이런 계약은 힘을 제멋대로 행사하지 못하게 하고 우리가 특정한 의무를 준수하도록 유도한다. 그런데 계약만으로는 행동을 결정하거나 훌륭한 리더십을 만들거나 권한을 위임받은 사람들이 잘 살게 하지 못한다.

임마누엘 칸트,
우리는 의무가 있다

계약은 권한의 한 형태로, 모든 권한과 마찬가지로 좋게 쓰일 수도 있고 나쁘게 쓰일 수도 있다. 그래서 홉스의 관점을 기반으로 그 중심을 내가 아닌 다른 사람에게 두어야 한다. 그리고 변덕스러운 전제 군주, 나쁜 상사, 이기적인 동료로부터 자유로워지고 계약으로 인한 부당한 착취에서 벗어나야 한다.

이를 위해 독일의 철학자 임마누엘 칸트를 통해 합당한 권한의 근원을 찾아보자. 합당한 권한은 군주나 형이상학적 존재, 또는 세상의 대표자로부터 나오는 것이 아니다. 칸트가 생각하기에 합당한 권한은 사람이란 누구인가 하는 문제에서 비롯된다. 또한, 사회에서 분쟁을 평화롭고 효율적으로 해결하고 서로 협력하고자 하는 힘이기 때문에 더 좋은 선을 위해 우리의 자율적 힘을 합당한 권한이라는 이름으로 위임할 수 있다.

칸트는 홉스가 사망하고 약 150년 뒤 유럽에서 전례 없는 사회적, 종교적, 정치적 변화가 거듭되던 시기에 태어났다. 사람들이 수 세기 동안 마을을 중심으로 공동체 생활을 하면서 확실하게 정해졌던 것들이 흔들리기 시작했다. 이를테면 사람의 사회적 지위를 곧바로 알 수 있다거나 그 지위가 거의 평생 고정되던 것이 바뀌기 시작했다. 1750년대 초반 중산 계급이 부상하면서 삶의 질과 교육의 질이 개선될 것이라는 기대가 높아졌다. 이와 함께 그동안 당연하게 여겨지던 지혜와 기존의 권한이 도전을 받았다. 인쇄술이 널리 보급되어 새로운 지식에 대한 욕구가 충족되기 시작했다. 18세기 초반 독일에서 출판된 책은 7만 8,000권이었는데, 후반에 들어서는 11만 6,000권으로 50% 가까이 급증했다. 독일에서는 1인당 출간된 새 책의 수도 유럽에서 가장 높았다. 2위는 영국이었는데, 그때 영국은 이미 입헌군주제의 길로 들어서고 있었다. 국가의 주인이자 신이 임명한 황제나 왕, 여왕의 권력에 의문의 여지가 없다는 생각에도 변화가 생기기 시작했다.

권한의 정당한 이행에 대한 칸트의 해석은 그가 쓴 《도덕형이상학 정초》[2]에 나오는 정언명령(칸트의 철학에서 결과와 상관없이 행위 그 자체가 선이기 때문에 무조건 실천해야 하는 도덕적 명령-옮긴이)에 대한 설명에서 등장한다. 정언명령은 여러 가지로 설명된다. 그 가운데 특히 세 가지 설명이 권한의 본질과 권한의 정당한 사용에 대해 말해준다. 원문은 다소 난해한 표현이 있어서 아래와 같이 세 가지 설명을 구체적으로 다시 풀었다. 핵심만을 정리하면 다음과 같다.

1 내 행동의 기준이 되는 원칙은 다른 모든 사람에게도 행동의 기준이 되어야 한다. – 보편성 universalizability에 대한 설명
2 다른 사람을 단순히 목적을 위한 수단이 아니라 목적 그 자체로 여기고 고유의 권리를 가진 존재로 대해야 한다. – 인간성 humanity에 대한 설명
3 사회에서 서로 협력하려면 모든 사람이 수단이 아니라 목적이 되는 사회의 규칙에 따라 행동해야 한다. – 목적의 왕국 Kingdom of Ends에 대한 설명

일반적으로 조직에서는 사람을 인적 자원으로 생각하고, 경제 용어로는 생산 요소로 다루며 습관적으로 서로를 목적 달성을 위한 수단으로 취급한다. 그런데 조직 밖에서 생활할 때는 그와 반대로 사람을 사회의 중심에 두고 정부가 나서서 건강하고 만족스러운 삶을 살도록 도와주어야 하는 시민으로 대한다. 이 생각은 민주주의의 기본이자 선한 독재체제 benign dictatorship가 외우는 주문과도 같다.

인간은 수단이 아닌 목적으로, 고유 권한을 가진 존재로 대해야 한다. 최근 유럽의 한 은행 이사회가 개최한 전략 워크숍에서 이러한 칸트의 관점이 강조되었다. 워크숍을 진행할 때 전략을 성공적으로 실행하는 문화의 역할에 대한 토론이 진행됐다. 그때 재무이사가 사람들이 목적 달성을 위한 수단으로 취급받고 있다는 우려를 표하면서

인적자원개발부Human Resources Department를 사람부People Department로 바꿔야 한다고 제안했다. 부서의 이름을 바꿔서 원하는 결과를 얻을 수 있을지는 차치하고, 이 대화는 조직에서 우리가 사람을 대하는 방식이 사람의 본질과 맞지 않는다는 인식과 우려가 커지고 있다는 사실을 말해준다. 2주 뒤 한 글로벌 은행의 간부들이 참석한 워크숍에서는 사장이 던진 질문을 놓고 토론이 벌어졌다. 사장이 물었다. "회사를 어떻게 인간적인 조직으로 만들 것인가?"

칸트와 그의 정언명령으로 돌아오면, 그는 사람들 사이의 윤리적 행동의 기본이 될 보편적 표현을 찾으려고 애썼다. 그것을 실천해서 우리가 서로 협력하고 모두가 잘 살기를 바랐다. 이는 조직과 사회 전체가 공유해야 할 바람이다.

여기에서 중요한 점은 칸트가 정당한 행동을 이성적 활동, 즉 사고하고 지각하는 존재가 옳다고 결정한 활동이라고 설명하려 했다는 사실이다. 그는 모든 사람이 평등하고, 자율 의지가 있고, 협력적이고 공동체적인 삶을 유지하며 함께 살기 위해 스스로 법을 정하고 그것을 지키는 능력이 있다고 믿었다. 자연히 홉스의 생각이 떠오른다. 칸트는 이에 덧붙여 우리가 이기적 욕망과 충동에 희생되지 않도록 '자유의지'가 행동을 제어한다고 주장했다. 그래서 옳고 그름을 구별하고 의무에 따라 행동할 수 있다고 생각했다. 그의 말대로 감정이나 이기적 욕망에 좌우되지 않고 합리적이고 이성적으로 행동해야 한다. 또한 칸트는 다른 사람들이 삶을 이성적으로 살도록 가르치는 것이 이성적인 사람의 의무라고 주장했다. 애덤 스미스Adam Smith도 개인의 이익을 추구하는 '보이지 않는 손'에 의해 부가 창출되는 자본주의라는 경제 모델을 탄생시켰지만, 인간은 더 나은 선을 위해서라면 사사로운 이익도 포기한다고 믿었다.[3] 우리에게 중요한 원칙들은 왜 그토록 너그럽고 고결한 것이 많을까?

칸트의 자유의지 이론은 인간이 모두 평등하게 태어났고 스스로 결정할 힘이 있다는 홉스의 주장과 관련이 있다. 칸트는 여기에 우리가 권력을 행사할 때 무엇이 옳은지 본질적으로 인지하는 이성적 판단력이 있고, 선을 위해 눈앞의 이익을 포기할 줄 안다는 관점을 더한다.

정언명령과 리더십

그렇다면 정언명령에 대한 칸트의 설명은 비즈니스와 조직과 리더십에 어떤 의미가 있을까? 이를 요약하면 다음과 같다.

1 보편성의 공식은 다른 사람이 내게 하지 않았으면 하는 행동이 아니라, 다른 사람이 내게 해주길 바라는 행동을 해야 한다고 명시한다.[4]

2 인간성의 공식은 사람을 목표를 이루기 위한 수단이 아니라 목표 자체로 여겨야 한다고 분명히 말한다. 사람마다 고유의 권리가 있고 실현하고자 하는 적합한 목표가 있다는 점을 고려해야 한다. 사람들과 상호작용을 할 때는 사람들을 수단으로 여기며 원하는 목표를 이루려 해서는 안 된다. 사람들의 목표를 존중하고 그에 따라 대해야 한다.

3　목적의 왕국 공식은 법을 지켜야 한다고 말한다. 주인으로서 법을 만드는 동시에 신하로서 다른 사람들처럼 그 법을 지켜야 한다. 이는 위의 두 공식을 따른 결과이다. 즉 보편성의 원칙에 따라 법을 만들고 사람들을 대할 때 그들의 고유한 권리와 목표를 존중하면, 내가 만든 법을 자신에게도 적용하는 것이 당연하다.

4　칸트의 정언명령 공식을 요약하면 리더십의 변화에 관해 다음 세 가지를 제시한다고 할 수 있다.

· 사람들에게 바라는 행동을 그대로 사람들에게 하라.
· 다른 사람을 수단이 아니라 목표로 생각하고 대하라.
· 리더가 정한 법은 똑같이 리더에게도 적용해야 한다.

칸트의 목적의 왕국은 그가 정언명령의 의미를 탐구하기 위해 고안한 사고실험으로, 그곳에서 사람들은 주인인 동시에 신하다. 주인으로서 삶의 기준이 되는 법을 만들고, 신하로서 그 법을 지켜야 한다. 현실에서는 사람들이 자기의 권한을 자기가 속한 왕국에 위임한다. 국가 그리고 협의에 따라 정한 국가의 지배자에게 명확한 권한을 위임한다. 이것이 다른 사람에게 우리에 대한 권한을 위임하는 것은 아니라고 말할 수도 있다. 하지만 실제로는 그렇다. 현실 왕국, 칸트가 가설을 설정해서 벌인 사고실험이 아니라 오늘날의 조직, 비즈니스, 공동체, 제국, 국가에서 그런 일이 벌어진다.

사람들은 특정한 개인에게 자신에 대해 권한을 행사할 수 있는 역할을 부여하고 그런 사람의 존재를 인식한다. 하지만 이때 중요한 점은 그 권한이 정당하게 행사될 경우에만 인정을 받는다는 사실이다. 그 권한이 정당하게 사용되지 않으면 사람들은 부담과 분노를 느끼고 곧바로 그것을 거둬들인다.

문명사회, 그리고 그곳과 마찬가지로 권한을 위임받은 사람들이 일하는 비즈니스나 조직에서 권한을 가진 사람이란 사람들이 협의에 따라 권한을 위임한 사람들이다. 예를 들어 경찰, 판사, 정치인, 상사, 재무이사, 관리자, 감사팀과 같은 사람들이다. 그리고 그들은 다 함께 만든 법을 지키며 사는 나머지 사람들이 발전할 수 있는 사회나 비즈니스, 조직을 만들 책임이 있다.

조직생활을 하다 보면 처음에는 상사를 직접 고를 수 없고 그가 마음에 들지 않는다고 없앨 수도 없으니 그에게 위임된 권한을 다시 회수할 수도 없는 것처럼 보인다. 하지만 실제로는 그렇게 할 수 있다. 현대 조직에서는 부도덕하거나 무능한 상사의 권한을 빼앗거나 상사의 지나친 행동을 제재할 수 있는 방법이 많다. 무심코 나쁘게 행동하는 상사도 누구에게나 피드백을 요청할 수 있는 360도 피드백 같은 방식을 이용하면 의식적으로 더 좋은 상사가 될 수 있다. 또한 기업의 지배구조corporate governance는 비즈니스가 합법적이고 윤리적인 시스템 안에서 잘 운영되는지를 확인하기 위해 설계되었다. 영국의 고용심판원은 직원들이 부당한 취급을 받지 않도록 보호한다. 집단행동을 통해 자원을 더 공평하게 배분할 수도 있다. 이런 장치들은 발전을 거듭해 상향 위임 방식 권한의 수혜자들이 그 권한으로 다른 사람들의 이익을 도모하는지 확인한다. 물론 이런 장치가 잘 작동하려면 권한을 위임받은 사람들이 지나치게 행동하거나 무능하거나 비행을 저지를 때 권한에 종속된 사람들이 당당히 비판해야 한다. 이에 대해서는 10장에서 자세히 다루고자 한다.

이처럼 권한은 위계에서 하향 위임되지 않고 상향 위임된다. 운 좋게 리더의 자리에 오른 사람은 이 점을 깊이 생각해야 한다.

06

최고윤리경영자
CEO

조직에서는 과거 봉건주의 세상으로 돌아간 것처럼 사람들이 맡은 업무와 서비스가 아니라 권리와 자격을 기준으로 힘을 행사하는 것처럼 보일 때가 있다. 권한은 다른 사람에게 받은 선물이자 책임이다. 리더는 근본적으로 사람들이 발전할 수 있는 환경을 만들고 보호해야 한다. CEO는 리더로서 자신을 조직의 최고경영자chief executive officer일 뿐 아니라 최고윤리경영자chief ethical officer라고 생각해야 한다.

앞서 위계조직에서 지위에 따라 지출 권한이 어떻게 다른지 살펴보았다. 우리가 대안으로 제시하는 조직에서는 최고윤리경영자가 그 문제에 관여해야 한다. 합의된 결과를 도출할 책임이 있고 그에 대한 지식이 있는 사람들이 내린 결정과 통찰에 따라 조직의 돈이 쓰이도록 하는 것이다. 최고경영자는 성과를 개선해야 한다는 압박을 끊임없이 받기 때문에 권한 없이는 지출할 수 없게 하기 쉽다. 지출로 인해 투자자에게 약속한 이윤이 줄고 그에 따라 CEO의 평판에 영향을 미칠 수도 있는 경우에는 특히 더 그렇다.

조직에는 어떤 단계에서든 윤리적으로 행동하고 다 함께 발전하는 환경을 만들고자 하는 최고윤리경영자와 리더가 많다. 하지만 모든 사람이 그런 모습을 보이기 위해 애써야 한다. 여기 최고윤리경영자의 전형을 보여주는 사람이 있다.

필리핀 네슬레의 사례

2003년 필리핀 네슬레Nestlé Philippines Inc., NPI는 아시아 소비자들의 인기를 바탕으로 2억 달러 매출을 달성하며 전 세계 네슬레 시장에서 10위 안에 진입했다. 하지만 2004년 매출 성장률이 제자리에 머무르고 소비자들이 휴대전화를 이용해 온라인 쇼핑을 하면서 제품 전반에 걸쳐 경쟁에 대한 부담이 커졌다. 결국 2005년에는 매출이 17%나 감소했고 필리핀 내 재고량이 심각한 수준에 달했다. 선반에 있던 물건들은 판매되지 않은 채 먼지만 쌓였고 유통업자들은 판매할 제품이 너무 많아 울상을 지었으며 창고에는 물건이 차고 넘쳤다. 배가 항구에 도달했지만 600개나 되는 화물을 내리지 못해 벌금만 수백만 달러에 달했다. 회사에서는 대부분 이를 위기라고 인식하지 않았다. 영업팀은 2003년 파이프라인을 실어서 얻은 포상휴가를 가느라 바빴다. 정보 공유도 이뤄지지 않았다. 부서들은 완전히 개별적으로 운영되는 것 같았고 소통 없이 각자 분리된 공간에서 서로를 향해 손가락질만 해댔다.

2005년 난두 난드키쇼어Nandu Nandkishore는 NPI의 새 CEO가 되면서 반전을 꾀하기 시작했다. 전체 직원에게 조직이 성공하는 데 필요한 전략적 선택을 하라고 강조했다. 질문에 답하거나 일을 지시하는 대신 오히려 직원들에게 물었다. 마케팅팀, 영업팀, 조달팀 등 모든 팀에게 다음과 같이 질문했다. 지출과 관련해 가장 복잡한 문제가 무엇인가? 수요에 맞춰 구매, 재고, 제조, 상품 개발 계획을 어떻게 새로 짤 수 있는가? 운용자본을 어떻게 잘 관리해야 하는가? 난드키쇼어는 그 과정에서 모든 직원이 자신의 일에 대해 명확하게 대답할 수 있어야 한다고 말했다. 일하는 사람이 누구보다 그 일을 잘 이해해야 한다고 믿었다. 여기에서 중요한 점은 그가 권한을 위임받은 사람들이 발전할 수 있는 물리적 환경을 만들었다는 점이다. 직원들에게 그렇게 할 시간과 공간을 주고 함께 고민하고 해결하려고 했다. 직원의 협력과 기여를 방해하는 요인을 없애는 것이 자신의 일이라고 여겼다. 부서 사이에 파티션이 사라지고 생산팀의 각종 업무가 하나로 통일되었다. 그는 팀 행동과 협력의 본보기가 되었다. 서로를 향해 손가락질하던 과거 행동과 부서를 기반으로 한 성과 대신, 공동 소유와 공동 창출의 개념을 우선했다. 난드키쇼어의 원칙은 간단했고 그 속에는 칸트의 철학이 담겨 있다.

- 내가 가진 권력은 내게 주어진 역할에서 비롯된 것이며 남에게 받은 선물이다. 내가 할 일은 내가 발전의 기회를 얻었듯, 그 권력을 이용해 다른 사람에게도 그런 기회를 만들어주는 것이다(다른 사람이 내게 해줬으면 하는 행동을 그대로 다른 사람에게 한다).
- 여기에서 일하는 사람들은 능력이 있고, 조직에 기여하고 있으며, 일을 잘하고 싶어 한다(다른 사람이 이루려는 목표가 무엇인지를 알고 그에 따라 대우한다).
- 다른 사람을 대할 때 내가 기대한 대로, 그 사람이 내게 해줬으면 하는 대로 행동한다(우리가 만든 법은 나와 다른 사람에게 똑같이 적용한다).

NPI는 1년 6개월 만에 회복세로 돌아섰다. 그 뒤로 기록적인 성장을 계속했고 5년 뒤에는 전 세계 지사 중 성과가 가장 높아졌다. 매출과 이윤이 성장했고 시장점유율뿐 아니라 직원만족도가 높아졌으며, 운용자본이 제로에 가깝고 고객 소통과 마케팅이 뛰어났다.

권한에 대해
반드시 알아야 할 것

지금까지 살펴본 리더의 권한위임에 대한 이야기를 정리하면 다음과 같다.

- 권한위임은 리더가 재량껏 허락하는 것이 아니다. 권한위임을 할 때 권력이 위계와 일치하고, 위계가 높은 사람이 낮은 사람의 의견을 고려해 의사를 결정하는 행위라는 전제는 대부분의 조직을 약하게 만든다. 그것은 리더가 권한을 위임하는 것이 아니라 그것을 임의로 허락하는 것에 불과하다.
- 리더의 역할은 다른 사람들이 발전하고 성장할 공간을 창출하는 것이다. 그러려면 리더의 역할에 대한 기존 생각을 완전히 뒤집어야 한

다. 위계가 높은 사람은 다른 사람들에게 임의로 권한을 선물하는 것이 아니라, 권한을 위임받은 사람들이 일을 잘할 수 있는 공간을 만들어주어야 한다.

- 모든 가능성에 대비해 규칙을 정하다 보면 조직의 적응력이 약해진다. 우리가 사는 세상은 복잡하고 혼란스럽고 불확실하다. 그래서 기회도 많지만 위험 요소도 많고 예측할 수 없는 상황도 발생하기 때문에 리더에게 권한을 위임해서 모든 상황에 맞는 규칙을 정할 수는 없다. 더욱이 리더가 그런 규칙을 정하고 모두 그 규칙에 따라 행동하기를 바란다면 조직의 적응력이 약해질 뿐이다.

- 권한은 위치에 의해 결정되는 권리가 아니다. 다른 사람들에게 받은 선물이기에 그들의 이익을 위해 써야 한다. 다른 사람들의 허락 없이 쓰이면 그것은 권한이 아니라 불공정한 권력 남용이자 괴롭힘이다.

- 아래에서 위로 권한을 위임하라. 권한은 위계가 높은 위치에서 낮은 위치로 위임되는 것이 아니라 낮은 위치에서 높은 위치로 위임된다. 간부 자리에 오른 사람들은 이 점을 명심해야 한다.

- 다른 사람들이 결정하게 하라. 리더는 의사 결정 과정에서 관리자와 직원의 관점을 반영하려고 하기보다, 권한을 위임받은 사람들이 직접 성공에 필요한 의사 결정을 할 수 있는 환경을 만드는 데 집중해야 한다.

- 권한에서 비롯한 권력은 공정하게 사용해야 한다. 리더의 의무는 그가 가진 권한을 공정하게 수행하는 것이다.

- 자신이 가진 권한과 권력을 더 잘 이용하고 싶다면 이와 같이 행동해야 한다.
  - 모두가 평등하게 태어났다는 믿음을 바탕으로 행동하라.
  - 내 권한은 다른 사람들이 준 것이라는 점을 명심하라.
  - 다른 사람들을 대할 때는 내가 그 사람들에게 바라는 대로 행동하라.
  - 다른 사람들의 목표를 이해하고 존중하라. 그 이해 속에서 그 사람들을 대하라.
  - 다른 사람들을 위해 법을 만들었다면 그 법을 자신에게도 똑같이 적용하라.

철학이 말하는 리더의 지혜

지금까지 권한위임과 권한, 권력의 관계에 대해 살펴보았다. 더 좋은 리더가 되려면 생각과 행동을 바꿔야 한다. 권한을 이용해서 권한을 위임받은 사람들이 발전하고 성장하는 환경을 만들어야 한다. 리더라면 이 사실들을 마음속에 새기고 일을 할 때 무엇보다 우선하려고 노력해야 한다.

다음 장에서는 다른 사람들이 잘 사는 환경을 만들 때 필요한 소통 방식을 다룬다. 지위가 높을수록 아는 것이 많으므로 자신이 아는 것을 사람들에게 확실하게 이해시키고 그에 따라 행동하게 하는 것이 리더의 역할이라는 생각은 우리가 배우고 실천하려는 것과는 전혀 맞지 않는다.

다시 해봐야 할 질문

1   다른 사람들이 중요하게 여기는 것이 무엇인지 더 잘 이해하려
    면 어떻게 해야 하는가? 그 이해를 바탕으로 진실한 관계를 맺
    고 그들에게 좋은 기회를 만들어주려면 무엇을 해야 하는가?

2   사람들이 일을 더 쉽게, 그리고 강점과 열정을 살려서 하도록
    하려면 어떻게 해야 하는가?

3   주변 사람들의 본능적 호기심, 독창성, 특별한 기술을 저하하
    는 요소를 없애려면 어떻게 해야 하는가?

7장

당신은 말이 통한다고 착각하고 있다

| 소통 |

WHAT PHILOSOPHY CAN TEACH YOU

ABOUT BEING A BETTER LEADER

"사람들을 움직이게 하는 것은
사람들의 감정과 바람이지, 리더의 말이 아니다."

앞 장에서는 권한위임에 대한 생각을 완전히 바꾸고 권한을 위임받은 사람들이 발전할 수 있는 환경을 만드는 데 주력해야 한다고 강조했다. 거기에 반드시 필요한 요소가 '소통'이다. 사람들은 자기 고유의 의미를 만들 공간이 필요하다. 그런데 아무리 선의를 가진 리더라도 명료함을 추구하는 과정에서 직원들에게 무엇을 생각하고, 왜 그렇게 해야 하는지 미리 말하는 우를 범하기도 한다.

에픽테토스Epictetus, 데이비드 흄David Hume, 조너선 하이트Jonathan Haidt 세 철학자의 도움으로, 그런 말하기 방식의 소통이 어떻게 인간 본성의 핵심인 세상을 자기 방식으로 이해하려는 욕구를 약화시키는지 살펴보려고 한다. 몇 가지 문제와 과제를 제시하고, 리더의 역할은 뛰어난 소통 방식을 활용해서 사람들에게 무엇을 생각하고 어떻게 행동해야 하는지 말해주는 것이 아니라, 사람들이 상황을 자기 방식으로 이해하고 의미를 부여할 수 있는 공간을 만들어 협력을 유도하는 것이라는 점을 밝히려고 한다. 많은 리더가 불만을 토로한다. 사람들이 리더의 말에 동의하지 않거나 저항해서 그들을 이끌기가 힘들다고 하는 경우가 많다. 우리가 경험한 바에 의하면 리더가 힘든 이유는 사람들을 설득하는 데 실패했기 때문이 아니다. 문제는 소통에 대한 리더의 태도에 있다.

01

위대한 직렬 소통

전체 직원을 대상으로 하는 분기별 전략발표회의에 참석하라는 말을 듣고 사람들이 모여든다. 그 자리에서 CEO는 특별 제작된 동영상과 새로운 파워포인트 슬라이드를 이용해 새로운 전략적 초점과 새로운 운용 모델을 발표한다. 다양한 박스와 화살표로 비즈니스 단위들의 현재와 미래 구조를 묘사한다. 마지막으로 '지평선 넘어, 혁신을 통해 새로운 미래로'라는 새로운 표제가 화면을 장식한다. CEO는 조직이 더 혁신적으로 바뀌려면 무엇보다 문화가 바뀌어야 한다고 모두에게 강조한다. '지평선 넘어'란 전체 직원이 앞다투어 새로운 지평을 열라는 뜻이다.

뒤이어 15분간의 질의응답 시간이 있는데 CEO의 말이 예정보다 길어진 탓에 5분으로 줄었다. CEO는 두 질문에 대답하고 나서 시간이 부족해 미안하다며 나머지 질문은 특별히 만든 전용 우편함을 통해 받겠다고 말한다. CEO는 끝으로 모든 관리자에게 주요 업데이트 내용을 전 직원에 배포하고 그와 관련해 중앙소통팀으로 들어오는 모든 질문에 답변하라고 지시한다. 그리고 구조조정이 곧 정리해고라는 소문은 모두 사실이 아니라고 직원들을 안심시킨다. 이어 관리자들은 몇 달 동안 직원들에게 직렬cascade 소통을 통해 무엇을, 왜 해야 하는지 거듭 강조하고 모두가 새로운 운용 모델에 반드시 '동의'하도록 한다. 변화관리자 역할을 할 직원의 자원을 받아 비즈니스 단위마다 임명하고 직원들을 돕도록 한다. 드디어 새로운 응용프로그램 완성! 응용프로그램을 이용하는 데 필요한 공식적인 절차들이 성공적으로 완료되고, 직원들은 공짜로 나눠주는 볼펜과 '지평선 넘어'라는 글자가 보기 좋게 새겨진 에코백을 들고 우르르 시연 행사장으로 간다.

이런 장면이 익숙한가? 약간의 차이는 있지만 조직에서 집단행동을 독려하기 위해 주로 쓰는 방식이다. 세밀하게 전략발표회를 기획하고, 관리자가 잘 조직된 정보를 직렬적으로 전달하고, (바람이지만) 설득력이 강한 변화관리자들을 배치해 직원들의 이해를 돕는 과정을 거친다.

여기에서 문제의 핵심을 보자. 각 과정을 자세히 살펴보면 직원들이 무엇을 생각하고 무엇을 해야 하는지에 대한 처방이 내포되어 있음을 확인할 수 있다. 우리는 그것을 '말하기 방식'이라고 부른다. 늘 그런 것은 아니지만, 말하기 방식은 조직에서 공동의 행동을 촉구하기 위한 노력의 핵심을 이룬다. 지위가 높은 사람들이 앞으로 일어날 일을 미리 결정한다. 그리고 모든 사람이 그 결정을 이해하고 그에 동의하고 그에 따라 행동하도록 하는 데 초점을 맞춘다.

이러한 소통 방식은 어떤 영향을 미칠까? 리더들은 사무실에 늦게까지 남아서 전략발표회의 내용을 숙지해야 하고, 어떤 질문이든 답해야 하는 부담을 느낀다. 다른 직원도 모두 부담스러워하고 새로운 변화가 자신에게 어떤 의미가 있을지 혼란스럽다. 물론 더 나은 미래를 위해 변화를 이끌어내려고 다 함께 노력하고, 우리가 원하는 변화가 무엇인지 제대로 이해하고, 그것을 오랫동안 실질적인 행동으로 옮겨야 하는 것은 당연하다. 오늘날 리더들의 마음을 사로잡고 있는 문제도 바로 그런 일들이다. 하지만 이런 직접적 소통 방식은 창의력과 다양성, 실행력을 파괴할 뿐이다.

02

말을 통한
소통의 부작용

우선 이 방법이 세계적으로 널리 쓰이는 이유를 알아보자. 지위 높은 리더들이 전략을 실행하는 방법을 조사한 결과를 보면 이 문제에 대한 실마리를 얻을 수 있다. 우리는 리더들이 전략을 실행할 때 어떤 활동을 가장 중요하게 여기는지가 궁금했다. 그 결과 리더 가운데 89%가 아래 세 가지 활동에 집중하고 있음이 밝혀졌다.

1 조직의 구조 바꾸기(누가 누구에게 보고할 것인지 새로 정하기)

2 업무 책임자와 인사 결정권자 바꾸기

3 프로세스를 새로 도입해서 일을 순조롭게 진행하기

이는 어떤 산업이든 세계적으로 공통된 결과를 보였다. 당연히 사람들은 눈으로 확신할 수 있고 시작과 끝이 분명하기를 바란다. 명시하고 감시할 수 있는 유형의 실체를 선호하는 것이 인간의 본성이다. 그래서 뭔가 구체적으로 보이지 않으면 그렇게 되도록 최대한 애를 쓴다. 무엇을 해야 하는지 알고 진행 상황을 쉽게 확인하고 검토할 수 있을 때 일을 잘 관리하고 있다고 느끼고 기분이 좋아진다.

그다음으로 진행한 조사에서는 주제는 다르지만 어쩌면 더 중요한 질문을 다뤘다. 일의 진행을 막는 요인은 무엇인가? 전략을 통해 조직의 문제를 해결할 때 방해 요소는 무엇인가? 이에 대해 다시 한번 의견 일치를 보였다. 산업 분야와 문화와 상관없이 모두가 인간적 상호작용의 부재를 지적했다. 가장 큰 방해 요소가 인간적 상호작용의 부재라는 점을 직감적으로 알면서도 실제로는 여전히 구조나 프로세스, 결정권자를 바꾸는 일에 주력하는 현상은 흥미롭기만 하다. 우리는 이런 현상을 '실체의 폭압 Tyranny of the Tangible'이라고 부르기로 했다.

통제에 대한 착각

이처럼 리더들이 보이는 지식과 행동의 차이를 연구하면서 이 문제에서 가장 어려운 부분을 생각해 냈다. 리더들은 자신이 일을 통제하는 것처럼 보이지 않으면 통제력을 잃을까 봐 두려워한다. 그리고 통제의 힘을 유지하는 최선의 방법이 구조나 프로세스나 결정권자 중 한 가지를 효과적으로 바꾸는 일이라고 생각한다. 이와 같이 눈에 보이는 실체에 저항할 수 없이 이끌리는 이유는 자기가 맡은 일을 당당하게 책임지고 싶은 본능적인 욕구 때문이다. 당연한 현상이다. 사람들은 대개 자신이 일을 잘했다고 느끼고 싶어 한다. 물론 자신이 결과에 대해 더 많은 통제력을 가지고 있다고 착각하기도 한다.

전략적 활동과 소통을 통제력으로 이해했을 때의 결과는 대부분의 조직에서 관찰할 수 있다. 그 증상은 불안하고 수동적이고 의존적인 직원들의 태도로 나타난다. 많은 리더가 이와 같은 직원들의 반응을 '저항'으로 인식한다. 그런데 이는 지극히 자연스러운 반응이다. 또한 이런 반응으로는 직원들이 변화에 얼마나 기여하고 관여하고 있는지 알 수가 없다. 불안은 협력적이고 외향적인 태도, 탐구력과 창의력을 감소시킨다. 관점이 위축되고 위협적인 상황에 익숙해지며 개인의 위험 요소가 커진다. 리더들은 직원들에게 의욕이 없다고 불평한다. 직원들이 변화에 저항하고 폐쇄적인 것처럼 보인다. 직원들은 질문을 많이 하거나 아예 하지 않는다. 우리는 이해할 기회가 아예 없거나, 신뢰하는 사람과의 관계 속에서 상황을 이해하지 못하면 불안해지기 때문이다.

변화를 주도할 때 일반적으로 시간이 아주 중요하다. 리더들이 신속하고 직접적인 말하기 방식에 쉽게 빠지는 또 다른 이유다. 그런데 리더들이 신중하게 공들여 말하고 그것이 행동으로 이어져야 하는 바로 그때, 실제로는 그와 반대의 상황이 벌어진다. 모든 직원이 솔선

수범하고 리더가 말할 때까지 기다리지 않고 앞으로 나아가기를 간절히 바라며 그렇게 하도록 독려하지만 실제로는 그와 반대가 된다. 직원들은 수동적인 태도를 보이고 리더들이 모든 답을 알고 있다고 기대한다. 또한 충분한 설명이 이어지지 않거나 해석이 필요한 메시지를 받으면(리더의 메시지란 늘 그렇지만) 혼란에 빠져버린다. 이런 현상이 나타나는 이유는 말하기 방식의 핵심이 송수신 구조이기 때문이다. 직렬 소통에서 보이는 송수신적 특성은 창조적 반응이 아니라 소모적 반응을 불러온다. 리더는 직원들이 주도적이고 혁신적으로 변화해야 한다고 말한다. 하지만 그 말을 전하는 방법, 즉 리더가 직원들에게 전파하는 방식은 '지시가 있을 때까지 기다리는' 반응을 강화시킨다. 그로 인해 리더와 직원들 사이에 불협화음이 생기고 직원들은 리더가 정보를 더 많이 주고 명확하게 설명할 때까지 행동하지 않고 그의 입에만 의존하게 된다.

말은 언제나 행동을 이기지 못한다. 작은 실험을 통해 바로 확인할 수 있다. 사람들에게 손을 뻗어서 각자의 뺨을 만져보라고 하고 동시에 리더인 자신을 잘 살펴보라고 말해보자. 그렇게 말하면서 손을 뻗어서 턱을 만져보자. 그러면 거기에 모인 사람 중 99%가 리더의 행동을 따라 각자의 턱을 만질 것이다. 인간은 말보다 행동에 먼저 반응하게 되어 있다. 리더가 뭐라고 말하든, 지위가 높은 사람들의 반복적인 행동이 어떤 화려한 웅변술보다 훨씬 강하다.

저항이라는 오해

저항은 불안에서 비롯된다. 변화가 일어나면 직원들의 불안과 불신의 정도가 높아진다. 리더들이 직원들에게 새로운 상황을 나름의 방식으로 이해할 시간을 충분히 주지 않기 때문이다. 수동성과 의존성도 높아진다. 리더가 모든 것을 안다고 기대하기 때문이다. 직원들은 혼란스러워하고 리더만 바라본다. 그런데 리더들은 직원들이 보이는 이 두 가지 상태를 저항적인 행동으로 쉽게 오해한다. 직원들은 수많은 질문을 던지고, 대안적 관점이나 새로운 해석을 제시하고, 서로 다른 의견을 갖는다. 안타깝게도 리더는 직원들의 태도를 저항으로 인지하고 그 해법으로 말하기 방식을 더 강화하는 경우가 많다. 무엇이 중요하고 직원들이 무엇을 해야 하는지 근거를 들어 더 자세히 설명한다.

이런 오독의 결과, 무가치한 행동들이 벌떼처럼 정신없이 일어난다. 리더들은 저항을 관리하는 데 더 많은 시간을 보낸다. 저항에 대한 이와 같은 오해와 오독은 직원들의 눈을 가려서 다양한 관점을 가질 수 없게 한다. 그런데 변화를 겪을 때야말로 직원들의 서로 다른 생각과 관점이 가장 필요한 시기다. 리더는 직원들의 저항을 관리하려고 애쓰는 대신, 그 사람들이 리더의 결정에 영향을 미치고 다양한 관점을 공유할 수 있는 소통법을 고안해야 한다. 변화의 시기에 차이는 그저 좋은 것이 아니라 필수다.

직원들이 의미를 찾고 할 일을 스스로 결정할 수 있는 공간을 창출하지 않고 그대로 말하는 방식, 다시 말해 리더가 옳다고 생각하고 직원들이 반드시 해야 한다고 생각하는 것을 말하는 방식은 다음과 같은 단점이 있다.

- **불안**: 미래를 불확실하게 여기고 걱정하게 된다.
- **의존**: 결정권이 없다고 느끼고 리더가 어떤 행동을 허락해 줄 때까지 기다리게 된다.
- **저항이라는 오해**: 다른 해석과 경험은 리더가 말한 새로운 생각에 대한 저항으로 인식된다.

03

전지전능한
리더의 등장

리더가 자신이 가진 통제력을 과신하며 일을 계획하고 행동하는 일은 리더의 입장에서는 유혹적일 뿐 아니라 불가피해 보인다. 대부분의 리더들은 열심히 일하고 이루고자 하는 일에 주력하면 좋은 결과가 뒤따른다고 배운다. 성공을 위해 어떤 자원을 투입하느냐를 중요하게 생각한다. 전통적으로 사람들은 리더란 최고의 해법을 제시할 수 있고, 무슨 일을 해야 할지 알고(전문 지식), 자신이 옳다는 점을 다른 사람들에게 설득할 수 있어야(근거를 통한 설득력) 한다고 생각한다. 전문 지식과 근거를 통한 설득력은 사람들이 높게 평가하는 리더의 특성이다. 그리고 리더는 개인이 조직에 어떻게 기여할 수 있느냐에 주목한다.

오늘날처럼 복잡한 세상에서는 다양한 특성이 필요하다. 리더들은 분기별로 엄청난 비용 절감을 이뤄야 하거나 하루아침에 신제품을 개발해야 하는 압박에 시달린다. 하지만 직원들에게 무슨 일을 해야 하는지 말하는 것만으로는 절대 해낼 수 없다. 그럼에도 리더는 그동안 받은 교육의 유산과 사람들이 리더에게 거는 기대가 여전히 변함없다는 사실을 잘 안다. 간부들이 모이면 리더들이 현실을 외면하기 위해 애쓰는 모습이 보인다. 전과 달리 뒤로 물러나서 다른 사람들이 조직에 기여할 수 있는 공간을 창출하기 위해 노력해야 한다는 사실을 모른 척하려고 한다. 그들에게 그렇게 할 기술이 없어서가 아니다. 그렇게 하면 리더십에 대한 평가가 나빠질까 두렵기 때문이다. 이런 인식 때문에 리더는 계속 조직을 통제하고 관리하려고 한다. 리더들이 말하기 방식을 고집하는 이유는 리더란 전문 지식이 있고, 어떤 상황에서든 근거를 제시해야 하고, 조직원의 기여도를 강조해야 한다는 유산을 물려받았기 때문이다. 리더가 눈에 띄는 실체를 선택하는 이유는 조직을 통제하고 있다는 환상을 주기 때문이다. 리더들이 이런 유산을 인식하고 그것을 뿌리치려고 해도 말이 행동보다 쉬운 법이다.

리더가 운용하는 시스템이 바뀌고 직원들이 변화할 때, 리더도 함께 변화하는 일은 아주 어렵고 엄청난 용기와 집중이 필요하다는 사실을 부정해서는 안 된다. 그런데 리더로서 그것을 해낸 사람이 있다. 시내 중심가에 위치한 소매상에서 제품 관리자로 일하는 알렉스.

그는 회사에서 격무에 시달렸지만 해당 분야 경험이 풍부했다. 그리고 자신에게 도전하기를 좋아하고 일하는 방식을 바꾸고 싶어 했다. 우리는 1년 넘게 알렉스를 코칭하고 상담하면서 그가 직원들과 적극적으로 상호작용을 하면서 실체의 폭압에서 벗어나도록 도왔다.

어느 금요일 이른 아침 6시 33분, 알렉스가 우리에게 메일을 보냈다. 갑자기 코칭 시간을 조정해서 그날 당장 상담해 달라는 요청이었다. 그러고는 8시 30분에 바로 전화를 걸어서 사정을 이야기했다. 다음 주 월요일에 긴급한 제품 회의가 잡힌 바람에 알렉스는 회의에서 발표할 파워포인트를 완벽하게 준비해야 했다. 그리고 발표가 끝나면 참가자들의 토론도 이끌어야 했다. 게다가 오늘은 회의가 연달아 있어서 주말에도 출근해야 할 판이었다. 사실 우리와 1시간 동안 상담할 여유도 없었다. 알렉스의 가장 큰 고민은 자신이 바꾸고자 하는 방식이 회사 시스템이나 사람들의 기대와 맞지 않을 때 어떻게 대응해야 하는가 하는 점이었다. 파워포인트 자료는 압도적이었지만 진정한 대화로 이어질 만한 내용은 하나도 없었다. 자료를 준비하고 예상 질문을 정리하는 데 주력하다 보니 '진전 있는' 토론을 유도하려는 시도는 거의 하지 못했다. 알렉스는 시간을 갖고 생각한 끝에 자신이 사람들의 기대와 압박 때문에 실체의 폭압에 굴복하고 있음을 깨달았다. 그래서 주말 내내 완벽한 파워포인트를 준비하는 대신 자신에게 한 시간을 주었다. 그리고 그 시간 동안 동료 세 명에게 전화를 걸었다. 그들은 모두 월요일 회의에 참석할 예정이었고, 알렉스는 서로 다른 관점을 가진 그 동료들에게 한 가지 질문을 던졌다. "사람들이 꼭 물어야 하는데 묻지 않는 것이 무엇일까요?" 알렉스는 나머지 시간 동안 사람들과의 가치 있는 대화에 필요한 세 가지 질문을 곱씹어 생각했다.

리더란 항상 옳으며 근거를 통해 그것을 입증해야 한다는 생각은 기존 리더십 이론에서 가장 주요하지만 공인되지 않은 유산이다.

요약하는 의미에서, 말하기라는 소통 방법을 뒷받침하는 생각을 깨보자. 우선 이 방식은 리더가 사람들에게 무엇이, 얼마나, 왜 필요한가를 알려주면 사람들이 빛을 볼 수 있다고 가정한다. 그런데 리더가 메시지를 아무리 뛰어나게 설명하고 파워포인트 슬라이드를 아무리 많이 보여줘도 사람들은 대부분 리더와 똑같이 보거나 이해하지 않는다. 둘째로, 사람들이 이해해야만 행동한다고 가정한다. 담배를 끊거나 운동하려고 시도했던 사람은 이 말이 사실이 아니라는 것을 잘 안다. 말하기 방식이 실패하는 이유는 인간의 본성과 관련이 있다. 인간은 고유의 경험을 가진 개별 독립체이며, 현실이 어떻고 무엇이 이치에 맞고 옳은지는 다른 사람이 아니라 각자의 해석에 달렸다. 에픽테토스(55-135), 데이비드 흄(1711-1776), 조너선 하이트(1963-) 세 철학자의 도움을 받아 리더가 어떻게 소통과 통제와 의미 창출을 해야 하는지 살펴볼 것이다.

04
스토아 철학이 말하는 것

에픽테토스는 그리스의 스토아 철학자다. 노예로 태어났지만 인간의 진실성과 자기관리를 탐구한 철학자로 유명하다. 스토아 철학이란 스토아학파의 철학으로, 윤리를 중시하며 욕망을 억제하고 자연 법도를 따를 것을 주장한다. 오늘날 스토아 철학이라는 단어는 세상과 어느 정도 거리를 두는 냉정하고 무심한 이미지를 떠올리기 쉽다. 하지만 실제로 그런 인식은 이 고대 철학의 뿌리와는 크게 관련이 없다. 스토아학파의 핵심은 세상이 얼마나 예측 불가능한지를 깨닫고, 우리가 인생에서 통제할 수 없는 일에 사로잡히지 않고 통제할 수 있는 부분에 주력해야 한다는 것이다. 스토아 철학은 기원전 300년경 키프로스섬 키티움 출신의 제논Zenon에 의해 만들어져 서력 1세기에 정치와 지식의 고향이었던 로마로 전해졌다. 에픽테토스는 스토아 철학이 일상에 깊이 반영되어 있다고 생각했다. 철학은 이론으로 훈련하는 것이 아니라 실제로 연습하고 현실에 그대로 적용해야 한다고 믿었다. 이론보다 실천을 강조하기 때문에 고대 스토아 철학자들은 사회적으로 지위나 직업이 다양했다. 거의 모든 사회 계층을 아우르는 가운데 가장 유명한 사람 셋을 꼽자면 로마 황제 마르쿠스 아우렐리우스, 유명한 극작가이자 황제의 조언가 세네카, 노예 출신 그리스 철학자 에픽테토스를 들 수 있다. 이렇게 다른 세 사람을 하나로 묶는 것이 바로 스토아 철학이다. 그들은 각자 처한 사회적, 경제적 상황과 상관없이 어떻게 하면 좋은 삶을 살 수 있을지 고민했다.

그렇다면 대부분 통제 중심의 소통 방식을 고수하는 리더들은 에픽테토스와 동료 철학자들에게 무엇을 배울 수 있을까? 에픽테토스는 리더가 통제할 수 있는 것과 그렇지 못한 것을 구분하는 일이 인생에서 가장 중요하다고 보았다. '통제의 이분법 Dichotomy of Control'이라는 말이 붙을 정도였다. 에픽테토스는 리더가 스스로 통제할 수 있는 것에 관심을 집중하면 결국 불안과 좌절, 고통이 줄어든다고 믿었다. 스토아 철학자들은 생각과 행동과 반응의 시작과 끝이 인생에서 리더가 통제할 수 있는 부분이라고 여겼다. 리더는 직원들의 생각과 반응에 영향을 미칠 수 있을지는 모르지만, 분명 그것을 통제하거나 결정하지는 못한다. 에픽테토스는 리더가 직원들의 생각과 반응을 통제할 수 있는 것처럼 행동할 때의 위험성을 다음과 같이 경고한다.

자기 고유의 것이 아닌데 마치 그런 것처럼 생각하면

한탄하게 되고 불안해져서 신과 인간 모두를 비난하게 될 것이다.

— 에픽테토스,《에픽테토스의 자유와 행복에 이르는 삶의 기술》[1]

에픽테토스의 경고는 명확하다. 통제에 대한 오해로 인해 내적으로 혼란스러울 뿐만 아니라 다른 사람까지 지적하고 비난하게 된다. 결국 사람들이 의미를 만드는 데 필수적이며 계속 노력해야만 얻을 수 있는 인간관계를 파괴한다. 스토아 철학이 주장하는 통제의 이분법을 현실에 적용할 때 가장 어려운 부분은 리더가 통제할 수 있는 일이 실제로는 거의 없다는 점을 깨닫고 그에 따라 행동하는 것이다. 리더는 자신이 할 수 있는 일에 최선을 다하고 나머지는 그대로 두어야 한다.

앞에서 말했듯이 통제에 대한 오해는 너무 고질적이라 리더가 그 덫에 걸려도 알아차리기 어렵다. 수많은 리더를 코칭하면서 말하기 방식의 영향을 잘 이해하고 자신의 소통 방식을 바꾸기 위해 부단히 노력하는데도 여전히 직원들에게 생각과 감정을 지시하는 경우를 많이 보았다. 리더들은 다른 방법으로 위장해서 지시하기도 한다. 질문하는 것은 지시가 아니라고 생각하기 때문이다. 모든 직원이 모인 자리에서 리더가 질문하는 식으로 지시하는 모습을 볼 수 있다. 그때 리더는 이미 답을 알고 있다. 일방적인 송수신 소통에도 리더가 정한 답이 담겨 있다.

리더가 말하기 방식으로 소통하려고 할 때 떠올리면 좋은 두 가지 질문이 있다.

- 이 대화를 통해 얻으려는 결론을 내가 이미 알고 있는가?
- 직원들이 다른 관점을 보이면 불안하고 답답한가?

나아가 말하기의 덫을 피하기 위해 두 가지 질문을 생각해 보자.

- 내가 두려워하는 이유는 무엇인가?
- 내가 더 잘 이해하고 더 좋은 선택을 하고 더 좋은 결과를 내기 위해 직원들에게 무엇을 배울 수 있을까?

최근 한 열정적인 CEO가 팀원들과 이야기하는 장면에서 이른바 '탐구 전문가' 역할의 전형을 목격했다. 전체 직원이 모인 대규모 회의에서 그 CEO는 다른 직원과 같이 어울려 앉아서 중요하고 민감한 질문들을 던지기만 했다. 자신의 지식을 이용해 직원들의 다양한 관점을 모으고 직원들이 최대한 회의에 몰입하도록 유도했다. "제품을 포장할 때 플라스틱 사용을 더 줄여야 할까요? 여러분의 생각은 어떻습니까?" 그의 역할은 답을 제시하는 것이 아니라 직원들이 적극적으로 사고하고 그들이 정보를 더 많이 얻고 대화에 참여하도록 유도하는 것이었다. 그 회사는 1년 뒤 매우 혁신적인 재사용 방법을 도입해

포장재 낭비를 줄이는 데 성공했다.

다시 리더가 통제할 수 있는 것과 통제할 수 없는 것을 살펴보자.

- 통제할 수 있는 것
  - · 자신의 의도
  - · 자신이 가능하게 할 수 있는 프로세스(규칙을 정하려 해서는 안 된다!)
  - · 자신의 행동
- 통제할 수 없는 것
  - · 리더의 말과 행동에 대한 직원들의 반응
  - · 직원들이 각자의 상황을 경험하는 방식
  - · 직원들의 신념, 감정, 성향
  - · 직원들의 행동

위의 항목을 다시 살펴보자. 여러분은 리더로서 통제할 수 없는 부분에 얼마나 많이 주력하고 있을까? 이것 말고 리더가 시간을 더 많이 들여야 할 일은 다음과 같다.

- 자신의 의도를 돌아보고 직원들과 공유하기
- 자신이 어떻게 행동하는지를 이해하고 돌아보기
- 직원들이 서로 관계를 맺고 자기 나름대로 상황을 이해할 수 있는 프로세스를 가능하게 하기

위의 일에 주력하려면 무엇을 해야 할지 생각해 보아야 한다. 여기서 스토아 철학이 주는 중요한 두 가지 교훈에 주목해 보자. 첫째, 스토아 철학에서 말하는 통제의 이분법을 적용해서 리더가 통제할 수 있는 일에 주력하고 있는지, 통제할 수 없는 일이나 통제해서는 안 되는 일에 주력하고 있는지를 확인해야 한다. 둘째, 리더가 결과를 예측하고 통제할 수 있는 프로세스가 아니라, 예외적인 상황을 고려한 프로세스를 가능하게 하는 데 주력해야 한다.

리더는 자신이 이미 의미를 규정해 놓은 메시지를 전할 때 다음과 같은 두 가지를 가정한다.

1   리더는 근거만 제시하면 직원들의 이해와 믿음을 통제할 수 있다.
2   직원들이 근거를 이해하면 행동으로 옮길 것이다.

첫 번째 가정은 사람들 사이에서 의미가 근거를 통해 전달될 수 있다는 철학적 오해에서 비롯된다. 조너선 하이트의 관점을 바탕으로 첫 번째 가정과 관련해서 의미를 만드는 것은 다른 누구에 의해서가 아니라 고유의 권리를 가진 인간의 활동이라는 점을 살펴볼 것이다. 두 번째 가정은 논리가 행동을 유도한다는 철학적 오해에서 기인한다. 이와 관련해서는 데이비드 흄의 관점을 바탕으로 윤리적 행동이 열정으로 촉발되고 다른 사람들과의 이성적 상호작용을 통해 발전한다는 점을 확인하고자 한다.

05

우리가 세상을 이해하는 방식

회의가 끝나고 커피 자판기 주변이나 주차장에 모여서, 또는 저녁 식사를 하면서 궁금한 점을 이야기하다가 합의에 도달해 본 경험이 누구나 한 번쯤 있을 것이다. 이 과정은 지극히 인간답고 중요한 의미 형성sense-making 과정이다. 인간은 자신의 세계관을 토대로 정보를 이해한다. 아무리 논리와 지식을 총동원해 열심히 설득해도 직감의 힘을 이기지 못한다. 마음속으로 옳다고 생각하지 않으면, 실제로 행동으로 옮길 수 있다 하더라도 그렇게 하기가 어렵다. 두 번째로 기억해야 할 점은 세상을 고유의 방식으로 이해하는 일이 사회적 과정이라는 점이다. 인간은 다른 사람, 특히 신뢰하는 사람과의 관계 안에서 세상을 이해한다. 이와 관련해 현대 윤리철학자 하이트의 관점을 토대로 세상을 이해하는 사회적 과정을 살펴보자.

행동에 대한 이해력을 높이고 행동을 개선하는 과정에서 리더는 끊임없이 의사 결정을 한다. 하이트는 새로운 것을 만났을 때 머릿속에 처음 떠오르는 것이 강력한 직관적 반응이라고 주장한다. 직관은 우리가 그것을 미처 알기도 전에 작동한다. 그리고 마음속에 형성된 현재와 과거의 관계에 바탕을 둔 경우가 많다. 여기서는 이러한 점을 근거로 직관의 의미와 관련해 다양한 판단을 내려보고자 한다. 예를 들어 직관이 좋은지 나쁜지, 그것을 두려워해야 하는지 인정해야 하는지, 그에 따라 어떻게 행동해야 하는지를 생각해 보고자 한다. 끝으로 결론을 내리고 그것을 뒷받침하는 추론을 전개할 것이다.

여기서는 하이트의 의견에 다음 세 가지를 추가해 보자. 인간이 새로운 일을 마주했을 때 마음속에서 직관적으로 세 요소가 작동한다.

1 **감정**: 새로운 일이 일어나면 어떤 기분이 드는가? 왜 그런 감정이 생기는지는 모르지만 즉각적인 반응을 감지한다.

2 **성향**: 새로운 일을 어떻게 받아들이는가? 기회로 여기는가, 위협으로 여기는가?

3 **경험**: 전에 보거나 경험한 일 중에 비슷한 것이 있는가? 그 과거 경험은 어땠는가?

리더는 회의에 참석했을 때 자신이 어떻게 상호작용 하는지 주의 깊게 살펴보자. 그러면 자신이 대부분 논증하고 설득하는 수준에 머문다는 점을 알게 될 것이다. 근거와 논리는 비즈니스를 대표하는 말이라서, 리더들이 대부분 논증을 통해 자신의 관점을 공유한다는 사실은 놀라운 일이 아니다. 리더는 보통 감정이나 경험, 성향을 솔직하게 터놓으려 하지 않으며 판단을 내릴 때는 훨씬 더 그렇다. 그 결과 중요한 문제가 생긴다. 리더가 상대의 의견을 비판할 때 무조건 근거로 맞서게 된다. 그래서 상대가 그런 판단을 한 이유나 그런 판단을 내리기까지의 감정, 성향, 경험을 이해하거나 분석하지 못한다. 그러나 자신의 근거만으로는 상대방의 추론을 바꿀 수 없다. 상대방을 설득하려면 그의 직감을 탐구해야 한다.

앞에서처럼 사람들이 커피 자판기 앞이나 주차장에서, 저녁 식사를 하면서 이야기하는 모습을 생각해 보자. 사람들은 신뢰하는 사람들과 직감(감정, 성향, 경험)을 공유하고 탐구한다. 그것이 바로 핵심이다. 사람들은 신뢰하는 사람과 직감을 공유함으로써 자신의 판단에 대한 이해를 높이고, 심지어 때로는 그 판단을 바꾸기도 한다. 이때 세상을 보는 새로운 눈이 생길 수 있다. 사람들이 판단을 뒤집는 것은 상대방이 근거를 공격해서가 아니다. 만일 공격을 받아 판단을 뒤집는다 해도 그것은 표면적인 합의일 뿐, 그 판단을 진심으로 따르는 경우는 거의 없을 것이다.

그렇다면 하이트의 생각에서 무엇을 배워야 할까?

- 근거와 논증만으로는 사람들이 생각을 바꾸도록 설득할 수 없다.

- 새로운 일을 인지하는 방식의 핵심은 경험, 감정, 성향이다.

- 감각 형성과 의미 창출은 관계 속에서 반복적으로 상호작용 하는 과 정이다.

진정한 발전을 위해서는 자신의 두려움과 직감을 솔직하게 밝히 고 공유해야지, 저항의 꼬리표를 붙여서는 안 된다.

06

이성과 열정 사이

조직의 공동 과제에 대해 직원들이 나름의 감각을 형성하고 의미를 찾도록 촉구하는 문제로 돌아가 보자. 이때 리더들이 자주 빠지는 두 가지 함정이 있다. 첫째는 의미를 찾는 데 걸리는 시간과 관련된 함정이다. 리더는 자신이 특정한 결론을 내리기까지의 여정을 극단적으로 과소평가하는 경향이 있다.

한 CEO가 중간 관리자들이 주도적으로 일하지 않는다고 좌절하며 우리에게 도움을 요청했다. 그래서 비공개로 9개월 가까이 시간을 들여 상황을 이해하고 필요한 조언을 얻고 그의 생각과 감정을 정리했다. 하지만 사람들은 그의 결론을 잘 받아들이지 않았다. 그는 자신이 걸어온 길을 돌아보았다. 초기에 컨설턴트들과 워크숍을 열었을 때 영감을 받아 새로운 아이디어가 떠올랐고, 간부들의 코칭을 받아 아이디어를 정리할 여유를 얻었으며, 신뢰하는 최고전략책임자와 함께 그것을 구체화하는 계획을 짜기 시작했다. 그는 자신의 아이디어를 자신 있게 실행할 때 가장 중요한 것은 인지적 여정이 아니라 감정적 여정이라는 사실을 깨달았다. CEO로서 그가 할 일은 모든 답을 알거나 위계를 통해 지시하고 통제하는 것이 아니었다. 조직이 원하는 바가 무엇인가를 모든 직원이 나름의 방식으로 이해하고, 의미를 찾아서 조직에 기여할 수 있는 공간을 만들어야 했다.

리더는 전략설명회에서처럼 조직이 해야 할 일과 그 이유를 직원들과 솔직하게 공유할 때, 그것을 전하고 반복하고 그에 대한 반응을 살피는 데 상당한 시간을 보낸다. 그들은 자신의 직감과 판단을 신뢰하는 사람들과 함께 탐구할 시간이 있었다. 그런데 이런 기회가 다른 사람들에게는 잘 주어지지 않는다. 리더가 조직의 진전을 결심하는 순간, 전략을 이해하기 위한 전 과정을 다른 직원들과 또다시 반복하는 일은 불필요해 보인다. 시간을 줄이기 위해 리더가 직원들이 해야 할 일을 미리 정해서 말로 전달하는 것이 훨씬 더 좋고 효율적으로 보인다. 하지만 안타깝게도 실제로는 그렇지 않다.

리더가 빠지기 쉬운 두 번째 함정은 행동이 뒤따르지 않을 때 일어나는 일과 관련되어 있다. 아마 첫 번째 함정에 빠진 결과일 수도 있는데, 리더는 사람들의 경험을 바꾸는 데 에너지를 쏟는다. 그들의 경험을 이해하려고 노력하지 않는다. 바로 이때 '이것이 여러분에게 이로운 것입니다' 하는 식의 메시지가 가장 많이 등장한다. 아무리 의도가 좋아도, 사람들에게 좋은 미래를 보여주고 싶다 해도, 리더는 하이트의 생각을 되새겨야 한다. 이성은 경험에 맞서 이기지 못한다. 더 중요한 점은 이런 일방적인 소통 방식은 직원들이 가지고 있는 생생한 경험과 고유의 통찰과 관점, 아이디어를 약화시킨다. 직원들이 조직에 기여할 기회를 빼앗는다.

스코틀랜드 출신의 데이비드 흄은 '정서'가 이성보다 강력하다고 주장한 또 다른 철학자다. 흄은 현실에서 누구도 실천하지 않는 추상적이고 이론적인 원리를 정하는 데는 관심이 없었다. 그는 인간이란 어떤 존재인가를 관찰하는 일에 몰두했다. 그는 저서 《인간이란 무엇인가》에서 일반적인 철학적 사고와 달리 "인간이 모르는 것은 윤리적 행동을 통제하는 법이 아니라 감정을 통제하는 법이다"라는 주장을 옹호했다.[2] 이 주장은 감상주의Sentimentalism 또는 도덕감정론Moral Sense Theory의 핵심이다. 이 사상들은 윤리적 행동과 비윤리적 행동을 구별할 때 객관적 원칙이나 적용 가능한 규칙이 아니라 경험에 대한 감정적 반응을 기준으로 한다고 주장한다.

흄은 사람들이 상호작용 하는 방식을 관찰한 뒤 "이성은 열정의 노예다"라는 결론을 내렸다. 그가 말하는 열정이란 사람들이 감정, 본능, 욕망이라고 규정하는 것을 가리킨다. 그리고 이성이 노예라는 말은 이성이 기본적으로 열정을 보호하는 일에 관여한다는 말이다. 다시 말해 이성은 사람들이 마음 쓰는 일을 보호하는 도구로 쓰인다는 사실을 의미한다. 데이비드 흄의 생각에 따르면 리더가 말로 소통하며 이성을 중요시하는 태도는 잘못되었다. 이성은 부수적인 존재에 불과하다. 이성은 리더가 반대에 직면했을 때 리더의 열정을 정당화하고 그것을 지켜내기 위한 수단일 뿐이다. 리더는 이성으로만 호소해서는 사람들의 행동을 자극할 수 없다. 사람들과 열정을 나누기 어려워지고 아무리 주장해도 냉담한 반응이 돌아올 뿐이다. 그 이유는 다른 사람들의 열정을 살피는 일을 처음부터 무시했기 때문이다. 리더는 사람들이 어떤 생각을 하고 그 근거가 무엇인지 묻는 경우는 있어도, 사람들의 직감이나 욕구, 감정은 잘 묻지 않는다. 하지만 사람들을 움직이게 하는 요인은 사람들의 감정과 바람이지, 리더의 말이 아니다.

의학 통계를 보면 충격적이기는 하지만 이 점을 아주 잘 알 수 있다. 통계에 따르면 심혈관 우회술을 받고 회복한 사람 중 건강을 유지하기 위해 생활방식을 제대로 개선한 사람은 10%에 불과했다. 이런 결과가 나온 이유는 사람들이 생활방식을 개선하지 않았을 때 나타날 위험을 몰라서가 아니다. 생활방식을 크게 바꾸려면 자신이 어떤 사람인지, 어떤 사람이 되고 싶은지, 즉 정체성이 바뀌어야 하기 때문이다. 정서와 정체성, 즉 자신과 다른 사람에게 어떤 사람이 되고 싶은지가 서로 연결되어야 새로운 행동을 장기적인 습관으로 만들 수 있다. 흄은 다음과 같이 말했다.

이성은 혼자서는 절대로 의지에 의한 동기가 될 수 없고, 혼자서는 절대 열정에 맞서 의지를 꺾지도 못한다. 이성은 사람들을 행동하게 할 수 없다. 행동하고 싶은 충동 자체는 반드시 열정에서 나온다.

지금까지 이야기한 데이비드 흄의 세 가지 교훈을 정리해 보자.

- 이성은 행동을 촉발하지 않는다. 열정을 깨닫거나 열정을 지키려고 할 때 행동하고픈 충동이 생긴다.
- 열정은 다른 사람과 만나고 경험을 공유할 때 생긴다.
- 이성은 열정을 보호하는 가면이 될 수 있다.

열정은 흄이 말한 대로 고정적이지 않다. 인생을 사는 동안 발전하고 변하며 세상 경험에 영향을 받는다. 열정은 다른 사람들과 만나서 경험을 나눌 때 생기는데, 이와 관련해 8장에서 더 자세하게 다루고자 한다.

07

말하지 말고
귀를 기울여라

지금까지는 철학자들의 견해를 통해 말하기 방식의 문제점을 확인했다. 이제 그들의 식견을 이용해 새로운 소통 방법을 찾아보자. 사람들의 생각을 통제할 수 없다는 사실을 깨달았다면 사람들에게 의미를 부여하려는 시도는 그만두고, 사람들이 서로 의미를 만들고 이해할 기회를 만드는 데 주력해야 한다.

키스라는 이름의 고객은 앞서 제시한 세 가지 철학적 교훈을 적용해서 수백만 파운드가 드는 조직 개편 프로그램을 마련하고 있었다. 그는 스토아 철학을 통해 그가 통제할 수 있는 것은 결과가 아니라 프로세스뿐이라는 사실을 깨달았다. 흄에게는 개인의 열정이 가진 힘을 배웠고, 하이트에게는 이성보다 직감이 먼저라는 점을 배웠다. 그가 맡은 일은 직원을 1,000명이나 둔 조직의 작업 환경을 완전히 바꾸는 일이었다. 기존 사무실에서 칸막이를 없애고 넓게 개조해 공동 공간으로 만들려면 조직 문화를 상당히 많이 바꿔야 했다. 그는 자신의 전문 지식과 경험을 바탕으로 구체적으로 프로젝트를 계획했다. 그리고 앞으로 어떤 일이 벌어질지 말로 전하기 전에, 불안과 두려움과 같이 사람들이 겪게 될 감정을 인식했다. 그는 자신의 계획을 이성적이고 논리적으로 사람들에게 말하는 것보다, 자신이 사람들의 경험과 감정과 성향을 이해해야 한다고 생각했다. 그가 한 가장 인상적인 일은 사람들이 새로운 변화를 직접 경험하도록 한 것이었다. 사람들에게 새로운 환경에서 긍정적인 감정을 경험할 기회를 주었다. 사무 공간을 바꾸기 전에 먼저 새로운 사무실과 똑같은 공간을 선보였다. 사람들은 그곳에서 새 의자에 앉고 카펫도 만져보면서 이것저것 살필 수 있었다. 별것 아닌 일 같지만 효과는 매우 컸다. 두 번째로, 그는 파워포인트를 사용하지 않았다. 대신 몇 명씩 모여 이야기하면서 그들이 느끼는 두려움과 걱정을 나눌 수 있게 했다. 사람들의 말을 듣고 좋은 해법을 찾으려고 한 것만은 아니었다. 사람들에게 앞으로 나아갈 수 있는 공간을 만들어주고 싶었다. 협상할 수 없는 것은 분명히 하면서도 사람들에게 적극적으로 도움을 요청했다. 그 결과 사람들은 새로운 환경에 대해 고유의 의미를 갖게 되었고 두려움은 점차 기대로 바뀌었다.

우리는 리더들에게 자신이 내린 결론을 말로 전하지 않고 직원들의 생각을 반영해서 미래를 설계하려고 할 때 두려운 점이 무엇인지 물었다. 그들은 대부분 '어떤 일이든 일어날 수 있다'는 두려움을 꼽았다. 우리는 그 리더들에게 조직에서 가장 간절히 바라는 것이 무엇인지 다시 물었다. 그들은 더 많은 창의력과 혁신, 민첩함이라고 대답했다. 그런데 조직이 그렇게 변화하려면 당연히 '어떤 일이든 일어날 수 있어야' 한다. 리더가 무엇보다 두려워해야 하는 존재는 자신이 옳다고 믿고 그렇게 행동하는 사람이다. 조직이 발전하려면 무엇보다 다양한 관점이 필요하다. 모든 사람에게 한 가지 특정한 생각이나 방식, 계획을 따르라고 설득해서는 안 된다. 다음 장에서는 이 점을 바탕으로 '몰입'을 바라보는 관점과 직원에게 동의와 헌신을 요구할 필요성 사이에서 방황하는 리더의 모습을 살펴볼 것이다.

철학이 말하는 리더의 지혜

모든 리더가 해결해야 할 커다란 과제가 있다. 사람들은 전능한 리더, 모든 해답을 아는 리더를 기대한다. 그런데 그런 기대가 너무 커서 온전히 사람답게 행동할 수 없게 된다. 리더의 그런 상황을 인지하고 리더의 전능한 이미지에 이의를 제기해야 한다. 리더가 통제할 수 없는 일을 깨닫고, 그런 것은 그대로 내버려 두어야 한다. 훌륭한 프로세스를 가능하게 하는 데 에너지를 집중하고 조직을 어떤 일이든 가능한 공간으로 만든다. 사람들이 고유의 의미를 만들 수 있는 공간이 만들어지면, 집단행동으로 이어지는 길도 스스로 정할 것이다.

리더는 사람들에게 자신의 생각을 끊임없이 말해서는 안 된다. 사람들이 행복하고, 아이디어가 넘치고, 성과가 높은, 인간다운 직장을 만들어야 한다. 그러기 위해서는 세상을 다르게 볼 줄 아는 미덕을 갖춰야 한다.

1   당신은 자신이 통제할 수 있는 일(나의 의도, 행동, 내가 가능하게 할
    수 있는 프로세스)에 에너지와 활동을 어느 정도 집중하는가?

2   다른 사람들의 직감, 즉 그들의 감정과 경험을 이해하고 탐구
    하는 데 얼마나 많은 시간을 들이는가?

3   직원들에게 나약하고 실수하며 답을 모르는 리더의 모습을 보
    일 수 있는가? 직원들이 그런 모습을 보일 때도 그들을 인정할
    수 있는가?

8장

무엇이 직원들을 몰두하게 하는가

| 몰입 |

WHAT PHILOSOPHY CAN TEACH YOU

ABOUT BEING A BETTER LEADER

"인간은 자신보다 더 큰 존재의 일부가 되려고 한다.
그러므로 뭔가를 이루기 위해 일할 때 우리는 진정한 인간이 된다."

앞 장에서는 리더가 기존의 소통 방식을 바꾸고, 사람들이 자기 고유의 의미를 만들고 자신의 목표를 이룰 수 있는 공간을 만들어야 함을 확인했다. 이번 장에서는 사람들의 '몰입engagement'에 관한 주제를 다루며 리더들이 또다시 잘못된 곳에서 해답을 찾고 있음을 확인하려 한다. 인간다운 직장을 만들려면 리더는 다른 사람들과 진심 어린 관계를 맺어야 한다.

철학자 마르틴 부버Martin Buber의 사상을 바탕으로, 리더가 직원의 몰입도를 평가하고 그들을 목표를 위한 수단으로 여기는 태도를 버리고 그들을 이해하는 일이 얼마나 중요한지 밝히고자 한다. 리더가 사람들을 목표를 위한 수단으로 여기고 자기가 세운 계획에 몰입시키는 데만 열중할 때 생기는 피해 또한 살펴볼 것이다. 여러 문제와 과제를 통해 리더의 역할은 사람들을 몰입하게 하거나 기여도를 평가하는 것이 아니라는 점을 확인하고자 한다. 리더의 역할은 직무에 몰입한 사람들이 서로 만나 상호작용을 일으키고 결과적으로 개인과 조직 모두가 변화할 수 있는 공간을 만드는 것이다.

01

왜 몰입을
측정하려 하는가

먼저 이 문제와 관련해 과거 함께 일한 적 있는 한 조직을 방문해 보자. 연간 몰입도 조사 보고서가 마침내 경영진의 메일 수신함에 도착했다. CEO는 드디어 그 데이터를 받고 안심했다. 조직은 지난 1년 동안 극심한 변화를 겪었고 직원들의 사기는 바닥을 보였다. 4개월 전 직원 대다수가 50문항이 넘는 설문지에 답을 써서 제출했다. 그렇게 할 수 있었던 것은 인사과에서 조사를 완수하기 위해 직원들을 적극적으로 설득한 덕분이었다. "여러분의 의견이 정말 중요합니다!"라고 말하며 조사에 응해달라고 간절히 요청했다.

막대그래프가 난무하고 명확하지 않은 데이터들이 부서별로 분석되던 중, 한 가지 놀라운 통계가 발견되었다. 경영진에 대한 신뢰가

32%에 불과했다. 말이 되는가? 전체 직원 중 32%만이 경영진이 조직에 필요한 방향을 제시할 수 있다고 여겼다. 나머지 보고는 CEO의 눈에 들어오지 않았다. 그는 즉시 인사부장과 팀원들을 불러 비밀리에 긴급회의를 열었다. 실행계획이 필요했다. 무슨 일을 할 수 있을까? 조언을 구하고, 컨설턴트의 상담을 받았다. 시간이 지났다. 한편 CEO와 인사부를 제외한 나머지 조직은 보고서에 대해 잊어갔다. 몇 개월 뒤 그 보고서는 다시 정리되어 공개되었고 경영진은 앞으로 2년 안에 몰입도 점수를 75점으로 올리겠다고 발표했다. 개선을 보장하기 위해 다양한 KPI가 새로 설정될 예정이었다.

많은 조직에서 해마다 몰입도 조사를 실시하는 것은 벽에 조직 가치를 만들어 새기는 것만큼이나 흔한 일이다. 그런 조사를 실시한다는 것은 간부들이 몰입도 문제를 얼마나 진지하게 다루는지를 보여준다. 산업은 점점 발전하고 시장에 뛰어드는 기업도 매년 늘어난다. 2018년 링크드인 LinkedIn은 직원 몰입도 조사 서비스를 선도하는 기업 글린트 Glint를 4억 달러를 투자해 인수했다고 발표했다. 여기서 질문이 생긴다. 이런 것이 실제로 몰입에 어떤 영향을 줄까?

이 장에서는 몰입의 문제를 마르틴 부버의 의견을 바탕으로 철학의 관점에서 들여다보고자 한다. 몰입에 대한 기존의 이해와 몰입을 리더십의 영역으로 여기는 생각을 뒷받침하는 근거도 살펴본다. 또한 이 주제가 사람들의 삶과 일에서 어떤 모습으로 등장하는지 돌아본다. 나아가 철학적 관점을 탐구하고 거기서 얻은 교훈을 몰입에 대한 고전적 접근법에 적용함으로써, 그 접근법이 몰입을 약화시킨다는 사실을 밝힐 것이다. 그런 뒤 대안이 되는 방법을 제시한다. 리더는 사람들이 그의 계획에 얼마나 몰입하는지에 주목하는 대신, 사람들이 잘 살고 아이디어가 넘치고 성과를 높일 수 있도록 노력해야 한다. 그렇게 하려면 다른 사람들을 온전히 마주하는 능력을 키워야 한다. 이것은 단순히 사람들과 접촉하는 일과는 질적으로 완전히 다르다. 만남은 그 사람이 지닌 정체성의 핵심에 닿는 일이다. 깊이 관계 맺는 일이며, 정확한 몰입을 의미한다.

다시 앞의 이야기로 돌아가서 관련자의 입장이 되어 생각해 보자. 경영진으로서는 분명히 압박감을 느끼고 책임을 통감하지만 어떤 조치를 취해야 할지 정확하게 알지 못한다. 무슨 일을 할 수 있을까? 무엇을 해야 할까? 뭔가 조치하는 모습을 보여야 하지만 어디서부터 시작해야 할까? 결국 경영진은 무심코 똑같은 방법으로 원하는 결과를 얻으려고 한다. 평가하는 대로 얻는다는 가정 아래 몰입도 점수를 더 잘 받을 수 있도록 경영 방식을 관리하려고 노력했다. 몰입과 관련된 KPI를 설정함으로써 불안감을 억눌렀다. KPI가 불안을 불러일으키고 몰입을 저해하며, 무엇보다 문제 원인의 개선을 늦추거나 막는다는 사실을 알지 못했다.

이제 인사부의 경우를 생각해 보자. 우선 인사부에서는 몰입도 조사를 확실하게 완수해야 했다. 이 일은 지난 조사 이후 비꼬는 말이 많았던 터라 쉽지 않았다. 게다가 경영진에게 나쁜 소식을 전해야 하기 때문에 보고서를 최대한 경영진의 마음에 들게 작성하기 위해 밤낮을 가리지 않고 일했다. 그러나 올해는 조사 결과가 늦게 나와서 평판이 나빠졌다. 피로에 지친 채로 최전선에서 싸웠지만, 비난을 면치 못하고 아무런 격려도 받지 못했다. 나머지 조직은 어떨까? 사람들은 기껏해야 그 조사에 응하면서 머리를 잠시 식혔을 뿐이고, 최악의 경우는 리더가 집중하는 일에 기여하는 데 크게 방해가 되기도 했다.

가장 많이 언급되는 몰입도 조사의 목적은 '직원들이 조직에 마음을 쓰는 정도'를 측정하기 위함이다. 그런데 아리스토텔레스에서 칸트에 이르는 철학자들은 몰입을 단순히 인간의 조건이라고 주장할 것이다. 인류학자이자 작가인 조지프 헨릭Joseph Henrich은 사회적으로 서로를 연결하는 몰입의 능력이야말로 인간이 생물의 종으로서 성공한 비결이라고 말할 것이다. 리더도 인간이기에 의미 있는 기여를 하고 싶어 한다. 자신보다 더 큰 존재의 일부가 되려고 한다. 다른 사람과 함께 뭔가를 이루기 위해 일할 때 진정한 인간이 된다.

몰입, 특히 이해관계자의 몰입은 경영대학원의 전통적 커리큘럼을 구성하는 핵심 요소이다. 리더들은 훌륭한 글로벌 전략을 해석해서 실질적 행동으로 나타나게 하는 것이 가장 중요하다고 배운다. 이것은 문화를 바꾸고 민첩하고 혁신적인 조직을 만들기 위한 기초이다. 우리는 많은 시간을 들여 여러 팀과 리더들에게 이 문제에 대해 조언하고 이끌어왔다. 이 일을 하면서 몰입이 CEO의 주요 의제임을 확인했다. 조직에서 리더로서 동료들의 관계를 어떻게 만들 것인지,

또는 도입부에서 언급한 CEO의 이야기처럼 리더십에 만족하지 못하는 68%의 직원들에게 어떻게 신뢰를 얻을 수 있을지 고민한다. 리더가 몰입에 집중하는 것은 당연하다. 단지 리더 혼자서는 그 문제를 감당하지 못한다는 점을 알아야 한다.

02

몰입은 문제가 아니다

최근 우리는 한 워크숍에서 참석자들을 대상으로 어떤 개념이나 사람과의 관계를 눈에 보이는 방법으로 표현하는 훈련을 실시했다. 참석자들에게 조직 전략을 새로 제시하고 그것과 자신의 관계를 생각하고 표현해 보도록 했다. 회의장 가운데 의자 하나를 놓고 그것을 새로운 전략이라고 가정했다. 참석자들에게 의자 주변에 적절히 위치를 잡고 그 전략에 대한 감정을 표현해 보라고 했다. 그러자 한 참석자가 자리에서 일어나 의자와 최대한 멀리 떨어진 곳으로 가더니 창문을 바라보며 의자와 모든 참석자를 등지고 섰다.

이어서 토론이 벌어졌고 몰입 과정에 대한 아주 흥미로운 통찰이 엿보였다. 그 직원이 표현을 마치자 곧바로 다른 참석자들의 질문이

쏟아졌다. 그는 왜 그렇게 느꼈을까? 다른 사람들도 그렇게 느낀다는 사실을 알고 있을까? 이 사람이 반란을 계획하고 있나? 나머지 사람들의 반응을 살펴보니 두 가지 사실이 드러났다. 첫째, 사람들은 눈으로 생생하게 본 것, 이 경우 그들의 동료가 행동으로 보인 분리 감정을 그대로 인정하거나 그 행동을 통해 뭔가를 알게 되는 일을 꺼리는 것이 분명했다. 둘째, 나머지 사람들 사이에서 그들이 본 것을 조직 전체의 '이탈'로 성급하게 결론짓고 그것을 완화하고 관리하려는 욕구가 보였다. 당연히 그들은 전략에 대한 단 한 사람의 해석을 보았을 뿐이다. 사람들은 그렇게 하는 대신 그런 반응을 솔직하게 인정하고 그것을 기회로 삼을 수도 있었다. 참석자들을 포함한 조직의 모든 사람이 새로운 전략을 어떻게 해석하는지 살피고, 전략 자체를 개선하기 위한 교훈을 얻을 수도 있었다. 그러나 앞서 7장에서 보았듯 리더는 사람들에게 새로운 전략을 제시하고 전해야 한다는 부담을 느낄 때, 학습 효과를 약하게 하는 나쁜 습관에 의지하는 경우가 많다. 감정이란 다루기 힘들기 때문에 정면으로 다루지 말고 제쳐놓아야 내용이나 사실에 주력해서 계획이 틀어지는 일을 막을 수 있다고 생각한다.

쉬는 시간이 되자 비즈니스 개발부장과 인사부장이 촉진자(집단의 변화를 이끄는 사람들-옮긴이) 역할을 하는 우리를 붙잡고 호소하기 시작했다. 리더들은 어떻게 해야 동료들을 새로운 미래에 몰입하게 할 수 있냐고 물었다. 한 사람은 앞에서 새로운 전략과 '거리 두기'를 시도

한 참석자가 경영진 중 한 명이기 때문에 반드시 전략에 몰입하고 기여해야 한다고 절망 섞인 어조로 말했다. 우리는 곧이어 물었다. "왜죠?" "그 사람이 왜 그래야 하죠?" 침묵이 이어졌다. 비즈니스 개발부장도 인사부장도 그 이유가 무엇인지 대답하지 못했다. 두 사람은 리더란 반드시 사람들을 설득해야 하는지, 아니면 사람들을 통해 새로운 사실을 얻기 위해 노력해야 하는지에 대한 딜레마에 빠졌다.

리더들은 이 딜레마에 충분히 맞서고 있을까? 당연한 권리인 것처럼 누군가에게 리더의 의제에 몰입하라고 요구한다는 사실을 알고 있을까? 요구하는 일과 배우는 일은 사람들과의 관계 방식이 아주 다르다. 첫째, 사람들에게 요구하거나 사람들을 설득하는 일에는 기본적으로 리더 자신이 옳다는 생각이 깔려 있다. 하지만 4장에서 확인했듯이 리더가 항상 옳은 것은 아니며 옳다고 해도 오래가지 않는다. 둘째, 새로운 것을 배우는 일은 사람들을 만나고 피드백을 구해서 리더가 진실이라고 믿는 가설을 의식적이고 지속적으로 시험해야 한다고 전제한다. 4장에서 우리는 전략이란 일종의 실험이고, 리더는 그 실험을 통해 자신의 신념을 이해하고 바로잡아야 한다고 말했다. 다시 말해, 리더는 끊임없는 배움의 여정 속에 있다. 늘 진실을 구해야 한다. 여러분도 직원들과 이와 같은 연습을 해보면 어떨까? 물리적 소재와 비유를 활용해 각자의 상황에 따라 변화에 대한 감정과 차이를 표현해 보는 것이다. 그렇게 하면 다른 사람들이 세상을 경험하는 방식을 이해할 수 있게 될 것이다. 그리고 리더로서 배움을 극대화하는 동시에 다른 사람들의 배움도 극대화하려면 어떻게 해야 하는지도 고민하게 될 것이다.

우리는 때가 되면 팀원들에게 처음에는 답이 분명해 보이지만 결국 잘못된 것으로 밝혀지는 문제를 과제로 제시한다. 한 참석자는 재무이사였는데 끝까지 자기의 답이 옳다고 확신했다. 그러나 결국 틀렸다. 그 뒤로 그는 동료들에게 이렇게 말한다. "옳다는 확신이 들어도 내가 틀릴 수 있다는 점을 기억해야 합니다. 그리고 다양한 해석과 관점을 듣고 탐구해야 합니다."

'몰입'이라는 말은 흔히 '지지'라는 말과 동의어로 쓰이고, 리더가 추진하는 계획에 사람들이 동의하고 전념하도록 하는 과정으로 여겨진다. 이때 리더의 계획은 대개 명확한 단계가 설정되어 있고 계획을 실행했을 때 적절한 혜택이 제시된다. 몰입과 관련해 리더들이 공통적으로 던지는 질문이 있다. 다른 이해관계자들, 특히 종합적인 결과에 영향을 주는 사람들의 지지를 어떻게 얻을 것인가. 그리고 조직에서 더 많은 사람이 경영진의 비전에 몰입하게 하려면 어떻게 해야 하는가.

몇 년 전 어느 글로벌 소매업체 혁신 담당자의 고문으로 일한 적이 있다. 그 담당자는 열정적으로 일에 전념했고 그와 마찬가지로 의욕적이고 똑똑하고 잠재력이 높은 사람들로 구성된 대규모 팀을 운영했다. 그런데 그와 일하기 시작한 무렵, 그가 엄청난 양의 스프레드시트를 관리하는 모습을 확인했다. 그 스프레드시트가 비즈니스 전반에서 혁신 담당자의 몰입 활동에 동력으로 작용하는 것 같았다. 우리는 스프레드시트의 목적을 알아보았는데 조직의 모든 간부가 그것을 운용하고 있었고, 그 결과를 바탕으로 신호등 평가가 이루어지고 있었다. 이와 같은 프로젝트 관리 용어가 낯선 사람들을 위해 설명을 덧붙이자면, 신호등 평가란 빨강, 노랑, 초록 세 가지 색으로 개인의 이해 정도를 평가하는 방식이다. 목표에 어느 정도 도달했는지 나타내는 데 쓰인다. 혁신 담당자의 목표는 사람들의 '지지'다.

잠시 여러분의 조직에서 진행되는 프로젝트를 생각해 보자. 지금 신호등 평가를 받고 있다고 상상해 보면 어떨까? 어떤 평가를 받을까? 최근 회의에서 여러분이 제시한 과제를 바탕으로 평가받았을 때 빨간 등급을 받았다고 가정해 보라. 빨간 등급을 받음으로써 그 과제에 쏟는 여러분의 에너지와 호기심과 기여도에 관해 깨달은 바가 있는가? 이 스프레드시트가 사람들의 열정, 기여도를 색으로 구분해 평가하기 위해 만들어진 것이라면 기분이 어떨까? 위 업체에서 스프레드시트를 운영하는 이유는 몰입에 대해 다음과 같이 생각하기 때문이다. 직원들의 몰입 정도를 알면 새로운 변화에 어려움을 겪는 사람이 누구인지 확인할 수 있다는 것이다. 또한 변화를 지지하는 사람이 있다면 그들을 기반으로 새로운 계획에 자신감을 얻을 수 있고, 결과적으로 사람들을 설득해서 동의를 얻을 수 있다고 믿는 것이다. 하지만 이것은 조직의 변화와 학습을 위한 생각이 아니다. 조직의 위험 관리 방식에 속한다.

이제 깨달음의 시간이 왔다. 몰입은 해법이 필요한 문제가 아니다. 몰입은 지극히 인간다운 일이다. 인간은 정신적으로 그 한계를 뛰어넘을 때를 제외하고 늘 몰입한다. 다른 사람, 가족과 친구와 이웃에 몰입하고 공동체와 조직에 몰입한다. 리더가 조직에서 마주하는 문제는 사람들이 몰입하지 않는 것이 아니다.

100여 개의 조직을 대상으로 조사를 했다. 30개 이상의 단어를 주고 사람들이 조직에 대해 어떻게 느끼는지 고르도록 했다. 그 결과 사람들이 가장 많이 선택한 단어가 몰입, 헌신, 자부심이었다. 그리고 같은 조사에서 마찬가지로 30개 이상의 단어를 주고 조직에서 지배적인 행동 5가지를 고르라고 했다. 이번에는 80% 이상의 사람들이 조직의 주요 행동으로 권위주의, 통제, 순응을 꼽았다. 몰입도 조사는 조직에 문제가 있고 경영진이 문제를 해결할 수 있다는 생각을 강화한다. 그런데 문제는 경영진이 조직을 더 많이 통제해야 한다는 것이 아니다. 바로 리더십의 부재가 문제다. 위계를 앞세우고 통제하는 리더십은 사람들의 몰입과 기여를 막는다. 리더가 몰입을 어떻게 여기는지는 다음과 같이 정리할 수 있다.

- 리더는 몰입을 관리의 대상으로 여기지 인간의 조건으로 이해하지 않는다. 하지만 인간은 타인이나 조직과의 관계를 원하기에 몰입은 당연한 일이다.
- 리더는 완전한 합의가 아닌 것은 이탈로 착각한다.

- 리더는 몰입을 과제로 만들어서 사람들이 타인이나 조직과 관계를 맺고 멋진 일을 이루고자 하는 욕구를 방해한다.

- 리더는 다른 사람에게 배우기보다 그들을 설득하는 일에 너무 많은 노력을 기울인다.

03
마르틴 부버의
상호작용

철학적 시각을 통해 몰입의 문제를 해결하기 위해 마르틴 부버의 생각을 살펴보고자 한다. 부버는 오스트리아에서 태어난 유대인 철학자로, 대화를 주제로 한 글로 유명하다. 그는 니체와 칸트에게 영감을 받아 철학을 연구했지만, 철학자로 불리기를 거부했다. 그리고 자신이 관심을 갖는 것은 아이디어가 아니라 개인의 경험이라고 분명히 밝혔다. 그는 《나와 너》에서 인간 존재를 다루었고 그중에서도 상호작용에 집중했다.[1] 부버는 1923년 이 책을 출간하면서 인간은 근본적으로 다른 두 가지 방식으로 세상과 관계를 맺고 상호작용 한다고 주장했다.

부버는 첫 번째 상호작용 방식을 '나와 그것'의 관계라고 말했다.

'나와 그것'의 관계에서는 세상과 다른 사람을 객관적 관찰자로 대한다. 사람들은 의식적으로나 무의식적으로 자신의 목표를 이루기 위해 필요한 지식을 이해하는 데 주력한다. 항상 자신의 상황이나 목적과 관련지어 이해한다. 다른 사람을 자기 목적을 이루는 수단으로 대한다. 이런 '나와 그것'의 관계에서는 감각을 통해 데이터를 모으고 구성해서 그것을 이성적으로 사용할 수 있도록 한다. 물론 그렇게 하려면 시간이 많이 필요하다. 하지만 이 관계는 생존을 위해 절대적으로 필요하다. 사람은 단순히 일을 처리하고, 물건을 고치고, 재난을 예상하고 피할 수 있도록 하는 데만도 많은 시간이 든다. 어떤 종류의 바퀴가 내 자전거에 맞는지, 누가 내 컴퓨터를 고칠 수 있는지에 대한 문제가 '나와 그것'의 영역이다. 모든 것이 내게 어떤 의미가 있는지를 따지고 살핀다.

두 번째 상호작용 방식은 부버의 말로 '나와 너'의 관계이다. 이는 관계의 영역이다. 사람들은 적극적인 참여자로서 다른 사람과 분리되지 않고 항상 그들과의 관계 속에 있다. 개별적 특성을 가진 일부가 아니라 온전하고 진실한 전체로서 다른 사람을 마주한다. 가장 중요한 점은 나와 상대 모두가 만남을 통해 변화한다는 점이다. 만남에는 호혜성, 상호학습, 변화라는 특성이 있다. '나와 너'의 관계는 다른 사람과의 관계를 통해 자신의 성격을 개선하고 내가 어떤 사람으로, 어떤 모습으로 세상을 살고 싶은지를 살핀다.

조직에서 몰입을 바라보는 주요 관점에 대해 부버는 어떤 말을 할까? 부버는 틀림없이 그 관점을 '나와 그것'의 상호작용으로 볼 것이다. 몰입도 조사를 이용해 직원들의 '지지'를 얻는 데 집착하는 행동의 중심에는 개인을 일종의 부품으로 규정하는 생각이 있다. 그런 생각을 바탕으로 던지는 질문들은 직원이 조직의 명령에 얼마나 기여하는가를 종합적으로 판단하려는 의도가 담겨 있다. 직원들이 얼마나 일을 열심히 하는가? 조직에서 계속 일할 것인가? 경영진은 직원들의 지지와 충성심을 얻고 있는가? 직원들이 어느 정도의 에너지를 가지고 있는가? 지지의 문제에 있어서 직원들은 리더가 세운 계획을 어떻게 생각하고 어떻게 느끼는가? 리더의 의제를 가능하게 만들려면 직원들의 생각이 얼마나 중요한가? 직원들이 갖고 있는 기술, 자격, 능력은 무엇인가? 이런 질문에 대한 답이 나와 전략과 팀에 어떤 의미가 있는가?

부버는 이런 관점이 널리 퍼진 현실을 우려할 것이다. 부버는 자신의 글에서 사람들이 점점 더 '나와 그것'의 관계로 세상을 산다고 지적했다. 그리고 '나와 그것'의 관계는 사람을 역할을 기준으로 인식하기 때문에 그것이 상호작용의 주요 방식이 되면 소외 문제를 불러온다고 경고했다.

04

리더는 만남을 통해
성장한다

그렇다면 리더는 뭘 할 수 있을까? 몰입에 집중하지 말고 다른 곳에 주력해야 한다. 여기에서 우리는 '만남'의 과정을 살펴보고 그것이 몰입과 어떻게 다른지 확인하고자 한다. 사람은 다른 사람을 만날 때 상대에게 새로운 점을 배우고 경험을 나누고 상호작용 하면서 함께 변화한다. 리더는 몰입을 떠올릴 때 목표, 결과, 몰입해야 하는 이유, 설득에 주력한다. 일반적으로 리더가 조직의 몰입도가 약하다고 말할 때는 직원들이 리더의 의제를 추구하는 데 더 많이 헌신하고 더 적극적으로 동의하기를 바란다는 뜻이다. 반면, 만남은 계획적이지 않고 뜻밖의 경험으로 리더의 변화를 가져온다. 리더가 추구하는 바가 변화와 공동창조라면, 또한 직원과 조직에 몰입하려는 리더의 내재적 욕구가 리더와 직원 모두에게 이롭게 작용하려면, 리더는 우선 마음을 열고 직원들을 마주하는 일이 얼마나 중요한지 깨달아야 한다. 리더 또는 직원이 얼마나 몰입하는지에 집중하지 말고, 만남의 순간을 반추하고 살펴야 한다. 리더가 직원들을 어떻게 마주하는지, 직원들이 리더를 어떻게 마주하는지를 하루도 빠짐없이 시시각각 살펴야 한다.

부버는 만남, 곧 '나와 너'의 관계가 인간의 기본 상태이자 소외감을 해소하는 답이라고 주장한다. 만남은 호혜의 순간, 나와 상대를 보고 듣는 순간으로 생각할 수 있다. 부버는 그 순간에 상대와 내가 모두 변화할 수 있다고 말한다. 조직생활에서 보자면 내가 어떤 정보를 얻고 그 정보를 어떻게 쓸지 고민하는 순간이, 독립된 존재로서 누군가를 만나는 순간으로 전환된다. 그리고 만남 안에서 예상외의 새로운 일이 벌어질 수 있다. 리더는 만남을 통해 공동창조를 이룰 수 있고 자신의 생각도 바꿀 수 있다.

동료인 메건 라이츠Megan Reitz 교수는 관계 중심의 리더십과 관련해 '존재being'와 '거짓 존재seeming'의 차이를 이야기한다.[2] 만남의 영역에서 리더는 실제로 존재해야지, 존재하는 것처럼 보여서는 안 된다. 관계 안에 분명히 있어야 한다. 그 순간에 존재해야 한다. 자신의 풍부한 생각과 감정뿐 아니라 상대방의 생각과 감정에도 접근해야 한다. 존재란 정지 상태가 아니고, 어떤 특성을 개선해야 도달할 수 있는 상태도 아니다. 순간순간 끊임없이 상대와 상호작용 하고 관계를 맺는 상태다. 이와 달리 거짓 존재는 이미지를 선택적으로 투영하는 것이다. 이것으로는 깨달음과 변화를 불러오는 요소에 접근하기 어렵다. 상호작용의 범위를 좁히고 자신과 자신의 경험을 분리시킨다. 우리가 지켜본 바에 의하면 리더들이 이 부분을 가장 힘들어한다. 어떻게 해야 리더들은 자신이 보여야 하는 이미지를 직원들에게 투영시키려하는 마음을 버릴 수 있을까? 직원들을 설득하겠다는 마음을 버리고 만남을 통한 변화의 힘을 온전히 받아들일까? 해야 할 일은 끝이 없고 메일 수신함이 넘쳐나는 세상에서는 일을 완료하면 그것으로 끝나는 것이 아니라 완료 표시까지 해야 마음이 놓이는 것은 어쩌면 당연하다. 이런 상황에서 리더가 직원들을 만나 상호작용을 하고 그들 앞에 온전히 존재하기란 쉽지 않을 것이다.

영국의 한 대규모 조직에서 일하는 리더들을 데리고 워크숍을 진행한 적이 있다. 주요 과제는 직원들과 관계 맺는 기술을 연마하는 것이었다. 그래서 시나리오를 짜고 업무와 관련된 이해관계자 역할을 할 사람을 데려가서 워크숍 참가자들과 만나는 상황을 연출했다. 그때 우리는 두 가지 사실을 확인했다. 첫째, 참가자 대부분이 그 만남을 일종의 거래로 생각했다. 그 사람을 이해하려 하지 않았고, 그 사람이 자신을 얼마나 도와줄 수 있는지를 확인하거나 그 사람의 도움을 보장받으려고도 하지 않았다. 둘째, 이해관계자로 설정한 사람과의 상호작용에 실패했다고 생각하자 다시는 그를 만나고 싶지 않다고 느끼는 참가자가 많았다. 우리가 실험의 결과를 분석하는 동안 참가자들은 이제 만남이 끝났고 다시 돌아갈 일은 없다고 안심하는 듯 보였다. 잘되지는 않았지만 어쨌든 이미 지나간 단발성 사건이라고 생각했다. 마치 작업 목록에서 진행 상황을 체크하듯 이 만남에 대해서도 완료 표시를 했다. 하지만 누군가와 관계를 맺는 일은 단발성 사건이 아니라 끊임없이 역동적으로 이어지는 일이다. 우리는 참가자들과 함께 새로운 상호작용의 모습을 탐구하고, 그들이 다른 사람을 만날 때 느끼는 감정적 문제를 공유하고, 관계를 맺는 다양한 방법을 살펴보았다. 우리가 거짓 존재보다 존재에 초점을 맞추면 관계는 계속해서 변화하고 발전하고 개선될 수 있다.

지금까지 살펴본 내용을 다시 한번 정리해 보자.

- 직원들의 몰입, 헌신, 자부심은 문제가 아니다. 그것은 인간의 필수 조건이며 기능하는 인간이라면 항상 갖추고 있다.
- 리더는 몰입에서 만남으로 초점을 바꿔야 한다. 계획하지 않은 일을 받아들일 마음의 여유를 갖고, 업무일지에도 여유 공간을 만들어두어야 한다. 그러려면 진실하고 열린 마음으로 자신이 어떤 사람인지 표현하고, 다른 사람들을 온전히 인정해야 한다.
- 리더는 달라이 라마의 말을 기억해야 한다. "인간의 핵심은 행위가 아니라 존재다." 리더는 만남의 순간에 존재해야 하고, 사람들이 리더가 누구인지 직접 보고 경험하도록 해야 한다. 그리고 다른 사람들을 온전히 이해하고 경험하려고 노력해야 한다.

어떻게 만나야 하는가

목표와 개인성과에 압박받는 오늘날의 조직에서 리더가 자신의 관점을 몰입에서 만남으로 바꾸기란 어려운 과제다. 하지만 불가능한 일은 아니다. 우리는 한 글로벌 은행의 고위급 리더인 마크를 코칭하고 있다.

마크가 이끄는 팀은 연간 몰입도 조사에서 낮은 점수를 받았다. 특히 조직의 전략을 팀의 목표와 연계시키는 부분에서 점수가 좋지 않았다. 그래서 마크는 스트레스를 많이 받았고 분기별 성과도 떨어졌다. 상사가 진척 상황을 보고하라고 하자 팀원들과의 회의 시간이 점점 더 길어졌다. 화상통화가 늘었고 매주 대면회의가 있어서 그의 수첩은 회의로 빽빽하게 채워졌다.

코칭이 시작되자 마크는 상황을 개선하려고 팀원과의 대면회의를 많이 한다고 솔직하게 털어놓았다. 우리는 업무가 많은데 회의 시간을 어떻게 그렇게 자주 내는지 물었다. 그는 끝도 없이 이어지는 회의를 따라가기가 벅차고 힘들다고 고백했다. 생각할 시간도 없었다. 우리는 그가 생각하는 몰입에 대해 이야기했다. 그가 언제 사람들과 연결되어 있고 관계를 맺고 있다고 느끼는지 물었다. 그런데 그는 직장에서 그런 경험을 해본 적이 별로 없었다. 이 논의를 계기로 마크는 실험을 해보기로 했다.

회의를 3분의 1까지 줄이고 생각할 시간을 더 많이 가졌다. 화상회의를 없애고 팀원과 편안하고 적극적으로 만나는 방법을 찾았다. 한 팀원에게 새로운 프로젝트를 함께 해보자고 말했다. 그리고 다른 팀원에게는 회사 근처 공원을 함께 산책하자고 했다. 마크는 자기 팀에 대해 많은 점을 알게 되었다. 팀원들은 자기 일을 사랑했고 조직에 기여하고 있었다. 그가 생각하는 것보다 더 늦게까지 일했고 그에게 보고하기 전에 많은 일을 처리했다. 다시 말해, 팀원들은 몰입하고 있었다.

마크는 만남을 위한 공간을 새롭게 만들었다. 수첩뿐 아니라 그의 마음속에도 사람들과 일하는 시간이 아니라 함께하는 시간을 만들었다. 일할 때 말을 줄이고 상대의 목소리에 귀를 기울였다. 팀원들이 무슨 말을 할지 생각하고, 회의실에 그들의 목소리가 잘 들리는지 확인했다. 마크는 이제 팀원들에게 몰입하려고 노력하거나 팀원들이 그에게 몰입하도록 노력하지 않았다. 대신 만남에 집중해서 다른 사람들과 함께 있고 그들도 그와 함께 있도록 했다. 몰입은 그가 힘들게 얻어야 할 조건이 아니라, 그들과 함께 있는 것만으로도 가능하다는 사실을 깨달았다. 그 결과는 상당했다. 마지막 코칭 시간에 마크는 몰입에 대한 생각을 바꾼 덕에 성과도 오르고 팀에 대한 감정도 달라졌다고 고백했다. 왜 그렇게 되었을까? 그와 팀이 함께 배우고 함께 좋은 결과를 창출했기 때문이다.

우리가 운영하는 리더 훈련 프로그램을 통해 마크처럼 많은 리더가 만남의 힘을 실감하고 조직의 학습을 장려하고 변화를 불러왔다. 우리는 한 조직을 이끄는 리더들도, 세계 각지에서 문화와 역할, 분야와 조직이 각기 다른 리더들도, 만남을 통해 변화를 일으킬 수 있음을 확인했다. 훈련에 참여한 사람들은 처음에는 낯선 사람들이었지만 헤어질 땐 친구가 된다. 의미 있고 진심 어린 대화가 오고 간다. 각자 분리된 개인 집단으로 시작했다가 며칠 만에 하나로 연결된 학습자들의 공동체가 된다.

특히 같은 조직에서 온 리더들을 모아놓고 모둠 활동을 벌이다 보면 놀라운 이야기를 들을 수 있다. 몇 년 동안 알고 지낸 사람들도 저녁 식사를 하면서 비로소 처음으로 서로의 감정을 솔직하게 털어놓는다. 예를 들면 자기 모둠에 최고경영자가 끼어 있어서 처음에는 두려웠는데, 그가 자신과 똑같은 사람이라는 사실을 알고 기뻤다고 말한다.

전략을 중시하는 리더들은 '사람'을 '그것'으로 잘못 인식했음을 인정한다. 사람들은 전략 실행의 방해자가 아니라 리더와 마찬가지로 전략을 실현시키기 위해 노력하고 있음을 깨닫는다. 이런 이야기는 흔하다. 사람들이 '존재하는 척'하지 않고 '존재'할 수 있을 때 인간관계와 몰입은 충만해진다. 이것이야말로 몰입에 딱 맞는 조건이다.

우리는 리더들을 대상으로 다양한 프로그램을 운영하고 많은 고객과 조직을 상대하면서, 이와 같은 진정한 의미의 만남을 유도하는 데 어떤 요소들이 필요한지 분명히 알게 되었다. 그 요소들을 정리하면 다음과 같다.

- **존재하기**: 사람들과 함께 시간을 보낼 때 진지하게 서로에게 집중한다. 다른 일 때문에 정신이 흐트러지거나 방해받지 않는다. 회의나 이메일은 부차적인 것이다. 서로의 말에 귀를 기울일 때, 비로소 행동하는 것뿐 아니라 존재할 수 있다.
- **역할 대신 사람**: 사람들의 역할이 아니라 온전한 자신의 모습이 드러난다. 희망과 두려움, 강점과 약점을 모두 공유하고 인정받는다. 사람들은 존재하는 척하지 않고, 실제로 존재한다.
- **불완전성**: 완벽한 사람은 없다. 리더는 감시하고 통제하려는 마음을 내려놓고 자신의 약점을 확인하고 다른 사람들에게 미칠 영향을 생각해야 한다. 그래야 답습하지 않고 다른 사람과 존재하는 방법을 익혀 사람들을 더 많이 도울 수 있다.

- **합의 대신 관계**: 배움이 합의보다 중요하다. 사람들은 확신을 갖고 조직에 기여하지만, 자신이 틀리고 다른 사람이 맞을 수 있다는 점을 잘 안다. 모두가 틀릴 수 있다는 사실도 안다. 인간은 모두 실수를 저지르기 때문이다.

06

만남은 리더십도 변화시킨다

부버는 만남이 소외 문제에 대한 답이자, 리더가 '나와 그것'의 관계에 의지하는 문제의 해법이라고 말한다. 리더에게 만남은 사람들과의 관계를 통해 개인의 변화를 일으키는 방법이기도 하다. 그렇다면 이 같은 생각을 리더십에 어떻게 적용할 수 있을까?

우선 만남이란 미리 계획할 수 없다는 점을 깨달아야 한다. 만남은 뜻밖에 벌어지는 일이다. 계획과 상관없이 뜻밖에 벌어지는 일에서 뭔가를 배우고 싶다면 열린 마음으로 그런 일을 삶의 일부로 받아들여야 한다. 직원들과 온전히 함께해야 하고, 자신뿐 아니라 그들의 말과 감정에 관심을 두어야 한다. 이때 리더와 직원들의 말과 감정은 자연스럽게 표현되거나 수정되고, 리더의 기대나 바람에 따라 걸러지거나 재구성되지 않는다. 다시 말해 리더의 감정, 생각, 걱정, 꿈 등 그에게 일어나는 일을 직원들과 공유한다는 뜻이다. 리더의 전형적인 모습을 버리고, 직원들의 반응과 생각을 예측하거나 그들의 능력을 기대하는 일을 포기하는 것이다. 업무에 따라 엄격하게 부서를 나눈 조직에서는 리더가 직원들에게 신속하게 지시할 수 있다. 리더는 사람들을 분류하고, 사람들은 해당 부서와 연결 지어 이야기하게 된다. 누군가 IT 부서 사람들과 소통이 어려우면 '나는 마케팅 부서라 IT 쪽은 잘 모르니까'라고 생각한다. 하지만 만남은 부서와 부서가 아니라 사람과 사람 사이에서 일어난다. 만남을 위한 공간과 열린 자세가 필요하다.

존은 학습장애가 있는 사람들이 의미 있고 생산적인 일을 찾도록 도와주는 사회적 기업의 CEO다. 처음에는 IT 담당자로 일했고, 조직의 CEO가 될 생각은 전혀 없었다. 그때 기업에서는 건물 90채에서 약 700명의 직원들이 컴퓨터 500대를 사용하고 있었다. IT 부서는 직원이 존을 포함해 단 3명뿐이었다. 부서는 아주 바빴고 컴퓨터를 사용하는 직원들은 대부분 IT에 대해 잘 몰랐다. 동료들은 몇 년 동안 존에게 학습장애가 있는 사람을 한 명 뽑아서 IT 부서에서 일하게 하라고 요구했다. 하지만 그는 극구 사양하면서 다음과 같이 생각했다.

- 학습장애가 있는 사람을 직접 지원하는 일은 IT 부서의 일이 아니다 (우리는 다른 사람들이 그들을 돕도록 지원하는 일을 한다).

- 나는 학습장애가 있는 사람을 직접 도와준 경험이 없다(어떻게 해야 하는지 모른다).
- 우리 부서는 너무 바빠서 누군가를 데려와 훈련시킬 시간이 없다(일이 또 늘어나는 셈이다).
- 그 사람이 이렇게 바쁜 부서에 필요한 기술을 갖고 있을까(학습장애가 있는데 얼마나 도움이 될까)?

동료들은 포기하지 않았고, 어느 날 존에게 아주 특별한 요청을 했다. 로버트라는 사람이 있는데 학습장애가 있지만 카메라와 각종 기계장치를 아주 좋아하고 게임을 잘한다고 했다. 21살이고 IT 분야에서 일하고 싶어 했다. 수줍음이 많고 내성적이었고, 걱정할 정도는 아니지만 건강에도 조금 문제가 있었다. 존은 로버트를 지원하는 팀과 몇 차례 회의한 뒤 마침내 동료들의 요구를 받아들이기로 했다. 그때 존은 전화기와 카메라 같은 기계장치를 비롯해 모든 컴퓨터 장비의 검사 매뉴얼을 완성해야 했다.

로버트가 출근한 첫날, 존은 함께 밖으로 나가서 차를 마셨다. 관심사와 취미에 대해 이야기하고 로버트가 IT와 관련해 어느 정도 알고 있는지 파악하기 위해 몇 가지 다른 이야기도 나눴다. 그는 일주일 내내 로버트와 만나 이야기를 나누면서 그가 이용할 수 있는 검사 툴을 함께 개발하고, 하루 단위로 교육 계획을 짜고, 보안 검사를 진행할 때 만나게 될 직원들에게 그를 소개했다. 로버트는 짓궂은 농담을 잘했고 IT를 잘 모르는 직원들이라면 질색했다. 그래도 그가 잘 해낼 것이라고 믿었다. 몇 주가 지나자 로버트는 직원들의 컴퓨터를 검사하면서 발견한 작은 문제들을 해결하기 시작했다. 그가 보안 검사 일을 시작하고 일주일이 지날 때까지 이런 방식으로 상호작용을 계속했다. 그가 직원들과 자신 있게 이야기하도록 하기 위해서였다. 그런데 가끔 어이없는 실수를 저지를 때가 있었다. 그럴 때는 로버트를 부서의 다른 팀원들과 똑같이 대했다. 존이 더 해준 일은 단지 매일 아침 그를 만나서 하루 업무를 확인하고 오후에 다시 만나 진행 상황을 살피는 정도였다. 그리고 근무 장소에 따라 점심을 함께 먹을 직원을 정해주고 급한 일이 생길 때를 대비해 자신이 있는 곳을 알려주었다.

5개월 뒤 조직의 보안 검사가 완료되었다. 로버트는 자신감을 갖게 되었고 직원들과 즐겁게 상호작용 했다. 존은 컴퓨터의 마이크로소프트 버전을 업그레이드하기 위해 새로운 프로젝트를 준비했다. 꼭 필요하고 중요하지만 더 어려운 일이 시작되었다. 존은 로버트와 함께 일주일을 들여서 컴퓨터 업그레이드를 완료하기 위해 필요한 내용이 담긴 체크리스트를 작성했다. 로버트는 시행착오를 거쳐 리스트를 개선하고 다음 2주 동안 부서의 남는 컴퓨터로 연습한 뒤 업무를 시작했다. 시간이 지날수록 로버트는 기술이 늘었고 문의 전화에도 답하기 시작했다. 직원들을 도와주기도 하고 그들과 농담을 하고 컴퓨터 근처에는 가본 적도 없을 것 같은 사람들과도 웃으며 이야기했다. IT 부서의 평범한 일원으로 맡은 업무를 제대로 수행했다.

이따금 건강이 악화되기는 했지만 쉬면 회복할 수 있는 정도였다. 마침내 존은 로버트를 동료 직원으로 여기게 되었다. 사회적 역할의 가치화 이론(평가절하 된 사람들에게 사회적 가치를 부여해야 한다는 이론-옮긴이)에 따르면 로버트는 이제 IT 기술자가 되었다.

만남으로 인해 존과 로버트 모두가 변화했다. 존은 과거 자신이 학습장애가 있는 사람으로 분류했던 이가 능력 있는 사람으로 변화하는 모습을 직접 보았다. 그를 곤란하게 하고 놀라게 하고 감동을 주었다. 이 경험을 계기로 존은 자신이 그저 IT 담당자일 뿐이라는 생각에서 벗어나 조직이 제공하는 서비스의 가치를 이해하고 열렬히 지지하게 되었다. 언젠가는 조직에서 훨씬 더 중요한 역할을 하고 싶다는 꿈을 꾸기 시작했고 마침내 CEO가 되었다. 로버트 역시 자신을 게임광이 아니라 IT 기술자로 여기게 되었다.

일하는 방법을 바꿔보자

한 글로벌 소매업체의 부사장이 도움을 요청했다. 그의 팀은 미래 비전에 맞게 비즈니스를 이끌 준비가 되어 있지 않았다. 어떻게 해야 팀원들을 몰입시키고 행동을 이끌어낼 수 있을까? 그것도 짧은 시간 안에. 부사장은 우리가 제시한 방법이 그다지 구체적이지 않아서 내키지 않아 했지만, 8명으로 구성된 팀을 대상으로 6개월간의 코칭이 시작되었다.

우리는 오로지 그들의 상호작용에 주력했다. 그것이 반향을 일으키고 조직 전체로 퍼지게 될 터였다. 첫 번째 만남에서 참가자들은 서로와의 상호작용을 인지하거나 돌아보는 일이 거의 불가능하다는 사실을 알았다. 그들은 KPI를 전달하거나 필요한 것을 요구하기만 했지, 상호작용이란 것은 해본 적이 없었다. 구성원들은 하나같이 각자의 분야에서 뛰어난 능력을 가지고 있었다. 품질 관리와 공급망 관리, 구매 능력이 출중했지만 하나의 팀은 아니었다. 그들은 기존 태도를 버리지 못했다. 세 번째 코칭 시간이 되었을 때 몇 사람이 태도 변화를 보이기 시작했다. 대화의 주제가 목표와 전달에서 점차 두려움과 약점으로 바뀌었다. 젠더, 지위, 특권의 문제를 언급했다. 우리는 촉진자로서 서서히 '만남'이 일어나는 환경을 조성했다. 사람들이 본연의 모습을 보이고 순간순간 그들 사이에 일어나는 일에 주의를 기울이도록 했다. 몇 번의 코칭과 관계에 관련된 과제들을 시행한 뒤 마침내 분기점에 도달했다. 코칭이 끝나고 구매 담당자 세르지오가 인상적인 말을 남겼다.

처음에는 이 프로그램을 거침없이 비난했다. 알다시피 처음에는 우리가 왜 이걸 해야 하는지 이해하지 못했다. 우리가 아무 일도 하지 않고 있다는 것이 불안하고 답답했다. 어떤 숫자도 들여다보지 않는다니 있을 수 없다고 생각했다. 자기 응시만 하는 시간이라고 생각했고 진짜 일을 하고 싶었다. 하지만 이제 이것이야말로 진짜 일이라는 것을 알겠다. 직원들과 관계를 맺는 것이 리더의 역할이다. 리더는 직원들과의 상호작용에 주력해야 한다.

앞에서 이야기한 많은 부분들이 만남을 방해한다. 리더의 소통 방식, 전략 방식, 권한위임 방식이 사람 사이의 만남을 막고 있다. 리더가 생각을 달리하고, 그동안 던졌던 질문을 바꾸고, 조직 생활에서 따랐던 운영법과 습관을 바꾸면 장기적으로 만남이 활발하게 이뤄지는 환경을 조성할 수 있다. 그리고 그것보다 더 나아갈 수 있는 방법이 있다. 리더가 마음을 열고 만남을 위한 공간을 만들고, 직원들과 관계를 맺고 서로 협력해서 훌륭한 결과를 이루기 위한 몇 가지 의견을 소개한다.

- 회의 재구성하기
  - 정기회의의 횟수를 반으로 줄이자. 전부 다 없애도 좋다.
  - 회의의 의제를 정하지 말자. 어떤 회의든 다음 질문으로 시작하자. "잘 지내고 있나요?" 동의를 구하지 말고 다른 사람들의 관점을 이해하려고 애써야 한다. 모든 일은 거기서부터 시작된다.
  - 사람은 각자 배움을 통해 조직에 더 많이 기여하며, 그 결과 집단의 성과도 높아질 것이라고 믿자.
  - 리더는 적절한 의제를 정하는 일보다 직원들이 적절한 사람들이라고 신뢰하는 것이 더 중요하다.

- 존재하기
  - 사람들과 마주치면 잠시 멈추고 이야기하자.
  - 사람들을 만나기 시작하자.

· 그의 역할만 알지 말고, 상대방에 대해 알아보자.

· 전화기를 끄고 이메일 화면을 닫고 상대방에 집중하자.

- 공유하기

  · 관찰하고 느끼고 생각한 것을 말하자.

  · 자신이 하는 일에 대해 말하자.

  · 자신이 재미있어하는 일과 두려워하는 일을 말하자.

  · 자신의 바람과 기대를 말하자.

  · 다른 사람들에게도 똑같이 말해달라고 하자.

전략컨설팅 회사 KKS의 CEO이자 공동 설립자 사키스 코찬토니스Sakis Kotsantonis와 함께 리더들이 현실에서 접하는 고질적인 회의 문화에 대해 이야기한 적이 있다. 그는 회사에서 그런 문화를 바꾸려고 한 이유에 대해 다음과 같이 말했다. "엔도르핀이 가장 빠르게 돌 때가 구글 캘린더를 열었는데 회의 초대 건이 하나도 없을 때예요. 그러면 능률이 오르는 느낌이 들죠!"

KKS는 다른 기업들과 분위기가 다르다. 사무실에 들어가면 사방에서 에너지가 발산되는 것 같다. 유리로 된 회의실 하나 없지만, 사람들이 끊임없이 상호작용 한다. 몇몇이 모여 앉아서 프로젝트를 논의하거나 둘씩 짝을 지어 제안을 기획한다. 정기 화상회의는 금지되어 있지만 즉흥적으로 회의가 벌어진다. 모든 직원이 시간을 가장 귀한 자산으로 여긴다. CEO 코찬토니스는 정기적이고 의례적으로 열리는 회의가 개인의 가치나 비즈니스 가치를 더해주는 경우는 거의 없고, 오히려 직원들이 공유한 목표나 그들이 동료나 고객과 함께 만드는 목표에서 벗어나도록 할 뿐이라는 사실을 잘 안다. 그런 회의 때문에 사람들이 불안해하고 일에 대한 관심을 빼앗긴다. 그는 그런 회의와는 다른 종류의 만남을 만들기 위해 노력한다고 분명히 말한다. "회의가 열리면 항상 이 대화가 우리에게 얼마나 도움이 될 것인가를 묻습니다. 회의에서 무엇을 배울지를 생각하는 거죠." 이 기업에서 중요한 점은 어떤 회의에 초대되었는가가 아니라 회의에서 얼마나 기여하는가이다.

나의 감정에 집중하라

조사에 따르면 내가 중심이 되면 더 마음을 쓰게 되고, 문제가 생겼을 때 단순히 반응하는 데 그치지 않고 적극적으로 대답하게 된다. 또한 지금 이 순간에 대한 참여도와 존재감을 크게 높여준다. 여기에는 다른 사람에 대한 참여도뿐 아니라 나 자신에 대한 참여도도 포함된다. 자신에 대한 참여도와 관련해 1641년 프랑스 철학자 르네 데카르트René Descartes가 한 가지 과제를 제시했다. 데카르트는 그의 저서인 《성찰》에서 육체와 정신이 나뉘어져 있다는 이원론을 주장했다. 그는 육체는 사고할 수 없다고 결론지었고, 이에 대해 "나는 생각한다. 고로 존재한다"라는 유명한 말을 남겼다.[3]

정신과 육체 또는 머리와 가슴이라는 이원적 사고는 지금까지도

나 자신과 세상을 어떻게 생각해야 하는가에 대한 배움의 근간이 되었다. 특히 서양에서는 이성적이고 인지적인 것이 더 중요하다고 배운다. 흔히 쓰는 "정신은 육체보다 강하다"라는 말은 이원론을 통해 보면 이성으로 감정을 지배할 수 있다는 뜻을 암시한다. 하지만 인간은 정신으로만 존재하지 않는다. 방법은 다르지만 육체도 정신만큼이나 강력하게 세상을 '알 수' 있다. 사랑에 빠지거나 미래의 배우자를 만나게 되었을 때를 생각해 보면 바로 알 수 있다. 그때 육체, 즉 몸의 감각은 이성보다 훨씬 많은 것을 파악한다. 이성적이고 인지적인 것을 지나치게 강조하면 감정을 동반하는 몸의 상태를 무시하게 되고 인간의 본성을 온전히 이해하기 어려워진다. 몸으로 세상을 이해하는 일은 말로는 충분히 설명할 수 없다. 하지만 두려움을 느끼거나 불안할 때를 생각해 보자. 가슴이 벌렁대거나 심장이 조여오는 것처럼 머리가 아니라 몸으로 얻은 데이터로 그런 상황을 파악하게 된다. 우리는 그제야 그 '존재'의 문제를 알고 탐구할 수 있다.

우리가 살펴본 조직에서는 대부분의 사람들이 감정보다 생각을 10배나 더 많이 공유한다. "나는 생각한다. 고로 존재한다"라는 생각은 불필요하게 인간을 육체와 정신으로 나눠놓았다. 우리는 리더들이 인지적 영역에 훨씬 더 익숙한 경우를 계속 목격한다. 이성적으로 아는 것이나 오랫동안 쌓아온 전문 지식에 대해서는 신나게 이야기하면서도 그들의 감정을 이해하거나 공유하는 일에는 소홀하다. 중심이 되는 능력을 개발하면 자기 자신을 더 잘 알 수 있다. 그리고 인지적이고 이성적인 것에 지나치게 기울어진 마음을 조정할 수 있다.

글로벌 컨설팅 업체 베인앤컴퍼니 Bain & Company가 진행한 '중심'에 대한 연구는 이를 실천하는 조직 운영법을 개발하고자 하는 리더들에게 좋은 자료가 된다.[4] 이 연구에서는 다음 세 가지를 주목하면 좋다.

1 **진정하기** settling: 자신을 완전히 의식하기. 자기의 숨, 감각, 감정, 충동 등을 알기
2 **감지하기** sensing: 겉으로 드러난 육체적 감각과 관련해 일어나는 모든 감정을 명명하기
3 **입장 바꾸기** shifting: 이런 의식과 관련해 객관적 관찰자 되기

조직 운영법도 중요하지만, 중요한 회의에 들어가기 전이나 일과를 시작하면서 시험 삼아 위의 세 단계를 시도해 보자. 그러면 온전히 자기 자신으로 존재하는 힘을 키우고 몰입의 선도자가 되는 데 상당한 도움이 될 것이다.

철학이 말하는 리더의 지혜

몰입이란 측정한다고 얻을 수 있는 것이 아니다. 뿌린 대로 거둘 수 있는 씨앗이 아니다. 사람들은 사람과 조직에 몰입하지, 리더가 정한 목표에 몰입하지 않는다. 리더가 목표에 집중하면 사람들은 밖으로 이탈한다. 리더십은 사람들에게 어떤 결과를 내도록 지시하거나 사람들의 일을 통제하거나 새로운 방식을 따르도록 설득하는 것이 아니다. 사람들이 관계를 맺고, 공동의 목표를 위해 협력하고, 서로에게 배우도록 하는 것이 진정한 리더십이다. 조직이 몰입에 집착하면 문제가 된다. 몰입은 해법을 찾아야 하는 문제가 아니다. 사람은 본능적이고 직감적으로 몰입하고 헌신하며, 그렇게 하는 것에 자부심을 느낀다. 사람은 항상 다른 사람들과 조직에 몰입한다. 몰입은 인간의 조건이기 때문이다. 리더십은 다른 사람을 몰입하게 하는 것이 아니라, 사람들 사이의 만남을 촉진하는 것이다. 누군가를 만나는 일은 그 사람을 있는 그대로 마주한다는 뜻이다.

다음 장에서는 사람들이 진부한 기업의 가치 서약을 포기하거나 사람마다 다르게 형성된 가치들 사이에 갈등이 생길 때 직면하는 도덕적 딜레마를 다룬다.

다시 해봐야 할 질문

1 같이 일하는 사람들의 드라마 같은 이야기를 알고 있는가? 그
   사람들이 어디에서 왔고 어떤 고민을 하는지 아는가?

2 회의를 어떻게 구성해야 사람들이 온전히 존재하고 감정을 솔
   직하게 표현할 수 있는가?

3 내가 자신과의 대화 또는 사람들과의 대화를 통해 세상을 이해
   하는 일에 서툴다는 사실을 어떻게 깨달을 수 있는가?

9장

그럴듯해 보이는 것들의 함정

| 가치 |

"도덕적 자유가 없다면 그곳은 인간다운 직장이 아니다."

이 장에서는 두 철학자의 생각을 근거로 조직이 기업 가치를 규정하는 데 주력하면 개인에게 해가 되는 동시에 조직도 위험해진다는 사실을 밝힌다. 가치가 사람들을 도덕으로 이끄는 미덕이 아니라 통제되어야 하는 행동 규칙으로 작용하는 과정을 살피고자 한다. 이 장에서는 여러 가지 문제와 과제를 다루면서 도덕적인 행동이 도덕을 준수하는 일 이상의 의미가 있음을 강조한다. 리더가 사람들을 자기 행동에 책임지는 도덕적 시민으로 행동하게 하지 않고, 그들의 양심을 가치의 형태로 기업에 맡기게 했을 때 엄청난 도덕적 위기를 불러온다. 리더가 조직 가치를 강조하면 학습된 도덕적 무력감이 발생한다. 끝으로 리더십으로 그 문제를 해결하려면 사람들이 지켜야 할 가치를 정하거나 그것을 공유하는 데 시간을 써서는 안 된다. 그 대신 옳은 일을 할 때 발생하는 딜레마를 깨닫고, 그 딜레마를 살필 수 있는 공간을 확보해야 한다.

비즈니스에서 리더가 선과 악으로 명확하게 구별할 수 있는 선택에 직면하는 경우는 드물다. 리더는 대부분 옳은 것과 좋은 것 사이에서 선택해야 하는 상황에 놓인다. 그래서 선택이 어렵고 스트레스를 유발한다. 리더는 책임과 정직을 최고의 가치로 여길 수 있다. 그런데 항상 책임을 다하면서도 정직함을 유지할 수 있을까? 다시 말해,

가치와 도덕은 본질적으로 긴장 관계에 있다.

어떻게 해야 이런 도덕적 딜레마를 조화롭게 해결할 수 있을까? 이것이 바로 비즈니스에서 정말로 다뤄야 하는 '가치 문제'이다. 이 문제는 단순히 책임이나 정직을 위한 규칙을 지킨다고 해서 해결되지 않는다. 대조적인 것처럼 보이는 가치들을 결합하는 아주 기발한 방법을 찾아서 새롭고 독특한 상황에 어울리는 행동을 만들어내야 한다. 도덕적 행위는 살면서 밝혀지는 것이지 전적으로 미리 정할 수는 없다.

이 책은 인간답게 일하는 방법을 다룬다. 그런데 조직에 도덕적 자유가 없다면 그곳은 인간다운 직장이 아니다. 옳고 그른 것에 대한 관념이 근본적으로 사람을 인간이자 개별적이고 독립적인 존재로 만들기 때문이다. 가치를 갖는 것은 사람이지 조직이 아니다.

기업의 가치 서약은 관리자들이 자신의 양심을 기업이라는 도덕 관리인에게 위탁하게 만든다. 각자 책임의식을 가지고 도덕적 시민으로서 행동하도록 유도하지 못한다. 결과적으로 학습된 도덕적 무력감만 발생한다.

넘쳐나는 가치

영국 카나리워프의 선도적인 투자 은행들을 방문하면 입구 안내 데스크 위에 은행의 가치를 적은 안내판이 멋지게 놓여 있다. 은행의 가치란 아래와 같다.

- 고객을 우선으로 생각하기
- 옳은 일 하기
- 특출한 아이디어로 이끌기
- 고객에게 보답하기

은행들이 정한 가치에는 풍자나 역설의 기미가 전혀 보이지 않는다. 이 가치들은 언뜻 보면 은행의 도덕적 목표를 진지하게 선서한 것처럼 보인다. 하지만 잠시 생각해 보면 아무리 의도가 좋고 표현에 진정성이 있다 해도 이 같은 은행의 참된 신념 속에는 순진하면서도 진부한 요소가 있다. 아래와 같이 그 반대 가치들을 상상해 보자.

- 고객을 마지막으로 생각하기
- 나쁜 일 하기
- 그다지 좋지 않은 아이디어로 뒤따르기
- 고객에게 돌려받기

물론 이것들을 가치라고 하기는 어렵다. 그런데 이것들이 가치가 아니라면 일리 있는 가치란 도덕적으로 진부한 말들을 늘어놓는 일에 불과하다. 은행들이 자랑스럽게 내놓는 '가치 서약'은 결국 공허한 울림일 뿐이다.

기업들의 가치 서약이 대부분 거의 무의미하다고 하면 너무 과장일까? 다음 예를 살펴보자.

- 최고의 사람들 – 액센츄어
- 진심 – 어도비
- 진실성 – 아메리칸 익스프레스
- 뛰어남 – 어니스트 컴퍼니

- 책임을 인정하고 위임하기 – 이케아
- 옳은 일 하기 – 나이키

어떤 기업도 최악의 사람들을 고용하거나 경쟁업체에 비해 낮은 성과를 내거나 실패에 주력하려 하지 않는다. 그런데 왜 그 반대 가치를 언급하기 위해 그토록 노력할까? 모든 직원이 일을 잘하려면 무엇이 필요한지 잘 아는데, 그 당연한 것을 선언하느라 왜 그토록 야단들일까? 탁월함이 평범함보다 좋고, 모든 일에는 책임이 따르고, 성공하려면 혁신해야 하고, 협력하는 기술이 중요한 것은 비즈니스의 내재적 특성이다. 신뢰와 진실성과 정직함이 공동 목표를 추구하기 위한 핵심 가치라는 점도 마찬가지다.

여기서 문제는 이런 원대한 개념이 명확하지 않다는 점이다. 그리고 그런 개념에 의지하다 보면 오해의 여지가 너무 많다. 자신의 행동을 평가받는 것에 대항할 수 있는 고유한 가치가 있다는 사실을 알 정도로 직원들이 현명하지 않거나, 자신이 없거나, 주의 깊지 않다고 해석할 수 있다. 게다가 인간에게 중요한 가치들이 기업의 가치 서약에는 완전히 빠져 있는 경우가 많다. 인간다운 직장을 만드는 일과 아주 관련이 깊은 다음의 가치들은 찾아보기 어렵다.

- 인간의 4가지 기본 가치인 신중함, 용기, 절제, 공정 가운데 용기만 주기적으로 나타난다.

- 명예, 친절, 자비, 인내, 겸손, 관용과 같은 가치는 놀랍게도 거의 언급되지 않는다.
- 재미는 가끔 추구한다. 그러나 늘 마지막에 느낌표와 함께 등장하고, 약간 장난기 섞인 충동적인 생각으로 다뤄질 때가 많다.
- 인간의 허영심을 드러내는 반어적 표현도 거의 없다.

이런 진부한 가치 서약과 달리 별나고 위트 있는 서약도 있다.

- 정장을 안 입어도 진지할 수 있다 – 구글
- 재미와 약간의 별남을 추구하라 – 자포스
- 다양성을 존중하고 협력하고 축하하라 – 빌드어베어
- 사악해지지 말자 – 구글

이런 표현들은 웃음을 짓게 하고 때론 수준 높은 헛소리처럼 들린다. 그런데 이와 달리 정말로 고결한 가치를 앞세우는 기업도 있다.

- 공동체를 만들자 – 포시즌 호텔앤리조트
- 지구에 사는 모든 사람과 소통하자 – 트위터
- 경제적 기회를 거부당한 사람들을 위해 기회를 만들고, 지속과 반복 가능한 새로운 모델을 개발해 경제 정의를 실현하기 위해 노력하자 – 벤앤제리스

312

여기에서는 기업들이 위 가치를 얼마나 진지하게 여기는가 하는 문제가 중요할 것이다. 화려한 표현과 현실 사이에 얼마나 차이가 있는지, 현실적으로 이런 가치를 달성할 가능성이 얼마나 되는지를 따져봐야 한다.

가치 서약의 문제는 철학자들이 지적하듯이 그것이 리더가 일상에서 마주하는 도덕적으로 어려운 문제들을 다루지 않는다는 데 있다. 비즈니스에서 발생하는 도덕적 문제는 대부분 딜레마에 해당한다. 여러 가치가 충돌하기 때문이다.

비즈니스를 하다 보면 좋은 것과 나쁜 것 가운데 하나를 선택해야 할 때도 있다. 그때는 기업이 제시한 가치 서약이 강제성이 약하더라도 유용한 판단 기준으로 작용할 것이다. 하지만 비즈니스에서 일상적으로 발생하는 복잡한 문제, 무엇보다 명확한 해법을 요구하는 도덕적 문제는 무엇이 좋은가에 대한 다양한 시각 중 한 가지를 선택해야 하는 문제다. 그런 딜레마는 일반적으로 도덕적 이중성을 드러낸다. 투명성과 사생활 보호, 경쟁과 협력, 강직함과 타협, 용기와 안전 중에 선택해야 하는 식이다.

어떤 조직이 더 양심적일까? 기업 가치를 서약하고 그것을 강화하는 기업일까, 아니면 도덕적 딜레마를 인지하고 그것을 논의하는 기업일까?

가치 서약이 '옳은 일을 하라'처럼 미사여구에 그치거나 '진실하게 행동하라'처럼 애매하지 않고 정말로 이로우려면 도덕의 다원적 성격을 알아야 한다. 그리고 조직에서 도덕적 딜레마가 발생하면 간부들이 그것을 곧바로 인지하고 논의하고 해법을 찾기 위해 부단히 노력해야 한다.

02

기업은 왜 가치를
말하는가

우리가 일하는 런던 경영대학원의 목표는 '세상이 비즈니스를 하는 방식과 비즈니스가 세상을 움직이는 방식에 지대한 영향을 미치는 것'이다. 이는 다른 조직의 업무 서약과 마찬가지로 진지하고도 선의를 담고 있다. 하지만 여전히 다음과 같은 질문이 남는다. "우리가 과연 이런 고결한 가치에 따라 행동할까?" 이 가치는 학교에 있는 다른 누군가가 우리를 대신해 우리가 지켜야 한다고 가정하고 작성한 것이다. 이런 질문도 할 수 있다.

"우리는 저마다 고유의 도덕 강령을 가지고 있는가? 우리가 살면서 지키는 도덕적 기준을 다른 사람이 정해주면 좋겠다고 생각하지 않을 만큼 그것이 충분히 확고하고 명확한가?"

여러분의 기업 가치는 여러분에 대한 판단을 다른 사람의 손에 맡기지 않기 위해 스스로 선택한 기준에 의해 결정되었는가? 아니면 그 가치가 전 직원이 반드시 준수해야 할 도덕적 의무로 통하는가?

조직에서 사람들은 이런 종류의 도덕적 당부에 어떻게 대응할까? 냉소주의로 일관하는가, 존중하는가? 피곤한가, 흥미로운가? 준수하는가, 저항하는가? 우리가 생각하기에 그 반응은 이런 가치 서약을 만든 사람들의 동기에 따라 달라질 것이다. 예를 들어, 앞서 소개한 투자 은행들의 핵심 가치 서약으로 돌아가 보면 은행 간부들은 어떤 마음으로 그것을 만들었을까?

1　다른 사람이 자신을 판단하는 것에 반대해서 스스로 이상적 기준을 세우기 위해?

2　직원들에게 회사가 바라는 점을 매일 상기시키기 위해?

3　전략 목표로서 경쟁력 있는 서약서를 내보이기 위해?

4　과거 범죄자로서, 특히 2018년 금융위기를 몰고 온 주범으로서 고백하거나 사과하기 위해?

5　과거에 잘못을 저지른 사람들을 자랑하거나 질책하기 위해?

6　위 내용을 다 합친 목적으로?

일반적으로 기업 가치는 중요하게 여겨진다. 양심적 기업은 모두 그런 개념을 정하면 직원들이 개인의 목표뿐 아니라 그들이 공유한 목표를 달성하는 데 도움이 될 것이라고 믿는다. 기업 가치는 기업의 특징을 규정하며, 업무 서약과 결합하면 기업이 추구하려는 목표를 압축해서 말해준다.

기업들은 그런 가치를 설정하여 운영하는 방식을 옹호하기 위해 철학적 이론을 바탕으로 다음 네 가지 근거를 든다.

1 기업 가치는 조직 구성원이 그 안에서 원하는 대로 자유롭게 행동할 수 있는 틀을 만든다. 이는 수동적 자유의 개념과 관련이 있다. 수동 적 자유는 진정한 자유를 다른 사람의 간섭을 받지 않는 자유라고 생 각한다. 이사야 벌린Isaiah Berlin은 이에 대해 다음과 같이 썼다. "수동 적 의미의 자유는 개인이든 단체든 어떤 주체가 과연 어디까지 다른 사람의 간섭 없이 자신이 할 수 있는 일을 하거나 있을 수 있는가에 답한다."[1] 기업의 가치 서약은 자유와 통제의 경계를 규정한다.

2 기업 가치는 조직 구성원을 조직 전체의 이익과 연결하는 사회적 계 약을 성문화한다. 그리고 어떤 사회나 공동체, 기업이 발전하는 데 필 요한 토대를 만든다. 루소는 시민은 자기중심주의자로서 자신을 앞 세우거나 자신의 진정한 이익을 추구할 수 없다고 주장했다. 그 대신 반드시 공동체의 구성원으로 행동하고 시민들이 만든 법과 가치에 복종해야 한다고 말했다. 루소는 다음과 같이 설명했다. "우리는 자신 과 자신의 모든 힘을 똑같이 최고의 명령인 일반의지general will (개인

의 독립성과 사익성을 버리고 사회계약의 당사자가 되는 공적 주체로서의 시민 의지, 시민이 제정한 각종 법과 규범-옮긴이) 아래 두어야 한다. 우리는 한 몸으로 이어져 있고 전체에서 분리될 수 없다." [2] 가치 서약은 일반 의지를 대신한다.

3 기업 가치는 모두가 동의하는 기준을 구성한다. 모두가 조직 안에서 도덕적으로 행동하도록 이끄는 완벽하고 이상적인 생각을 명시한다. 물론 도덕적 처방의 전형은 칸트의 정언명령이다. "보편적 법칙이 되거나 될 수 있을 법한 금언에 따라서만 행동하라." [3] 기업 가치는 표준을 정한다. 의지의 행동에 따라 모든 사람이 그것을 지킬 수 있다고 가정한다.

4 기업 가치는 사람들이 자기 고유의 가치가 아니라 기업이 제시하는 가치로 평가된다는 사실을 세상에 알리는 표시이다.

03

메뉴 고르듯
가치 선택하기

오늘날 자랑스럽게 가치 서약을 하지 않는 기업은 거의 없다. 마치 모든 비즈니스에 히포크라테스의 선서에 대적할 만한 것이 반드시 필요한 것처럼 보인다. 하지만 50년 전만 해도 이런 현상은 드물었다. 19세기와 20세기 초에 크게 성장한 가족기업들, 특히 퀘이커교를 근간으로 한 캐드버리Cadbury, 론트리Rowntree, 클락스Clarks, 바클레이스 뱅크Barclays Bank, 프렌즈 프로비던트Friends Provident와 같이 엄청난 부를 누렸던 회사들은 분명한 원칙 없이도 번창했다. 그 기업들은 신앙만 따랐다.

그렇다면 회사들은 왜 갑자기 전 직원이 준수하길 바라는 도덕적 기준을 선포하게 되었을까? 도덕적 기준이 후퇴해서 그것 없이는 기업의 성과를 높이기 어렵기 때문에? 아니면 단순히 조직이 도덕적으로 진보하고 있음을 보여주는 증표로? 간부들이 조직 성과를 달성할 때 도덕적 방식에 더 많은 관심을 기울이고 있기 때문일까?

모든 기업이 가치에 대해 이야기하지만, 역설적이게도 가치를 유행처럼 말하게 되면서 오늘날 조직의 행동이 전보다 더 도덕적으로 변한 것은 아니다. '말한 대로 실행한다'는 것은 여전히 여느 때와 마찬가지로 실천하기 어렵다. 사실 도덕을 이야기하는 데 쓰는 시간과 도덕적으로 행동하는 데 들이는 노력의 양은 반비례할지도 모른다. 미국의 시인 랄프 왈도 에머슨Ralph Waldo Emerson은 지인에 대해 유명한 말을 남겼다. "그 사람이 자기 명예를 자랑하는 목소리가 커질수록 우리는 더 빨리 숟가락을 셌다."[4]

기업들이 가치 서약에 공을 들이면서 '가치'라는 말의 쓰임에도 미묘한 변화가 생겼다. 전통적으로 '가치'는 단수 명사로 쓰였고, 무언가의 값어치나 용도를 나타냈다. 예를 들어, 사람들은 어떤 행동이 협동적이거나 호혜적이거나 용기가 있을 때 가치가 있다고 말한다. 또는 어떤 종류의 자산, 가령 회사나 부동산의 값어치를 따질 때 가치라고 말한다. 그런데 이제 가치라는 말은 복수형으로 쓰인다. 개인과 조직에서 가치라는 말을 쓸 때는 개인과 조직의 신념, 태도, 성향을 모두 포함한다. 예를 들어 '나의 가치는 너의 가치와 전혀 다르다', '기업 A의 가치와 기업 B의 가치는 정반대다'라고 표현한다. 지금은 마치 옷을 고르듯 가치를 선택하는 것 같다.

가치로 가득한 시장이 있고, 사람들은 그곳에서 삶의 기준으로 삼고 싶은 가치를 고른다. 자신의 어떤 덕목을 평가받을 것인지 그 기준을 스스로 정할 권리가 있다. 다시 말해 가치가 마케팅이 되고, 돈이 되고, 개인화되고, 상대화된다. 과거 미덕을 더 중요하게 여기던 세상에서는 도덕이 가치의 한 부분을 차지했다. 하지만 이제는 가치에서 도덕의 자리가 사라져버렸다. 지금은 전략이 도덕의 영향을 받기보다 가치가 전략의 영향을 받는 경향이 있다. 리더들은 도덕을 고려해 가치를 선택하는 것이 아니라, 가치를 조직 경쟁력의 구성 요소로 여긴다.

회사가 가치를 선택할 때는 어떤 시장에 진입할지, 어떤 제품을 출시할지 고를 때만큼이나 전략적으로 선택한다. 절대적 기준이나 전통적인 도덕을 거의 참고하지 않고 개인과 조직의 고유한 윤리적 범위를 주관적으로 설정한다. 가치를 평가할 때는 오로지 효과만 따진다. 가치가 조직을 발전시키면 잘 선택한 것으로 보고, 그렇지 않으면 가치 선택에 실패한 것이라고 믿는다. 실제로 도덕적 위치 선정은 회사의 경쟁력 있는 전략과 마케팅의 한 요소가 되었다.

과거에는 미덕을 선택이 가능한 메뉴에서 한 가지를 고르는 일이 아니라 힘들게 얻은 습관으로 여겼다. 아리스토텔레스는 도덕에 관한 글에서 다음과 같이 말했다.

오랫동안 공정하게 행동하면 공정한 사람이 탄생하고, 오랫동안 차분하게 행동하면 차분한 사람이 탄생한다. 이렇게 오랫동안 노력하지 않고는 누구도 미덕을 가질 수 없다.[5]

그래서 고결하고 도덕적인 삶이 드물고 소중하며 칭송을 받았다. 미덕은 성실함과 겸손으로 얻는 습관이다. 취향에 따라 고르는 생활 방식이나 한순간의 유행이나 목표를 위한 수단이 아니다. 그것은 타고난 기질에 더 가깝다. 가치와 미덕의 차이는 성격과 인성의 차이와 비슷하다. 오늘날 '미덕'이라는 단어를 사용하면 사람들은 그 고결하고 함축적인 의미 때문에 당황스러워할지도 모른다. 이와 마찬가지로 리더가 개인을 평가할 때 '인성'이라는 말을 쓰면 고루하게 느껴질 것이다. 특히 리더가 역량 프로파일링 같은 유사과학 언어를 사용하면 개인의 기술과 성격을 평가하기 편할 것이고, 개인의 미덕이나 인성을 평가하기는 불편할 것이다. 그런데 기업 성과를 좌우하는 요소가 가치보다는 미덕, 성격보다는 인성이라는 점은 거의 확실하다.

미국의 저널리스트 조지 윌 George Will은 최근 다음과 같이 말했다.

사회에서는 정치적·도덕적 문맥에서 '가치'라는 단어가 '미덕'이라는 단어를 대체하면 도덕성이 더 약해진다. 선과 악에 대한 이야기를 지나치고, 미덕과 악덕의 범주를 따지지 않으면, 가치에 대한 밋밋한 대화만 남는다.[6]

04

이사야 벌린이 말하는 도덕

2차 세계대전이 한창일 때 영국의 한 고위 관리가 보좌진에게 자신이 이제 끔찍한 결정을 내릴 것이라고 말했다. 그는 보좌진 가운데 단 한 사람이 심각한 범죄를 저질렀다는 사실을 알면서도 그들을 모두 해고하겠다고 결심했다. 민감한 정보가 적에게 새어 나간다는 사실이 밝혀졌기 때문이다. 그들 중 누군가가 범인이었다. 범인을 잡으려는 노력은 모두 실패했다. 정보가 새어 나가는 동안 수많은 사람이 전장에서 목숨을 잃었고 영국의 전투력이 약해지고 있었다. 이런 상황에 직면한 관리는 팀 전체를 해고해서 더 이상 정보가 새어 나가지 않게 하겠다고 솔직하게 말했다. 그는 그것이 재앙적인 결정이라는 점을 잘 알았다. 해고된 사람들은 두 번 다시 정부 조직에서 일할 수 없고 이후 삶에도 그림자가 드리워질 터였다. 그럼에도 그는 모두를 해고하는 일이 옳은 일이라고 결정했다.

도덕의 다원성은 이런 도덕적 딜레마를 만났을 때 선과 악을 택하는 것이 아니라, 무엇이 옳은가에 대한 상반되어 보이는 관점 중 한 가지를 선택해야 한다는 주장이다. 어떤 의미에서 다원성은 여러 가치를 저울질하는 것과 같다. 단 한 가지 방식으로는 좋은 삶을 설명할 수 없다. 모든 인간을 위한, 또는 단 한 사람을 위한 최선의 삶이란 존재하지 않는다. 기독교의 겸손, 불교의 절연, 호메로스의 용기, 아리스토텔레스의 중용, 칸트의 의무, 마키아벨리의 간계는 모두 도덕적 삶을 설명하는 정당한 방식이다. 그것들을 비교하거나 판단할 기준점은 없다.

이런 철학을 소리 높여 분명하게 외친 사람이 이사야 벌린이다. 벌린은 전쟁 때 고위 관리가 보좌진을 해고한 것과 같은 상황에 대해 잘 알았다. 그 사건은 벌린에게 큰 영향을 주었다. 그는 관리가 한 일이 옳다고 믿었다. 하지만 그와 동시에 관리가 도덕적 비난을 피할 수 있는 다른 선택을 했을 수도 있다고 생각했다. 예를 들면 아무 조치도 취하지 않을 수도 있었다. 범인이 잡히지 않았기 때문에 그렇게 한다고 해도 도덕적 비난을 받지는 않았을 것이다. 누가 어떤 선택을 하든 심각한 부당함이 생긴다면 그것을 인지하는 순간 도덕적 딜레마가 발생한다. 인생에서 특히 압박이 심한 직장에서 옳은 일을 하다 보면 유감스러운 잘못을 저지르거나 돌이킬 수 없는 해를 끼치기도 한다.

벌린의 시각에서 인간의 의사 결정에 존재하는 이런 근본적인 특징을 부정하는 것은 어리석은 일이다. 인간의 삶에서 복잡함과 미스터리와 다양성을 빼면 아무 의미가 없기 때문이다. 그런 생각은 도덕을 '규칙을 따르는 나약한 행동'으로 묘사한다. 그는 철학자들의 도덕론이 인류의 도덕적 경험과 상충할 때 사람들이 그 이론을 버려야 한다고 강력하게 주장했다. 그는 어떤 종류의 교리나 이론을 인정하지 않았다. 도덕을 올바르게 이해하면 모든 것이 조화를 이룬다는 생각을 믿지 않았다.

같은 맥락에서 벌린은 계몽주의 사상에 반대했다. 계몽주의는 인간의 이성이 마침내 인류를 나누는 모든 장벽을 허물고 조화로운 단일 문명으로 이끌 것이라고 주장한다. 벌린이 이 관점에 반대한 이유는 그것이 비현실적이어서가 아니라 비논리적이기 때문이었다. 그는 인간이 역사적 법칙에 따라 진보한다는 신념에 역겨움을 느꼈다. 벌린은 어린 나이에 러시아 혁명을 직접 목격하면서 사람들이 인류의 진보가 필연적이라는 유토피아적 이론에 얼마나 쉽게 마음을 빼앗기는지 확인했다. 그는 역사적으로 인간의 삶이 가장 많이 희생되는 때가 다른 어떤 생각보다 이런 계몽주의를 추구할 때라고 지적했다.

리더가 특정한 목표를 우상화하고 그에 대한 저항을 전부 비이성적인 편견이라고 매도하면 다음과 같이 끔찍한 일이 벌어진다.

한 무리의 사람들이 지나치게 간섭하고 나무라서 사람들이 부지불

식간에 어떤 행동을 하게 되는 모습을 보면 말문이 막힌다. 그러면 사람들은 자유로운 인간으로서의 지위를 잃어버린다. 더 이상 인간이 아닌 것이다.[7]

벌린은 아무리 훌륭한 도덕 강령이라 해도 지지자들에게 이성만으로는 해결할 수 없는 도덕적 딜레마를 안길 것이라고 믿었다. 그리고 사람들의 고유한 의지처럼 복잡한 도덕에 의해 제기된 가치와 이상은 반드시 다원적이고 모순될 것이라고 주장했다. 모든 가치가 조화롭게 병행하는 완벽한 상태란 있을 수 없다고 생각했다.

불가공약성incommensurability(서로를 비교할 수 있는 공통분모가 존재하지 않는 특성-옮긴이)은 중립을 뜻하지 않는다. 벌린과 동시대의 철학자인 조셉 라즈Joseph Raz는 다음과 같이 말했다. "비교불가능성incomparability은 장점 또는 단점의 균등을 보장하지 않는다. 중립을 뜻하지도 않는다. 이성이 우리의 행동을 안내할 수 없음을 말해주는 것이지, 우리의 선택이 무의미함을 말하는 것은 아니다."[8]

벌린은 일원론을 비판하고 다원론의 입장에서 세 가지 관점을 주장했다.

- **첫째, 모든 도덕 강령은 역사적으로나 지리적으로 상충하는 가치를 포함한다.** 예를 들어 현대 자유주의 사회에서는 자유와 평등의 가치나 행복과 복지의 가치, 정의와 자비의 가치가 조화를 이루지 못한다.

가치 사이에 존재하는 갈등을 중재할 '상위 가치'가 없다.

- 둘째, 이들 가치는 모두 자체적으로 모순이 있다. 예를 들어 자유와 평등은 모두 다양한 모습으로 나타나지만, 같은 자유와 평등이라도 서로 양립할 수 없는 경우가 생긴다. 정보에 대한 자유는 사생활에 대한 자유와 충돌하고 기회의 평등은 결과의 평등과 대립한다.

- 셋째, 특정한 문화나 문명에 자리 잡은 도덕 강령은 나름의 온전함을 갖춘 삶의 전형을 보여준다. 그리고 그런 다양한 삶의 방식은 서로 크게 다르고 쉽게 결합되지 않는다.

이처럼 가치의 다원성은 사람들이 굳게 믿는 가치가 실증적이고 매우 다양하다는 점을 계속해서 보여준다. 비즈니스와 관련해 진정한 이상을 모두 실현하는 완벽한 조직을 만든다는 생각은 단순히 유토피아적이거나 비현실적인 것이 아니라 터무니없다는 점을 암시한다. 조직생활은 개인의 생활과 마찬가지로 양극단 중 한 가지를 선택해야 하는 일들로 가득하다. 이성만 앞세우다가는 휘청대기 일쑤고, 무슨 일을 하든 손해나 해악을 피할 수 없는 경우가 많다.

그렇다면 이런 상황에서 리더는 무슨 일을 해야 할까? 도덕적으로 다원적인 세상에서 조직을 어떻게 이끌어야 할까?

로레알과
제너럴일렉트릭

가치의 다양성을 인식하고 상반되어 보이는 두 가지 행동강령을 50년간 추구해 온 회사가 있다. 프랑스의 화장품 회사 로레알L'Oreal은 오랫동안 한 가지 신조를 따르고 있다. 1957년부터 1984년까지 사장을 맡았던 프랑수아 달François Dalle의 "시인인 동시에 농민이 돼라"라는 말이다. 비전이 담긴 이 말은 로레알의 성공은 언제나 창의력의 미덕과 상식의 미덕을 결합할 줄 아는 능력에 달렸다는 뜻이다. 창의적인 시인이 되라는 말은 세상을 다시 보고, 꿈꿀 기회를 갖고, 새로운 해법을 시도하라는 뜻이 담겨 있다. 그리고 사회 밑바닥에 놓인 농민이 되라는 말은 분별력을 잃지 말고, 돈을 아끼고, 전통을 믿고, 일을 단순하게 만들고, 자만하지 말라는 뜻이다.

모순되어 보이는 이 두 가치를 결합하는 것은 용기 있는 시도였고, 그것이 로레알의 엄청난 성공을 일부 뒷받침하고 있다. 로레알은 이 신조를 착실하게 따르고 있다. 지금도 회사 안에서 시인과 농민 사이의 대화를 끊임없이 이어가고 있다. 이른바 '대결장'을 만들어서 시인과 농민이 논의하고 토론하고 해법을 찾도록 한다. 직원을 채용할 때도 회사의 신조를 양립할 수 있는지에 따라 결정한다. 오로지 직원들이 대화하고 논의하고 서로를 알아야만 상충되는 두 가지 가치를 모두 실현할 수 있고, 어떤 의미에서 가치의 이중성을 조화시킬 수 있다고 믿는다.

잭 웰치Jack Welch가 제너럴일렉트릭의 CEO였을 때 제안한 특별한 운영 방법에도 로레알 문화와 비슷한 면이 있다. 그는 그 방법을 '워크아웃Work-out'이라고 불렀는데, 불필요한 작업을 없앰으로써 조직 운용을 단순화하는 방법이다. 이 방법은 지금도 쓰이고 있다. 워크아웃이란 일반적으로 경영진의 영역으로 여겨지는 조직 설계에 대해 직원들이 함께 모여 고민하고 해법을 찾도록 유도하는 방법이다. 그런 의미에서 이 방법은 '시인의 목소리'에 '농민의 목소리'를 더하는 GE의 방식이다. 웰치는 이렇게 말했다. "직원들을 신뢰하라. 비즈니스를 개선하고 싶다면 직원들에게 그 일을 할 수 있는 최선의 환경을 만들어주면 된다. 그러면 알아서 매일 그 일을 할 것이다."9

워크아웃은 강력한 효과를 나타냈다. 조직을 재설계하는 데 필요한 요소를 가장 잘 아는 사람들의 창의력이 작동했기 때문이다. 직원들은 매일 창의적으로 생각하며 생활해 왔지만, 아무도 그들의 생각을 알려달라고 요구한 적이 없었다. 이 방법은 로레알의 '대결장'처럼 모든 참여자가 아무런 제약 없이 극렬하게 토론하는 과정으로 구성되어 있다.

기업들은 대개 격정적이고 열린 토론을 두려워한다. 로레알식 대결은 조직에 도움이 되지 않고 직원들의 협력을 막고, 심지어 직원들의 조직 충성도를 떨어뜨린다고 우려한다. 그 결과 진실은 타협 뒤로 물러난다. 의견 차이가 겉으로 드러나지 않고 그냥 스쳐 지나가 버린다. 하지만 딜레마의 문제가 해결되어야 대부분의 비즈니스 문제가 해결되고, 그러려면 반드시 열린 토론이 필요하다. 칼 포퍼는 좋은 토론이란 양쪽이 서로의 주장을 완벽하게 이해하는 것뿐만 아니라, 상대방의 주장을 강화한 다음 자기 의견의 강점을 설득하는 토론이라고 설명했다. 이는 자신의 주장을 펴기 전에 다른 사람의 눈으로 세상을 보는 정서 지능과 탈중심 능력을 강화한다.

06

기업이 딜레마에
대처하는 자세

기업이 어떤 전략을 쓰는지 설명하려면 그 기업을 유독 힘들게 하는 딜레마를 찾으면 된다. 일반적으로 기업이 겪는 딜레마는 다음과 같다.

- 단기수익과 장기수익의 균형 유지하기
- 규모의 경제를 단순함과 속도의 경제와 비교 검토하기
- 주주의 이익과 더 많은 이해관계자의 이익 중 무엇을 우선할 것인가
- 고객의 이익과 직원의 이익 중 무엇을 우선할 것인가
- 조직을 위계질서로 운영할 것인가, 네트워크로 운영할 것인가
- 변화를 강조할 것인가, 지속성을 강조할 것인가

- 부서의 전문성에 주력할 것인가, 부서 간 협력에 주력할 것인가

퍼시 바네빅Percy Barnevik은 ABB의 CEO였을 때 많은 기업이 직면한 과제에 대해 다음과 같이 말했다. "우리는 회사가 글로벌 기업이기를 바라면서 동시에 로컬 기업이길 바라고, 큰 기업이자 작은 기업이기를 바라며, 철저히 분권된 조직이자 중앙 보고와 통제에 따른 조직이기를 바란다. 이런 모순을 해결할 수 있다면 그것이 바로 회사의 진정한 강점이 될 것이다."[10]

바네빅은 리더가 다원성과 이중성에 맞서고 있다는 점을 직감했다. 예를 들어 많은 기업이 운영 방침으로 분권화를 선택하지만 거기에는 장점과 단점이 모두 있다는 사실을 알았다. 다시 말해 조직이 분권화되면 기업가정신이 조직 전반에 퍼지는 이점이 있지만, 동시에 조직 분열이라는 위기를 초래할 수 있다. 경계를 넘나드는 협력과 시너지가 발생할 기회가 없기 때문이다.

모든 딜레마는 이처럼 해결할 수 없을 것 같은 문제를 제기한다. 어떤 단점도 발생하지 않으면서 두 가치의 장점을 모두 살리려면 어떻게 해야 할까? 그것은 쉬운 일이 아니다. 그래서 현실에서는 다음처럼 임시방편으로 문제를 다루는 경우가 많다.

- 해결 미루기. 딜레마가 없는 척하면서 평소대로 일한다. 그 결과 근본적인 해법은 아무것도 정해지지 않는다. – 우유부단 전술

- 임의로 한 가치를 버리고 나머지 가치 지지하기. '이것이 우리가 일하는 방식이다'라는 구실로 두 가치 중 한 가치를 선택한다. 그리고 선택한 가치를 조직 문화의 한 측면으로 자리 잡게 한다. – **양극화 전술**

- 두 가치 사이를 왔다 갔다 하기. 기분이 시키는 대로, 유행에 따라, 또는 주기적으로 위기를 맞을 때마다 어떻게 해야 할지 몰라 당황하면서 양극단을 왔다 갔다 한다. – **진자 전술**

- 한 가치가 다른 가치 쪽으로 기울어지는 지점을 예측하려고 노력한다. 하지만 그 지점을 너무 빨리 결정하거나 너무 늦게 결정하면 위기에 처한다. 즉, 전전긍긍하고 조급해지거나 배를 놓칠 위험이 있다. – **예측 전술**

- 중도를 추구하며 양극단의 균형을 유지한다. – **타협 전술**

모든 기업이 가지고 있는 행동 편향은 기업의 역사나 리더들의 경험에서 비롯하는 경우가 많다. 대부분의 리더는 성공은 우발적이라는 생각을 바탕으로 한 가지 요령만 안다. 성공을 보장한다고 믿는 방책이나 자신을 그 자리에 있게 한 하나의 태도만 고집한다. 원가 관리, 카이젠 kaizen ('개선'을 뜻하는 일본어로, 조직의 모든 구성원이 참여해 지속적으로 프로세스를 향상시키는 방식-옮긴이), 종합품질관리, 아웃소싱, 합병, 상여금, 린 lean 생산방식(작업 공정의 혁신을 통해 불필요한 낭비와 손실을 줄이고 생산성을 높이는 방식-옮긴이), 기타 만병통치약으로 통하는 경영 방식에 의지하는 식이다. 그 방법이 어디로 이끌든 어떤 상황을 만들든 상관없이 리더는 그것을 만능 치료제이자 실패 없는 마술 같은 비법으로 여긴다.

때로 그 비법은 주주 가치, 고객 중심, 기업의 사회적 책임과 같이 조직의 경영 구호로 굳어진다. 리더의 비법이 회사의 핵심역량으로 설명되는 경우도 있다. 여기에서 핵심은 그 비법이 고정되어서 조직 성장의 정체를 불러오는 경향이 있다는 점이다. 이것은 '성공의 실패' 또는 이른바 '이카로스 현상'의 전형을 보여준다. 영웅적 리더가 자만에 빠져 자신을 과신한 나머지 행운을 멀리 밀어버리고, 한쪽 눈을 감고 반대 의견의 근거를 보지 못하는 것이다.

자신의 요령 또는 자신이 외친 구호가 부적절해지더라도 그 순간을 알아채는 리더는 드물다. 상황이 위태로울수록 리더는 자리에 주저앉아 자기 지식에만 기댄 채 집단의 충성과 연대를 강조하기 쉽다. 리더는 사태가 너무 심각해서 마법의 주문이 사라질 때가 되어서야 유일한 방책으로 극단적 변화를 지시하게 된다. 여기에서 위험한 점은 새로운 리더십 역시 똑같은 방책을 마련한다는 점이다. 방향만 반대일 뿐이다. 그래서 모든 과정이 처음부터 다시 시작된다. 실제로 리더십에 변화가 있어도 결과가 달라지지 않는 문제는 기업이 본래의 딜레마를 정확하게 다루지 않고 한 가지 단순한 해법을 과신할 때 전형적으로 나타나는 증상이다.

고대 그리스에서 딜레마di-lemma는 '두 가지 명제'를 뜻했다. 그런데 오늘날에는 두 명제 때문에 어찌할 바를 모르는 상황을 딜레마라고 말한다. 리더는 어려운 결정을 내려야 할 때가 언제인가를 알아야 한다. 리더가 딜레마에 빠졌을 때 한쪽을 과도하게 선호하면 무시한 다른 한쪽 때문에 꼼짝 못 하게 되기 쉽다.

일반적으로 리더는 이런 딜레마를 해결하려고 노력할 때 자신이 해야 하는 선택이 '대립하는 가치들' 사이의 선택이라고 가정한다. 다시 말해서, 한쪽 편을 들어야 한다고 생각한다. 그런데 그것 말고 딜레마를 해결하는 방법은 없을까? 두 가지를 공정하게 대하는 방법은 없을까? 두 가지 중 임의로 한 가지를 고르거나 임의로 우선순위를 매기는 대신, 그 가치들을 결합하거나 조화시킬 수는 없을까?

직원들이 만족하는 직장이란 조직생활에서 매일 발생하는 도덕적 딜레마의 현실을 받아들이고 직원 개인을 딜레마를 해결하는 이해당사자로 여기는 곳이다.

07

두 가치를
조화시키는 방법

"최고의 지능은 머릿속에서 상반된 생각을 동시에 하는 능력과,

그것을 유지해서 현실에 적용하는 능력이다."

— F. 스콧 피츠제럴드 F. Scott Fitzgerald [11]

　　다원적 세상에서 조직을 관리한다는 것은 어떤 의미일까? 예를 들어 충돌하는 가치들을 관리하기 위해 리더는 어떤 합리적 방법을 찾을 수 있을까? 영국의 경영철학자이자 케임브리지 대학교 저지 경영대학원의 책임연구원 찰스 햄든 터너 Charls Hampden-Turner 교수가 한 가지 답을 제안했다. 양극을 대할 때는 두 가지가 조화를 이룰 수 있는 지점을 찾는 기회로 여기라는 것이다.

예를 들면 관료주의와 혁신의 가치가 상충할 때 리더는 질서와 통제 같은 관료주의의 미덕과 역동과 학습 같은 혁신의 미덕이 조화를 이룰 수 있을지 생각한다. 관료주의는 구성원을 꼼짝 못 하게 하거나 멍청이로 만들 위험이 있고, 혁신은 배움을 강조해서 지나친 혼란과 무질서를 야기할 수 있다. 또한 관료주의는 처음부터 옳아야 발전하고, 혁신은 학습을 통해 다양한 시행착오를 거쳐야 성공할 수 있다. 그렇다면 관료주의와 혁신, 통제와 학습의 가치를 결합해서 두 가치를 모두 개선하는 방법은 무엇일까?

조화란 타협과 달리 한 가치를 빌려서 다른 가치를 개선하는 일이다. 예컨대 통제와 질서의 가치를 키워서 학습의 단점인 혼란과 무질서의 문제를 해결하고, 열린 마음과 탐구심을 키워서 통제에서 오는 답답함을 극복하는 것이다.

구체적인 예를 들자면, 리더는 회사에 회계사들을 불러서 경쟁사와 비교해 조직의 학습 속도가 어떤지 평가해 달라고 부탁한다. 그리고 R&D 과학자들에게 조직의 위기관리 체계를 다시 고안하는 업무를 맡긴다. 이런 생각은 질서와 유희, 합리성과 창의력, 예측과 발견이라는 서로 다른 가치를 새로운 방식으로 결합하기 위해서다. 간단히 말해 다양한 가치를 실험해서 조화로운 지점을 찾는 것이다. 여기에서는 우회의 원칙이 적합하다. A와 B가 상충하는 가치로 보인다면, A를 개선하기 위해 B가 A를 강화시키는 방법을 찾으면 된다. 반대도 마찬가지다.

우리는 양극단을 모두 해결하는 '정확한' 지점을 찾는다.

많은 회사가 직면하는 딜레마 가운데 특별히 더 까다로운 것이 직원들에 대한 재정적 지원과 보상 문제다. 예를 들어 상여금은 개인 성과에 맞춰서 줘야 할까, 팀 성과에 근거해 줘야 할까? 회사의 성공 결과를 전 직원이 똑같이 나눠야 할까, 아니면 성과에 따라 개인이나 단위별로 다르게 나눠야 할까?

요즘 기업들은 대부분 집단 성과에 따라 지불하는 성과금의 비율과 개인 성과에 따라 지불하는 성과금의 비율을 임의로 적절히 조정한다. 이를테면 조직 성과에 따라서는 70%, 개인 성과에 따라서는 30%를 주는 식이다. 성과금을 이렇게 두 가지 방식으로 지급한다는 말은 집단 성과와 개인 성과를 각각 따로 규정함을 뜻한다. 마치 회사의 성과가 그곳에서 일하는 직원들의 노력과는 별 상관이 없다는 인상을 준다.

캘리포니아에 본사를 둔 다국적 반도체 회사 AMD는 개인 성과와 팀 성과를 조화롭게 하기 위해 직원들에 대한 보상 방식을 새롭게 개척하고 있다. 개인은 그가 속한 팀에 얼마나 기여했는지에 따라 보상을 받고, 해당 팀이 직접 평가한다. 그리고 팀은 팀원들의 재능을 얼마나 잘 살리고 이용했는지에 따라 보상받고, 해당 팀원들이 직접 평가한다. 이는 상충되어 보이는 가치들을 멋지게 잘 통합한 예다.

잭 웰치는 회장이 되기 전에 GE에서 플라스틱 공급처를 운영할 때 직장에 널리 퍼진 딜레마를 파악하고, 충돌하는 것처럼 보이는 가치들이 서로 조화를 이뤄야 한다고 생각했다. 그는 비즈니스를 운영할 때 다음과 같은 격언을 기준으로 삼았다.

- 계획적 기회주의를 실천하라.
- 간단한 해법을 찾을 때까지 정보 속에서 뒹굴어라.
- 건설적인 충돌로 아이디어를 테스트하라.
- 모든 직원을 동등하게 대하되, 강점에 따라 엄격하게 개별적으로 보상하라.

인적 자원 관리를 연구하는 폴 에반스Paul Evans 교수는 다원성의 세상에 적합한 경영 기법을 일반화하면서 다음 원칙을 제시했다. "한쪽 가치로는 조직하고, 다른 가치로는 관리하라."[12]

에반스 교수는 대부분의 기업이 특정한 가치들에 따라 조직된다는 점을 확인했다. 일반적으로 기업들은 통제, 조정, 예측 가능성의 가치를 선호하고 그에 따른다. 이런 가치들은 곧 기업 문화를 구성하기에 이른다. 하지만 그 반대에 있는, 그것과 똑같이 중요한 다른 가치들은 외면당하고 있다. 경영진의 역할은 조직이 무시하는 가치, 이를테면 호기심과 탐구심, 다양성, 신뢰와 같은 가치가 조직에서 똑같은 무게를 가질 수 있도록 하는 것이다. 다시 말해 리더가 해야 할 일은 '무시당하는 다원성'에 집중하는 것이다. 회사가 주주의 이익을 대변하는 데 열중하면 리더는 고객의 이익을 강조하고 고객의 이익을 통해 주주의 이익을 높이는 방법을 고민해야 한다. 비용과 이익, 안정과 성장, 분석과 행동처럼 다른 이원적 가치를 대할 때도 마찬가지다. 요약하자면 경영이란 문제를 해결하는 일만큼이나 딜레마를 해결하는 일이라고 할 수 있다.

철학이 말하는 리더의 지혜

대부분 가치 서약은 직원들이 의사 결정을 할 때 일정한 도덕적 기준을 인식해야 하고, 그들의 행동이 평가되는 도덕적 표준을 마음속에 새겨야 한다는 전략적 가정 아래 작동한다. 리더 역시 무엇이 미덕으로 여겨지는지를 늘 기억해야 한다. 그런데 오늘날 비즈니스를 곤란하게 하는 도덕적 문제는 일반적으로 딜레마의 형태를 띤다. 리더는 가치 서약을 계획하는 데 시간을 쓰는 대신 도덕적 호기심과 대화를 통해 딜레마를 관리하는 일에 주력해야 한다. 직원들의 토의와 이의 제기를 격려하고 그 결과 직원들의 도덕적 행동이 단순한 복종을 넘어서 양심적 탐구로 이어지도록 해야 한다. 도덕적으로 진지한 조직은 도덕적 문제에 민감하고 그것을 직접적이고 솔직하게 이야기한다.

이제 비즈니스에서 도덕은 창의력이 필요한 프로젝트나 끝이 없는 탐구 과제에 가깝다. 퍼즐 맞추기나 규정집과는 거리가 멀어지고 있다. 토론과 이의 제기는 내 생각과 내가 하는 일이 중요하고, 옳은 일을 하기 위해 노력해야 한다는 믿음을 바탕으로 한다. 여기에서는 가치가 무엇이 옳은지를 말해주는 것이 아니라, 딜레마로 인도한다는 사실을 확인했다.

1   당신이 내린 결정은 다른 사람들에게 당신의 가치에 대해 무엇을 말해주는가?

2   당신의 결정에 대해 이야기할 때 그 결정에 내재한 도덕적 딜레마를 어떻게 설명할 수 있는가?

3   팀원들이 의사를 결정할 때 도덕적 딜레마를 회피하지 않고 당당하게 맞서게 하려면 어떻게 해야 하는가? 팀원들이 적극적으로 토론하고 이의를 제기하도록 하려면 어떻게 해야 하는가?

10장

선택할 자유가 있는 사람

| 리더의 자유 |

WHAT PHILOSOPHY CAN TEACH YOU

ABOUT BEING A BETTER LEADER

"자유란 강요 없이 어떠한 행동을 선택하고
그 행동의 결과를 마주하는 힘이다."

이 장에서는 20세기 철학자 피터 스트로슨Peter Strawson과 장 폴 사르트르 Jean-Paul Sartre, 고대 그리스 철학자 소크라테스Socrates의 도움으로 인간과 리더 자신에 대해 알아본다. 인간은 누구에게도 속하지 않은 고유한 존재이며, 옳고 그름에 대해 스스로 판단하고 나름의 방식으로 사회에 기여하고 싶어 한다. 이와 마찬가지로 리더는 리더십을 통해 사회에 이바지하기를 바란다. 지위와 권력, 자원에 대한 권한이 어느 정도인지와 상관없이, 모든 리더에게 중요한 문제는 자신이 가진 자유를 어떻게 이용해야 조직을 잘 이끌 수 있으냐 하는 것이다. 즉, 긍정적 차이를 끌어내고 다른 사람들과 더불어 잘 살 수 있는 방법에 대한 문제이다. 다시 한번 강조하지만, 리더가 권한위임을 어떻게 생각하느냐가 핵심이다. 권한을 위임하는 것이 아니라 권한을 위임받으려면 리더는 자신이 가진 자유를 이해하고 그에 따라 행동해야 한다. 리더의 자유란 어떤 제약이 있어도 자신이 옳다고 믿는 일을 하려고 노력할 자유를 말한다.

권한에 주의하라

6장을 시작하면서 유럽의 한 기업에서 다양성과 포용을 주제로 했던 회의에 대해 이야기했다. 그 기업의 직원들은 자신이 완전히 배제되어 있고 무력감을 느낀다고 말했다. 우리는 이에 대한 간부들의 의견을 조사한 뒤 다음과 같이 조언했다. 간부들은 관리자와 직원들의 의견을 의사 결정에 반영하는 데만 집중하지 말고, 권한을 위임받은 사람들이 발전하는 환경을 만드는 데 주력해야 한다고 말했다. 우리는 조직에서 권한의 목적과 정당성을 조사했고, 후기 칸트 시대를 사는 지금의 리더들이 권한에 대한 생각을 완전히 바꿔야 한다고 결론 지었다. 리더는 권한이 상향 위임된다는 점과 리더가 가진 권한을 다른 사람들의 이익을 위해 정당하게 쓰는 것이 그들의 의무라는 점을 깨달아야 한다.

그렇다면 권한을 요구하는 사람들은 어떨까? 규정에 갇히고 배제되고 무시되고 무력하다고 느끼는 관리자들과 직원들은 어떻게 해야 할까? 권한위임, 권위, 자유의 문제에 있어 어떤 책임이 있을까? 그들의 리더십 과제는 무엇일까?

CEO들이 늘 하는 질문이 있다. "더 혁신적이고 적응력이 뛰어나고 민첩하고 지속 가능한 조직을 만들려면 어떻게 해야 합니까?" 이 물음에 대해 많은 컨설턴트들이 이렇게 답한다. "직원들에게 권한을 위임해야 합니다." 그런데 이 답에는 문제가 있다. 우리가 6장에서 살펴본 바와 같이, 흔히 볼 수 있는 권한위임 프로그램이 잘못된 신화를 기반으로 하기 때문이다. 지위가 높은 사람은 다른 사람에게 권한을 줄 수 있다고 가정한다. 하지만 진실은 그렇지 않다. 권한위임은 개인의 자질이지, 위계가 높은 사람이 다른 사람에게 부여하는 선물이 아니다. 조직에서 위계가 높은 사람일수록 자신의 자유와 힘을 이용해서 좋은 일을 벌이려는 사람들을 지원해야 한다. 이는 지위가 높은 사람이 다른 사람에게 권한을 줄 수 있다고 말하는 것과는 다르다. 그들은 그렇게 할 수 없다.

6장에서 확인한 인간의 내재적 평등과 자율권, 타고난 의무감에 대한 홉스와 칸트의 생각을 인정하면 비로소 모두가 권한을 위임받을 수 있다. 누구나 자신이 옳다고 생각하는 바에 따라 결정을 내리고 행동할 수 있다. 자신의 생각에 따라 무엇을 해야 할지 살피고, 그것을 실현하기 위해 의사 결정을 하는 것이 권한위임의 방법이고 리더십에 따른 행동이다. 그렇게 하면 여러 가지 결과가 따라온다.

긍정적인 결과로는 목적의식이 생기고, 자기가 하는 일이 중요하게 여겨지고, 자기가 어딘가에 기여하고 있다고 느낀다. 존중받고 인정받음에 따라 자부심도 높아진다. 그런데 위험한 요소도 있다. 사람들이 행동하고 의사를 결정하고 무슨 일을 벌이려면 책임을 져야 하고, 책임에는 불안과 걱정이 따른다. '일이 잘못되면 어떻게 하지? 누군가를 속상하게 하면 어떻게 하지? 일하는 데 필요한 노력과 에너지를 내가 감당하지 못하면 어떻게 하지?' 더욱이 성공에 대한 확신이 없는 채로 이 모든 위험을 감수해야 한다. 차라리 관습을 따르거나, 누군가에게 허락을 받거나, 누가 도움을 요청할 때까지 기다리거나, 누군가의 지시나 명령을 따르는 일이 더 쉽지 않을까?

리더는 어떤 일을 책임질 때 항상 이 딜레마와 마주한다. 주도권을 갖고 행동할 자유를 행사할 것인가, 아니면 더 쉬운 길을 갈 것인가. 이 딜레마에 어떻게 대응하느냐에 따라 리더가 어디까지 권한을 위임받느냐, 조직을 어디까지 이끌 수 있느냐가 결정된다.

02

피터 스트로슨의
자유의지

앞에서 나온 '행동할 자유'라는 표현에 주목해 보자. 행동할 자유가 무슨 뜻인지를 명확하게 이해하는 일이 중요하기 때문이다. 철학자들은 자유의지의 존재에 대해 많은 토론을 벌인다. 강경 결정론자는 자유의지의 존재를 부정하고 강경 자유의지론자(자유주의자)는 자유의지의 존재를 옹호한다. 강경 결정론자는 인간이 항상 앞선 사건이나 자연법칙에 따라 행동한다고 믿는다. 그리고 인간이 자유롭게 선택한다는 생각은 착각이라고 주장한다. 이와 달리 강경 자유의지론자는 인간에게 행동에 대한 선택권이 있고 그 선택은 외부 힘에 의해 미리 정해지지 않는다고 믿는다. 자유의지가 없고 모든 것이 미리 정해진다고 믿는 사람들과 미리 정해지지 않고 다양한 결과를 낳는 선택의 자유가 있다고 믿는 사람들 사이에 중도를 찾으려는 주장이 바로 호환론으로 알려진 주장이다. 철학자 피터 스트로슨(1919-2006)은 이런 시각을 견지하며 1962년 〈자유와 분노Freedom and Resentment〉라는 논문을 발표했다.[1]

스트로슨은 1차 세계대전이 끝나자마자 태어났다. 그리고 2차 세계대전으로 황폐해진 세상과, 이어진 냉전으로 인한 자본주의와 공산주의의 이념 논쟁이 시끄러운 시대를 온전히 살았다. 그때는 권한을 가진 사람들의 실수와 야만, 폭력, 어리석음으로 얼룩진 시대였다. 20세기 초 많은 리더들이 당연하게 받았던 존중과 경의를 더 이상 기대할 수 없었다. 2차 세계대전의 공포에 이어 자유에 대한 투쟁, 소외에 대한 분노, 패권 다툼으로 세계적 대학살이 일어났을 때 철학자를 비롯한 많은 사람들이 자유의 본질을 찾는 데 집중했다. 별로 놀라운 일은 아니다. 거기에는 장 폴 사르트르의 실존주의 학파도 포함된다. 그에 대해서는 뒤에서 자세히 다루고자 한다.

고양이를 쓰레기통에 버린 사건

스트로슨은 인간이 모두 자유의지가 있는 것처럼 행동한다고 이야기했다. 그리고 그것이 가장 분명하게 나타나는 것이 누군가를 탓하고 벌을 줄 때라고 말했다. 사람은 누군가의 행동을 용서할 수 있는 특정한 상황이 있다고 주장한다. 누군가가 어떤 부정한 행동을 벌이면 흔히 '그 사람이 제정신이 아니었어'라거나 '다른 사람 같았어'라고 말한다. 그런 행동을 설명하거나 변명하기 위해 정신질환을 이유로 들기도 한다. 다시 말해 사람들은 특별한 경우가 아닌 한 누군가의 행동이 그의 책임이 아니라고 여겨지면 그 행동에 대한 판단을 유보한다.

내가 정신이 멀쩡한 상태에서 이웃이 키우는 고양이를 집어다가 환경미화원이 구해주겠거니 생각하며 바퀴 달린 쓰레기통에 버렸다고 가정해 보자. 그런 일을 하고도 나는 아무렇지도 않았다. 그런데 CCTV에 이 일련의 행동이 포착되고 말았다. 나는 그런 냉정한 행동에 대해 대부분의 상식적인 사람들에게 마땅히 비난을 받을 것이다. 그러면 아마도 의사의 도움을 받게 될 것이고, 나는 그 고양이가 하도 울어서 몇 주 동안 스트레스를 받고 잠을 못 잔 탓에 나도 모르게 그런 일을 저질렀다고 주장할 것이다. 그러면 상식적인 사람들 중 일부는 내게 휴식이 필요하고 비난을 받거나 벌을 받지 않아야 한다고 생각할 것이다.

스트로슨의 주장은 이렇다. 사람들은 누군가가 그 자신이 아닐 때 벌인 행동에 대해서는 일반적인 판단을 유보한다. 즉, 자유의지가 아니라 자신이 아닌 것에 의해 강요당한 행동에 대해서는 결과적으로 비난을 덜 하거나 어떤 벌도 내리지 않는다. 반면 그 행동에 어떤 강제 요인이나 정상참작의 사유가 없을 때는 더 가혹한 결과가 내려진다. 즉, 그 사람이 스스로 그 행동을 했다고 생각하면 더 비난하고 더 심한 벌을 내린다. 이런 시각에서는 자유란 어떤 강요나 경감 사유도 없는 상태라고 정의 내릴 수 있다. 다시 말해 사람들이 어떤 선택도

하지 않으면 책임질 일이 없고 자유의지도 없는 상태이고, 어떤 선택을 한다면 책임이 따르고 자유의지가 있는 것이다. 자유에 대한 이와 같은 생각이 권한위임과 리더십에 대한 생각의 핵심이다. 물론 사람들이 건전한 정신을 가졌다고 가정한다면 말이다.

자유는 어떤 결과도 따르지 않는 행동을 하는 힘이 아니다. 자유란 강요 없이 행동을 선택하고 그 행동의 결과를 마주하는 힘이다. 행동의 결과는 전부는 아닐지라도 결정하는 시점에는 알지 못할 수도 있다. 이것이 리더의 행동 방식이다.

03

소크라테스의 기개

직원들에게 리더에 대한 권한이 없다는 말은 아니다. 고위 관리자든 중간 관리자든 직원들은 리더의 행동을 멈추게 하거나 그의 행동에 벌을 줄 수도 있다. 만일 6장에서 확인한 칸트의 '목적의 왕국', 즉 사람들이 삶의 기준이 될 공공의 법칙을 만들고 그것을 지키는 세상에 산다면, 자기의 행동이 일부 제한을 받고 공공의 법칙을 지키지 않을 경우 비난받을 수 있다는 사실에 확실히 동의한 셈이다. 허락을 받고 사람들에 대한 권한을 얻은 사람들이 자기에게 처벌을 가할 수도 있다는 생각을 인정한 것이다. 예컨대 세금을 내지 않는 사람에게는 적절한 처벌을 내릴 수 있다. 모든 사회는 규칙을 지키지 않을 경우를 대비한 규칙과 판단과 결과를 포함하는 법 제도를 갖추고 있다. 그런데 감옥처럼 극단적인 경우에도 사람은 선택의 자유가 있다는 원칙이 그대로 적용된다. 이와 같은 사실을 가장 잘 보여주는 예가 넬슨 만델라Nelson Mandela의 경우다. 만델라는 1985년 정치 활동을 더 이상 하지 않을 것을 조건으로 자유를 보장받았지만 감옥에 남기로 했다. 그리고 5년 뒤 마침내 아무런 조건 없이 석방되었다. 이것이 바로 권한을 위임받은 사람의 행동이다.

대부분 리더들은 무엇을 할지, 무엇을 지지할지, 어떤 차이를 만들지를 정해야 하는 상황에 시간을 많이 쏟지 않는다. 하지만 이 질문들은 삶의 진정한 일부이고 누구에게나 아주 중요한 문제다.

내가 무엇을 지지하고 어떤 변화를 일으키는가에 대한 질문은 아득한 옛날부터 시작되었다. 이 오래된 질문들이 철학자의 마음을 사로잡았다. 플라톤(기원전 427-347)은 《국가론》[2]에서 소크라테스(기원전 470-399)가 한 말을 기록하면서 기개thymos에 대한 생각을 통해 '내가 어떤 변화를 일으키는가'에 대한 질문을 탐구했다. 소크라테스는 영혼이 이성(합리적 사고), 욕망(욕구), 기개로 구성된다고 설명했다. 그리고 기개를 명예심으로 정의했다.

소크라테스는 기개를 몸소 구현했다. 그가 살았던 시대에는 스파르타가 강성해짐에 따라 아테네의 주도권이 약해지고 있었다. 소크라테스는 아테네 정부에 거침없이 의문을 제기했고 결국 재판을 받고 유죄가 선고되어 음독형을 받았다. 친구들이 그를 감옥 밖으로 꺼낼 방법을 마련하고 그에게 탈출을 권유했지만 거절했다. 감옥에 남아 운명을 마주하겠다는 주장은 명예로운 일, 옳은 일을 하겠다는 원칙과 다짐의 실천인 셈이었다. 그는 아테네로 이주하면서 그 사회의 일원이 되기로 했기에 자신이 그곳의 법을 반드시 따라야 한다고 생각했다. 그는 법을 잘 알았고 법은 적절한 절차에 따라 집행되었다. 이것이 바로 기개다. 기개는 열정에 의해 움직이는 힘이다. 그리고 열정은 사람들이 훌륭한 일을 하게 하고, 끔찍한 짓을 저지르게 만들기도 한다.

넬슨 만델라가 석방을 거부한 행동을 다시 돌이켜보면 기개의 또 다른 예를 볼 수 있다. 이성의 힘으로만 본다면 당연히 제안을 받아들여야 했다. 그런 제안은 마지막이었을 것이고 그가 정치 투쟁을 포기한다고 해서 문제가 되지는 않았을 것이다. 오히려 그동안 한 일만으로도 충분했다. 그가 아니더라도 싸울 사람들이 있었다. 한편 욕망의 힘만으로 본다면 석방이라는 제안은 강렬하다. 다시 자유롭게 걷고 삶이 주는 모든 즐거움과 너무나 오랫동안 거부되었던 기쁨을 맘껏 누릴 수 있다. 이러한 기본적 욕구를 충족하는 일은 그 제안을 거부하기 어렵게 만든다. 그런데 기개의 힘으로 본다면 그 제안은 거절하는 것이 당연하다. 그 제안을 받아들일 때 만델라가 얻을 것은 많은 사람들의 기대보다 편안한 삶일 것이다. 그런데 그가 제안을 받아들이면 그가 지지한 모든 것, 그의 명예를 잃게 될 것이다. 따라서 그는 그 제안을 받아들일 수 없었다.

사익과 욕망의 힘을 뛰어넘는 기개의 힘을 조사하다 보면 그것이 가혹한 마음 이상이라는 점을 금방 알게 된다. 기개는 중요한 질문을 던진다. '사사로운 이익에 빠지지 않으려면 무엇을 해야 하는가? 욕망과 유혹에 넘어가지 않으려면 무엇을 해야 하는가? 나는 내가 무엇을 해야 한다고 믿는가? 그 믿음이 왜 그토록 강력한가?' 내가 해야 한다고 믿는 일을 하지 못한다는 것은 나 자신에게 맞서는 일이고, 내가 지지하고 중요하게 여기는 것에 의문을 제기하는 일이기 때문이다. 그것은 내 가치의 문제이며 명예가 걸린 문제다. 리더십의 실패이기 때문이다. 기개는 이런 질문도 던진다. '다른 사람의 눈에 내가 어떻게 보일 것인가?' 부적절한 행동을 하거나 옳은 일을 하지 못해서 사람들에게 비난받는 사람은 다른 사람들의 존경을 잃었을 때 느끼는 속 쓰리는 고통을 아주 잘 안다. 다시 플라톤으로 돌아오면, 그는 소크라테스를 통해 기개가 격분과 자기 분노 또는 수치심의 원천이라고 주장했다. 이런 감정은 자존심이 상했을 때 나타나는 반응이다.

권한위임은 누군가에게 강요받지 않고 결과에 대한 확신이 없는 상황에서도 행동하는 힘이다. 우리는 권한위임을 통해서 '내가 해야 한다고 믿는 일을 할 수 있는가?'라는 질문에 '그렇다'고 답할 수 있게 된다.

04

뇌물은 이제 그만

관밍성关明生은 알리바바의 전 COO이자 사장으로, 설립 초기부터 전 회장 마윈馬雲과 함께 알리바바의 경영에 참여했다. 그가 처음 경영 진으로 일하기 시작했을 때 알리바바는 직원이 150명인 인터넷 벤처 기업으로, 큰 어려움에 처해 고군분투하고 있었다. 하지만 그가 경영 진으로 있는 동안 회사는 직원이 2,500명으로 늘었고 세계적인 규모 의 B2B 기업으로 성장했다. 또한 매월 잉여현금이 500만 달러에 달 했다.

관밍성은 알리바바에서 일하기 전에 GE 의료시스템 사업부의 아 시아 개발 책임자였다. 그때 아시아 시장에는 거래를 성사시키기 위 해 공급업체, 즉 고객에게 뇌물을 주는 문화가 있었다. 그러나 GE는 해외부패방지법FCPA에 따라 어떤 뇌물도 없어야 함을 회사 방침으로 삼고 있었다. 문제는 GE의 중국 의료팀이 그 방침을 몰랐던 것이 아니라 문화적으로 민감한 문제이기 때문에 고객의 기분을 상하게 할까 봐 어떤 직원도 그 방침에 대한 말을 꺼내지 않았다는 데 있었다.

가톨릭 문화와 유교 문화를 모두 경험하며 성장한 관밍성에게 이 문제는 두 가치가 충돌하는 아주 곤란한 상황이었다. 직원들을 관리해야 하는 입장에서 그는 그들을 보호해야 했다. GE에서는 직원이 회사 방침을 어기면 무조건 해고했고 심각한 경우 감옥에 보내기도 했다. 그런데 비즈니스를 성공시키려면 회사의 자원이 적절하고 효율적으로 쓰이는지를 철저히 감시해야 한다. 또한 뇌물 때문에 GE에서 어차피 성사되지 못할 거래들을 추적하는 데 시간을 낭비하는 일을 막기 위해서라도 철저한 감시가 필요했다. 그의 도덕적 관점에서는 문화적 특수성이라는 그늘 아래 머물기보다 뇌물이라는 불쾌한 대상에 정면 대응해야 했다. 그는 다음과 같이 설명했다.

중국 문화의 특수한 그늘에서 빠져나오게 하려고 전 직원을 교육시켰습니다. 그리고 중국에 있는 고객 업체를 만나면 처음부터 뇌물과 관련한 GE의 방침을 정확하게 밝혔습니다. 팀원들은 다 제가 미쳤다고 생각했어요. 하지만 겉으로 보기에만 그렇지 실제로는 적절한 방법을 고안했습니다. '고객 자격 관리'라는 이 방법의 첫 단계는 직원들을 다음과 같이 일깨우는 일이었습니다. '뇌물을 요구하는 고객은 그것이 어떤 형태이든 우리의 타깃 고객이 아니다. GE의 뇌물 금지 방침(20.4정책이라고 불렀다)은 어떤 예외도 두지 않기 때문이다. 어떤 경우에도 용인되지 않는 일을 하는 데 왜 시간을 낭비하는가?'

이 간단한 일을 하기 위해 중국의 GE 의료영업팀은 뇌물을 요구한 모든 거래는 걸러내고 뇌물을 요구하지 않은 거래에만 주력해야 했다. 당시 전체 거래의 70%가 걸러졌다.

그는 내재적 기개, 즉 옳은 일을 하겠다는 결심에 따라 그 문제와 정면승부에 나섰다. 영업팀은 그의 뜻에 동의하지 않고 시장의 70%를 잃으면 회사는 갈 데가 없을 것이라고 말했다. 그는 그런 걱정에 대해 이렇게 말했다. "그렇다면 나머지 30%의 시장은 점유할 수 있습니다. 거기에서부터 사업을 다지기 시작하면 됩니다." 그 결과 영업팀은 25%의 시장을 장악했다. 그들은 뇌물이 전혀 없다는 사실을 믿지 못하는 고객들과 여러 차례 힘든 대화를 해야 했다. 그래도 뇌물이 오가는 거래는 있을 수 없었다.

05

리더에게 필요한
삶의 방식

이 책의 서문에서 우리는 기업이 효율을 높이고 성공하는 데 경제학적 사고와 심리학적 사고가 중요하지만, 그것에만 의지하기에는 부족하다고 지적했다. 뿐만 아니라 규율이나 훈련도 일터에서 마주하는 도덕적 문제를 온전히 해결하지 못한다. 위계질서가 존재함을 인정할 수밖에 없듯, 권력과 자원 배분에 차이가 있다는 사실도 인정할 수밖에 없다. 하지만 권한이 위임된 사람에게 이런 차이는 리더로서 권한을 비도덕적으로 사용하거나 올바르게 행동할 책임을 포기하기 위한 변명이 되지 못한다.

권한이 위임된 자율 조직을 만들기 위한 간단한 지침서란 없다. 그렇게 하려면 누구든 다른 사람들이 발전하는 환경을 만들고 그들이 옳다고 믿는 대로 행동할 수 있는 선택권을 주면 된다. 이 장과 6장에서 다룬 철학자들의 견해를 따르면, 다시 말해 홉스처럼 사람은 본질적으로 평등하고 자기 통제의 힘이 있다고 믿거나, 칸트처럼 사람을 수단이 아닌 목표로 여겨야 한다고 믿거나, 스트로슨처럼 사람은 누구나 좋은 것이든 나쁜 것이든 선택할 자유가 있다고 믿거나, 소크라테스처럼 옳음에 대한 깨달음이 사익과 욕망을 앞선다고 믿는다면 다음과 같은 철학적 질문을 반드시 던져보아야 한다. 권한을 올바르게 행사한다는 말은 무슨 뜻일까? 옳다고 믿는 바에 따라 행동하려면 무엇이 필요할까? 리더는 권한을 위임받은 사람으로서 이 질문들을 항상 마음속에 새겨야 한다.

로버트 새들러Robert Sadler 교수는 사람들이 발전적이고 자율적인 자신의 모습을 되찾도록 도와주는 간단하면서도 효과적인 방법을 소개했다. 이를 자기권한위임 연습이라고 부른다. 방법은 다음과 같다.

- 지금까지 살아온 인생을 3년 단위로 묶어서 가장 만족스러웠던 순간을 하나씩 고른다. 무아지경에 빠져서 시간이 훌쩍 지나간 것처럼 느껴지거나 아침에 눈을 뜨자마자 이불을 박차고 다시 책상 앞에 앉아 일이나 프로젝트 등에 빠져들었던 순간을 떠올린다. 나이가 어느 정도 된다면 15년 전까지 거슬러 올라가 이런 순간을 5가지 떠올린다.
- 세 사람씩 짝을 이루고 면담자, 면담 대상자, 관찰자 역할을 맡는다. 면담자는 면담 대상자에게 그가 만족스러웠던 순간에 대해 묻고, 관

찰자는 면담 대상자가 만족했던 순간들에 공통으로 나타나는 특징을 관찰하고 기록한다.

- 면담자는 면담 대상자에게 반드시 다음 질문이나 이와 비슷한 네 가지 질문을 한다.
  - 그런 만족스러운 상황이 어떻게 발생했는가? 누군가의 요청이나 강압으로 생겼는가? 직접 주도했는가?
  - 무엇을 알아야 하는지, 무엇을 해야 하는지 어떻게 알았는가?
  - 구체적으로 어떤 상황이었는가? 다른 사람들과 함께한 순간이었는가? 정말 어려운 과제에 도전했는가? 빨리 진척되었는가? 새로운 성과를 이뤄냈는가? 어떤 일이었는가?
  - 어떤 면에서 만족스러웠는가? 어디에서 의미를 찾았는가?

면담이 끝나면 그것을 관찰하고 기록했던 사람이 자신이 들은 내용을 토대로 상대방이 만족스러웠던 순간의 공통 요소를 설명한다. 이 과정은 아주 중요하다. 그리고 공평하게 세 사람이 역할을 바꿔서 처음부터 이 과정을 반복한다. 이 방법에 따르면 사람들이 만족스러움을 느끼는 개인적 요소와 보편적 요소를 모두 밝힐 수 있다. 일반적으로 사람들은 다음과 같은 요소를 만족스럽다고 느낀다.

- 평정심을 잃지 않았다는 느낌
- 긍정적인 영향을 미치고 있다는 느낌

- 자신이 중요하다는 느낌
- 뭔가를 배우고 있다는 느낌

물론 개인마다 만족스러움을 유발하는 다른 요소도 많다. 자기가 만족할 수 있는 환경을 다른 사람이 만들어주기를 바라는 사람이라면 한참을 기다려야 할 것이다. 그리고 사람들이 만족할지도 모르는 환경을 만들기 위해 자기 삶을 과감히 바꾸길 주저하는 사람은 후회할 일이 많을 것이다.

권한을 위임받은 사람, 곧 리더는 만족스러운 삶을 사는 데 필요한 인간의 보편적 요소와 개인적 요소를 모두 아는 사람이다. 또한 행동을 통해 그런 요소를 가능한 한 많이, 그리고 자주 보장하는 사람이다. 다른 사람을 이끌려면 자신이 먼저 만족할 줄 알아야 한다.

말기 환자를 돌보는 간호사 브로니 웨어Bronnie Ware는 죽음을 앞둔 환자들과 나눈 이야기를 책으로 쓰면서 그 사람들이 가장 후회하는 일들을 적었다.[3] 그들이 가장 많이 후회하는 일들은 다음과 같았다.

1 내가 원하는 대로 살지 않고 다른 사람이 기대하는 대로 산 것
2 너무 일만 열심히 한 것
3 솔직하게 감정을 표현하지 못한 것
4 친구들과 연락하며 지내지 못한 것
5 더 행복하게 살지 못한 것

전 세계 리더들과 일하다 보면 이 같은 후회를 암시하는 이야기를 많이 듣는다. '생각할 시간이 없어요, 아무리 열심히 해도 모두 감당할 수는 없을 것 같아요, 상사 때문에 일을 못 하겠어요, 실수할 형편이 못 돼요, 무력하게 느껴져요.' 이렇게 하소연하는 사람이 많다. 후회하는 삶을 경고하는 이런 목소리의 핵심에는 선택의 문제가 자리하고 있다. '이렇게 하면 좋았을걸'이라는 말은 그때 내게 선택권이 있었다면 그 일을 하거나 하지 않았을 것이라는 뜻이다.

일을 감당할 수 없을 것 같다는 말은 아무런 선택권 없이 일에 끌려 다닌다는 사실을 인정하는 말이다. 자율적 선택에 따라 일을 처리한다는 뜻이 아니다. 어떤 일을 결정하는 순간에 자신은 선택권이 없다고 주장하는 사람이 많다. 열심히 일하지 않으면 잘리거나 승진하지 못한다고 생각하거나, 하고 싶은 대로 하면 이기적인 사람으로 보일 것이라고 생각한다. 사람들이 선택권이 없다고 느끼는 이유는 실직과 같은 두려움 때문이기도 하고, 어떤 가치를 지키며 살려는 마음 때문일 때도 있다. 이를테면 이기적인 사람이 아니라 사심 없는 사람으로 보이고 싶은 사람도 있다. 하지만 어떤 형태든 실존주의 철학자들은 이런 변명에 대해 비관적 입장을 취한다.

실존주의 철학자들은 앞서 이야기한 철학자들과는 근본적으로 관점이 다르다. 실존철학은 존재가 본질을 앞서고, 본질이 존재를 앞서지 않는다는 점을 근본 원리로 한다. 이는 정언명령을 주장한 칸트 철학과는 다르다. 칸트는 사람은 본질적으로 옳은 일을 해야 하고 그렇게 하지 않으면 고통을 겪는다고 주장했다. 이를테면 개인의 존재를 앞서는 본질이 있다고 가정한다. 그런데 실존주의 철학자들은 인간의 본질을 규정하는 계획 따위는 없다고 믿는다.

사람을 목표를 위한 수단이 아니라 목표 그 자체로 대해야 한다는 칸트의 주장은 타협의 여지가 없다. 검증이 필요한 가설이 아니며 상황에 따라 좌우되지도 않는다. 따라서 칸트의 입장에서는 인간이 존재하려면 인간의 본질을 지녀야 하고 그것이 인생의 핵심이다. 그 본질이 계획 안에 존재한다. 그러면 물론 다음 질문이 생긴다. 누가 그런 계획을 세웠는가? 아브라함 종교에 기반을 둔 철학자들의 경우 그 답은 하느님이다. 기독교도나 이슬람교도에게 인류의 본질은 창조주에 의해 결정되고, 인간의 의무는 그 본질을 구성하는 계획에 따라 발전하고 성장하는 일이다. 반면 실존주의자의 입장에서는 존재에 앞서는 미리 정해진 본질이란 없다.

앞에서 다룬 것처럼 이성적으로 사는 삶을 지지한 아리스토텔레스의 관점과도 다르다. 아리스토텔레스는 이론적 이성이 삶의 방법을 알려줄 것이라고 가정했는데, 실존주의자들은 그런 이성의 존재도 부정한다.

신이 있느냐 없느냐, 이성이 행동을 유발하느냐에 대한 질문은 실존주의자들의 주된 관심사가 아니었다. 실존주의자 가운데는 가톨릭 실존주의자와 무신론 실존주의자가 있다. 실존주의는 20세기를 대표하는 철학이며, 무신론적 실존주의를 대표하는 철학자는 장 폴 사르트르(1905-1980)일 것이다. 사르트르는 20세기에 일어난 거대한 두 전쟁을 관통하며 살아왔다. 당당하게 인류의 고결한 본질을 선포했지만 인간이 인간에게 가한 잔혹 행위 때문에 그 본질이 훼손당하고 세상 사람들이 재앙적인 고통을 겪던 비참한 시기였다.

1차 세계대전이 한창이던 1916년 7월 1일 하루에만 영국군 5만 4,000명이 사망하거나 심각한 부상을 입었다. 2차 세계대전 중에는 러시아인 2,600만 명이 사망했고 그중 기아와 질병으로 사망한 사람이 800만 명에 달했다. 나치가 인구 정책을 벌인 결과 유대인 600만 명, 장애인 25만 명, 유대인이 아닌 폴란드 시민 18만 명이 사망했다. 인도에서는 영국이 지배하는 동안 굶주림으로 1900년에 100만 명이, 1944년 210만 명이 사망했다. 20세기 동안 기존 종교나 세속 권력이 인간 본질의 선한 외형을 보호하는 데 실패한 사례는 이 밖에도 무수히 많다. 실존주의는 바로 이런 상황에서 탄생했다.

그런데 실존주의, 특히 사르트르의 관점은 절망적 상황에 대한 위로가 아니다. 사르트르는 1964년 비교적 이해하기 쉬운 강연집 《실존주의는 휴머니즘이다》를 펴냈다.[4] 그리고 그 책에서 인간의 번영을 위한 긍정적이고 휴머니즘적인 실존주의를 주장했다.

그의 생각은 간단하다. '나를 결정하는 것은 나의 선택이다.' 이런 생각은 감당하기 힘들지만 긍정적이다. 이유를 대면 책임을 부정하는 것처럼 보여서 받아들이기 힘든 면이 있지만, 근본적으로 자유에 대한 생각을 바탕으로 한다는 면에서는 긍정적이다. 사르트르는 다음과 같이 말했다. "사실 실존주의에서 걱정스러운 부분은 … 인간에게 선택의 가능성을 마주하게 하는 것이다. 그리고 그 선택권을 행사하는 데 실패하면 완벽하게 실행 가능한 수많은 능력과 의도와 잠재력이 사용되지 않은 채 남는다."

사르트르는 강연에서 앞서 브로니 웨어가 정리한 사람들이 가장 후회하는 5가지를 암시하는 철학적 전조를 제시한다. 그것은 리더들이 자율적인 인간이 되도록 훈련하고 삶을 돌아봐야 함을 상기시킨다. 모범을 보이거나, 열정을 전파하거나, 다른 사람을 돕고 일을 해결해서 자기가 발전하고 조직을 이끌어야 할 때를 정확히 깨닫게 한다. 그리고 다음 질문에 답하게 한다. 발전하기를 택할 것인가, 아니면 다른 사람이나 환경을 원망하거나 부정적 상황을 초래한 불운을 탓할 것인가?

인간으로서 번영할 수 있는 조건을 알았다면 선택만이 남는다. 행동을 통해 번영할 것인지, 이끌 것인지 따를 것인지, 책임을 질 것인지 탓할 것인지를 정해야 한다.

사르트르와 다른 실존주의자들은 번영하는 존재로의 길을 떠나는 여행자가 느끼는 고통과 포기에 대해 이야기한다. 어떤 일을 책임지면 일이 잘못될 가능성에 직면하게 되고 그러면 자연히 고통이 따른다. 또한 일을 책임지다 보면 여러 가지 이유나 다른 사람들의 생각에 기대려는 마음을 놓아야 할 때가 있다. 외부로부터 강요받지 않고 결과에 대한 확신 없이 자율적으로 행동하는 사람은 다음과 같이 묻고 답하는 사람이다. '내가 해야 한다고 믿는 일을 할 수 있을까?'라고 묻고 '그래, 할 수 있어'라고 답한다. 이런 사람은 그렇게 할 때 생기는 고통과 자신이 선택한 행동에 따른 외로움의 순간을 잘 안다.

자율적이고 번영하는 삶을 살기란 쉽지 않다. 하지만 그렇게 하려고 애쓰고, 기개를 표현하고, 리더십을 발휘하는 일이 리더가 짊어진 책임이다. 이것이 두려움에 맞서고 결과에 대한 확신 없이 나아가고 다른 사람들의 분노를 사고 자기가 감당할 수 없다고 절망하는 일, 다시 말해 조직을 이끄는 일이다. 그렇지 않으면 남는 것은 후회하며 사는 삶뿐이다.

철학이 말하는 리더의 지혜

리더는 무언가에 책임질 때 딜레마에 빠진다. 결과를 알지 못해도 자유를 행사해 주도적으로 행동할지, 쉬운 길을 갈지 택해야 한다. 이 딜레마를 어떻게 해결하느냐에 따라 어디까지 권한을 위임받을지, 어디까지 조직과 사람을 이끌지가 결정된다.

자유는 결과와 상관없이 행동할 수 있는 능력이 아니다. 남의 강요 없이 행동을 선택하고 그 결과에 당당히 마주하는 능력이다. 선택의 시점에는 행동에 따른 결과를 모를 수도 있다. 그리고 권한위임은 강요에 따르지 않고 결과에 대한 확신 없이 행동할 수 있는 능력이다. 또한 '내가 해야 한다고 믿는 일'을 할 수 있다고 답하는 힘이다.

인간으로서 발전할 수 있는 조건을 알았다면 이제 선택만이 남았다. 행동을 통해 발전을 결심할 것인지, 리더가 될 것인지 정해야 한다. 리더는 어떻게 해야 할까? 정해진 해법은 없다. 대신 몇 가지 중요한 질문이 있다. 그 질문에 대한 답을 기준 삼아 행동한다면 일을 진전시키는 데 도움이 될 것이다. 그 질문은 다음과 같다.

1 나는 리더로서 권한이 있는 사람이다. 권한을 위임받은 직원들이 발전할 수 있는 환경을 만들기 위해 어떤 일을 더 하거나 덜 해야 하는가?

2 나는 현실적인 제약 속에서 최선을 다하려고 애쓰는 사람이다. 내가 옳다고 믿는 일과 해서는 안 된다고 믿는 일을 명확하게 구분하려면 어떻게 해야 하는가? 옳다고 믿는 일을 실현하려면 무엇을 해야 하는가?

3 나는 발전할 수 있는 사람이다. 내가 리더로서 발전할 수 있는 환경을 만들려면 무엇을 해야 하는가?

·미주·

일러두기와 머리말

1. Jules Goddard, "The Power Paradox", 〈London Business School Review〉 29권 2호, 2018, 14-17쪽.

2. 피터 드러커 Peter Drucker, 《피터 드러커 미래경영 The Essential Drucker: The best of sixty years of Peter Drucker's essential writings on management》.

서론. 인간이 사라진 직장

1. Karl Marx, "The economic and philosophical manuscripts of 1841", 1814, in 《Karl Marx, Early Writings》, trans T. B. Bottomore, McGraw Hill, 1963.

1장. 왜 철학이 필요한가

1. Richard Feldman, "Whole life concepts of happiness", 〈Theoria〉 74권 3호, 2008, 219-238쪽.

2. Martha Nussbaum, "Who is the happy warrior? Philosophy, happiness, research and public policy", 〈International Review of Economics〉 59권, 2012, 335-361쪽.

3. 로버트 노직 Robert Nozick, 《아나키에서 유토피아로 Anarchy, State and Utopia》, 42-45쪽.

4. 마틴 셀리그만 Martin Seligman, 《마틴 셀리그만의 긍정심리학 Authentic Happiness》.

2장. 회사에서 우리는 인간인가 노예인가

1. Irving Janis, "Groupthink", 〈Psychology Today〉 5권 6호, 1971, 43-46쪽, 74-76쪽.

2. 프리드리히 니체 Friedrich Nietzsche, 《이 사람을 보라 Ecce Homo》, 95쪽.

3장. 사장은 왜 비관적으로 생각하는가

1. 마이클 포터 Michael Porter, 《마이클 포터의 경쟁전략 Competitive Strategy: Techniques for analyzing industries and competitors》.

2. Oliver Williamson, "Transaction-cost economics: the governance of contractual relations", 〈The Journal of Law & Economics〉 22권 2호, 1979, 233-261쪽.

3. 피터 센게 Peter Senge, 브라이언 스미스 Bryan Smith, 나나 크루슈바이츠 Nina Kruschwitz, 《피터 센게의 그린경영 The Necessary Revolution: How individuals and organizations are working together to create a sustainable world》.

4. 2013년 4월 타이완 가오슝 포광대학교 佛光大學에서 개최된 제1회 중국불교심포지엄에서 앨런 폭스 Alan Fox가 '화엄불교의 수행'이란 주제의 발표에서 언급한 인드라의 망에 대한 비유.

4장. 조직에서 상식은 정답이 아니다

1. 피터 린치 Peter Lynch, 《전설로 떠나는 월가의 영웅 One Up on Wall Street》.

2. 워런 버핏 Warren Buffett, 《워런 버핏의 주주 서한 The Essays of Warren Buffett: Lessons for Corporate America》, 로렌스 커닝햄 Lawrence A. Cunningham 엮음.

3. 길버트 라일 Gilbert Ryle, 《마음의 개념 The Concept of Mind》.

4. 조지 소로스 George Soros, 《금융의 연금술 The Alchemy of Finance》.

5. 위의 책, 12장.

6. 위의 책, 12장.

7. 위의 책, 7장.

8. Irving John Good의 《The Scientist Speculates》에서 인용, Heinemann, London, 1962.

9. Mark Casson, 《The Entrepreneur: An economic theory》, Barnes and Noble, Totowa, New Jersey, 1982, 14쪽.

10. Simon Caulkin의 "The more we manage, the worse we make things"에서 인용, 〈The Observer〉, 1 October, 2006.

11. Anthony King, Ivor Crewe, 《The Blunders of Our Governments》, Oneworld Publications, London, 2014.

12. Gary Hamel, Michele Zanini, "Assessment: Do you know how bureaucratic your organization is?", 〈Harvard Business Review〉 16 May, 2017.

13. Tim Ambler, 《Marketing and the Bottom Line》, Pearson, London, 2003.

14. Rory Sutherland, "Why advertising needs behavioural economics", 〈Campaign〉 23 October, 2009.

15. 해리 프랭크퍼트 Harry Frankfurt, 《개소리에 대하여 On Bullshit》.

16. Peter Medawar, 《The Art of the Soluble》, Methuen, London, 1967.

5장. 명령하는 상사와 보여주는 상사

1. 막스 페루츠 Max Perutz, 《과학자는 인류의 친구인가 적인가》·《과학에 크게 취해》 I Wish I'd Made You Angry Earlier: Essays in science, scientists, and humanity.

2. 앤드루 터커 Andrew Tucker가 2002년 2월 7일 〈The Guardian〉에 막스 페루츠의 부고를 쓰며 인용한 말.

3. 위의 글.

4. 나가이 기요시 長井潔가 2002년 6월 〈The Biochemist〉에 막스 페루츠의 부고를 쓰며 인용한 말.

5. 플루타르코스 Plutarch, 《플루타르코스 영웅전 Parallel Lives》.

6. 존 롤스 John Rawls, 《정의론 A Theory of Justice》.

7. 개러스 모건 Gareth Morgan, 《조직이론: 조직의 8가지 이미지 Images of Organization》.

8. 게리 해멀 Gary Hamel의 《지금 중요한 것은 무엇인가 What Matters Now》에서 인용, 234쪽.

9. 김위찬, Renee Mauborgne, "Fair process: managing in the knowledge economy", 〈Harvard Business Review〉 January, 2003.

6장. 리더의 힘은 어디에서 오는가

1. 토머스 홉스 Thomas Hobbes, 《리바이어던 Leviathan》.

2. 임마누엘 칸트 Immanuel Kant, 《도덕형이상학 정초 Grundlegung zur Metaphysik der Sitten》.

3. 애덤 스미스 Adam Smith, 《도덕 감정론 The Theory of Moral Sentiments》.

4. 칸트는 인간의 의무를 완전한 의무와 불완전한 의무로 구별한다. 완전한 의무란 '살인하지 말라'와 같이 인간이 항상 따라야 하는 일이며, 불완전한 의무란 자선을

베푸는 것처럼 인간이 가능한 한 많이 해야 하는 일을 말한다.

7장. 당신은 말이 통한다고 착각하고 있다

1. 에픽테토스 Epictetus, 《에픽테토스의 자유와 행복에 이르는 삶의 기술 The Enchiridion》.

2. 데이비드 흄 David Hume, 《인간 본성에 관한 논고 1-3 A Treatise of Human Nature》.

8장. 무엇이 직원들을 몰두하게 하는가

1. 마르틴 부버 Martin Buber, 《나와 너 Ich und Du》.

2. Megan Reitz, 《Dialogue in Organizations: Developing relational leadership》, Palgrave Macmillan, 2015.

3. 르네 데카르트 René Descartes, 《철학의 원리 Principia Philosophiæ》.

4. Mark Horwitch, Meredith Whipple Callahan, "The science of centredness", 〈Bain & Co〉, 2016, [online] https://www.bain.com/insights/the-science-of-centeredness/ (archived at https://perma.cc/95AK-RC53).

9장. 그럴듯해 보이는 것들의 함정

1. Isaiah Berlin, 〈Two Concepts of Liberty〉, 1958, reprinted in 《Four Essays on Liberty》, Oxford University Press, 1969.

2. 장 자크 루소 Jean-Jacques Rousseau, 《사회계약론 The Social Contract》, 1권, 6장, 1762.

3. 임마누엘 칸트, 앞의 책.

4. Ralph Waldo Emerson, 《The Conduct of Life: A Philosophical Reading》, 1860.

5. 아리스토텔레스 Aristotle, 《니코마코스 윤리학 The Nicomachean Ethics》, 2권.

6. George Will, "Forget values, let's talk virtues", 〈Jewish World Review〉, 25 May, 2000.

7. Letter to George Kennan, 13 February 1951, in 《Isaiah Berlin, Enlightening: Letters 1946-1960》, ed Henry Hardy and Jennifer Holmes, Chatto and Windus, London, 2012.

8. Joseph Raz, 《The Morality of Freedom》, Oxford University Press, 1986, 333쪽.

9. Ian Golding의 "Engaging your people in improvement activity: 6 key questions"에서 인용, 〈Customer Think〉, 16 February, 2017.

10. Johnny D. Magwood의 "Global Socio-Cultural Expectations on Ethics"에서 인용, 〈Customer Think〉, 3 September, 2011.

11. F. Scott Fitzgerald, "The crack up", 〈Esquire Magazine〉, 1936.

12. 폴 에반스 Paul Evans와의 COSHH Essentials(영국에서 개발된 조직위기 관리기법)에 관한 대화.

10장. 선택할 자유가 있는 사람

1. Peter Strawson, 《Freedom and Resentment》, Routledge, Oxford, 2008.

2. 플라톤 Plato, 《국가 The Republic》.

3. 브로니 웨어 Bonnie Ware, 《내가 원하는 삶을 살았더라면 The Top Five Regrets of the Dying: A life transformed by the dearly departing》.

4. Walter Kaufman (ed), 《Existentialism from Dostoyevsky to Sartre》, Meridian Publishing Company, Chapter 10, Part 4, 1989.

옮긴이 | 김미란

충남대학교 국어국문학과를 졸업하고 현재 출판번역 에이전시 베네트랜스에서 전문 번역가로 활동 중이다. 옮긴 책으로는 《안녕, 나의 지젤》,《멋지게 훌륭하게 사는 법》,《세상에서 가장 아름다운 말씀》,《무엇이 우리를 진화하게 하는가》 등이 있다.

성공하는 리더들의 철학 공부

1판 1쇄 발행 2020년 4월 15일

지은이 앨리슨 레이놀즈, 도미닉 홀더, 줄스 고더드, 데이비드 루이스
옮긴이 김미란
발행인 오영진 김진갑
발행처 토네이도

책임편집 지소연
기획편집 이다회 박수진 박은화 진송이 허재희
디자인팀 안윤민 김현주
마케팅 박시현 신하은 박준서
경영지원 이혜선

출판등록 2006년 1월 11일 제313-006-5호
주소 서울시 마포구 월드컵북로5가길 12 서교빌딩 2층
전화 02-332-3310 **팩스** 02-332-7741
블로그 blog.naver.com/midnightbookstore
페이스북 www.facebook.com/tornadobook

ISBN 979-11-5851-175-3 (03320)

이 도서의 국립중앙도서관 출판예정도서목록(CIP)은 서지정보유통지원시스템 홈페이지(http://seoji.nl.go.kr)와 국가자료공동목록시스템(http://www.nl.go.kr/kolisnet)에서 이용하실 수 있습니다.
(CIP제어번호: CIP2020010690)